Leo Trotzki

Die permanente Revolution

Ergebnisse und Perspektiven

Trotzki-Bibliothek

Leo Trotzki

Die permanente Revolution
(1928)

Ergebnisse und Perspektiven
(1906)

Mehring Verlag

Bibliografische Information der Deutschen Nationalbibliothek
Die Deutsche Bibliothek verzeichnet diese Publikation in der Deutschen Nationalbibliografie; detaillierte bibliografische Daten sind im Internet über http://dnb.dnb.de abrufbar.

Übersetzt aus dem Russischen
von Walmot Falkenberg, Hartmut Jaene und Gert Meyer

Die permanente Revolution
übersetzt aus dem Russischen von Alexandra Ramm

3. unveränderte Auflage, veröffentlicht im Dezember 2021

www.mehring-verlag.de

Satz und Gestaltung:
Medienwerkstatt Kai Münschke, Essen (www.satz.nrw)

Druck und Bindung: CPI books GmbH, Leck
Printed in Germany

ISBN 978-3-88634-135-1

Dieses Buch ist auch erhältlich als:
ISBN 978-3-88634-835-0 (Epub)
ISBN 978-3-88634-735-3 (PDF)
ISBN 978-3-88634-935-7 (Kindle)

Inhalt

Zu diesem Buch

Leo Trotzki schrieb »Die permanente Revolution« 1928 in Alma-Ata, dem heutigen Almaty in Kasachstan. Die stalinistische Bürokratie, die in den Jahren nach Lenins Tod in der Sowjetunion die Macht an sich riss, hatte den neben Lenin angesehensten Führer der Oktoberrevolution im Januar 1928 in die Verbannung nach Zentralasien geschickt. Tausende Mitglieder der trotzkistischen Linken Opposition erlitten ein ähnliches Schicksal. Kurz nach Vollendung des Buches, Anfang 1929, wurde Trotzki aus der Sowjetunion ausgewiesen und in die Türkei abgeschoben. Die stalinistische Herrscherclique hoffte – vergeblich –, so ihren konsequentesten marxistischen Kritiker zum Schweigen zu bringen und seinen politischen und theoretischen Einfluss zu unterbinden.

Als sich die sozialen Gegensätze in der Sowjetunion in den 1930er Jahren infolge der katastrophalen, von Trotzki kritisierten Politik Stalins weiter zuspitzten, griff die Bürokratie zum Mittel des Terrors, um sich ihrer sozialistischen Gegner zu entledigen. Zwischen 1936 und 1938 ließ sie massenhaft überzeugte Kommunisten, Wissenschaftler, Ingenieure und Künstler sowie einfache Arbeiter unter der Anschuldigung des »Trotzkismus« verschleppen, einsperren, von geheim tagenden Schnellgerichten zum Tode verurteilen und erschießen. Die Zahl der Opfer des Großen Terrors wird auf etwa eine Million geschätzt. Die öffentliche Fassade dieses politischen Völkermords bildeten die drei großen Moskauer Prozesse, in denen fast die gesamte Führung von Lenins bolschewistischer Partei auf die Anklagebank gesetzt und unter erfundenen Anklagen zum Tode verurteilt wurde.[1]

Trotzki selbst wurde am 20. August 1940 in Coyoacan/Mexiko ermordet, wo er nach Aufenthalten in der Türkei, Frankreich und Norwegen die letzten Jahre seines erzwungenen Exils verbrachte. Ramon Mercader, ein Agent der stalinistischen Geheimpolizei GPU, verschaffte sich mithilfe eines weitverzweigten Agentennetzes Zutritt zu Trotzkis bewachtem Haus und streckte ihn mit einem Eispickel nieder. Trotzki starb am folgenden Tag an den Folgen des Anschlags.

Der Grund für die mörderische Gewalt, mit der Stalin seine sozialistischen Widersacher verfolgte, waren die unüberbrückbaren sozialen und politischen Gegensätze zwischen der privilegierten Bürokratie, die den Staats- und Parteiapparat kontrollierte, und der Arbeiterklasse. Stalin, der miterlebt hatte, wie die Bolschewiki 1917 innerhalb weniger Monate Masseneinfluss gewonnen hatten, fürchtete, das marxistische Programm der Linken Opposition könnte mit der sozialen Unzufriedenheit der Arbeiterklasse zusammenkommen und zum Sturz seines Regimes führen, das die Interessen der Bürokratie verteidigte.

Das Anwachsen der Bürokratie und von konservativen Elementen innerhalb der Kommunistischen Partei, die Stalin schließlich zur Macht verhalfen, war eine Folge der verheerenden Auswirkungen von sieben Jahren Welt- und Bürgerkrieg sowie der anhaltenden Isolation der Sowjetunion aufgrund der Niederlagen der internationalen Arbeiterklasse, insbesondere in Deutschland. Seinen bewussten politischen und theoretischen Ausdruck fand der Gegensatz zwischen Bürokratie und Arbeiterklasse im Konflikt zwischen der Theorie des Sozialismus in einem Land und der Theorie der permanenten Revolution.

Vor 1923 war kein ernsthafter Marxist davon ausgegangen, dass der Sozialismus in Russland auf nationaler Grundlage aufgebaut werden könne.

1 Eine gute Darstellung der gesellschaftlichen Veränderungen in der Sowjetunion der Jahre 1934 bis 1936, die den Großen Terror möglich und für die herrschende Bürokratie notwendig machten, gibt Wadim S. Rogowin in »Vor dem großen Terror. Stalins Neo-NÖP«. Eine detaillierte Schilderung des Großen Terrors findet sich in den beiden folgenden Bänden von Rogowins siebenbändigem Werk »Gab es eine Alternative?«: »1937. Jahr des Terrors« und »Die Partei der Hingerichteten«. Alle Bände sind in deutscher Übersetzung beim Mehring Verlag erschienen.

Die globale Krise des Kapitalismus, die in der Katastrophe des Ersten Weltkriegs gipfelte, hatte die Voraussetzungen geschaffen, unter denen die Arbeiterklasse im rückständigen Russland als Erste die Macht ergreifen und die sozialistische Umgestaltung der Gesellschaft in Angriff nehmen konnte. Doch die Vollendung der sozialistischen Revolution hing von deren Sieg in den fortgeschrittenen Zentren des Weltkapitalismus ab.

Erst nach dem Ende des Bürgerkriegs und dem Übergang zur marktorientierten Neuen Ökonomischen Politik wurden Stimmen laut, die für eine Abkehr von der Perspektive der Weltrevolution eintraten und behaupteten, die Sowjetunion könne den Sozialismus aus eigener Kraft aufbauen. Diese Haltung bildete die Grundlage des Programms des »Sozialismus in einem Land«, das Stalin und Bucharin 1924 formulierten. Seine rückwärtsgewandte, nationalistische Orientierung entsprach den Interessen der Bürokratie, die ihre privilegierte gesellschaftliche Stellung durch die Fortsetzung und Ausweitung der Revolution gefährdet sah.

Unmittelbar vor »Die permanente Revolution« hatte Trotzki eine andere, wichtige programmatische Schrift verfasst: die »Kritik des Programms der Komintern«, die unter dem Buchtitel »Die Dritte Internationale nach Lenin« veröffentlicht wurde.[2] Darin befasste er sich ausführlich mit dem Programm des »Sozialismus in einem Land« und seinen verheerenden Folgen für die Sowjetunion und die internationale kommunistische Bewegung. Trotzki sandte diese »Kritik« an den 6. Kongress der Kommunistischen Internationale, der im Sommer 1928 in Moskau tagte. Dort fiel sie trotz der stalinschen Zensur einigen Teilnehmern in die Hände und erreichte durch die nordamerikanischen Delegierten James P. Cannon und Maurice Spector auch das Ausland, wo sie die Grundlage für den Aufbau der internationalen Linken Opposition und später der Vierten Internationale bildete.

»Die permanente Revolution« konnte Trotzki dagegen, ergänzt durch eine Einleitung und einen Epilog, erst Anfang 1930 im Exil veröffentlichen. Er knüpfte damit an die »Kritik des Programms der Komintern« an und vertiefte die Auseinandersetzung. Es empfiehlt sich, die beiden Bücher im Zusammenhang zu lesen.

2 Leo Trotzki, *Die Dritte Internationale nach Lenin*, Essen 1993.

Im Mittelpunkt der Angriffe auf die Gegner der Bürokratisierung und der nationalistischen Orientierung Stalins und Bucharins stand von Anfang an die Theorie der permanenten Revolution. 1917 hatte sie die strategische Grundlage der Oktoberrevolution gebildet; nur sechs Jahre später wurde sie als ketzerische Abweichung vom Marxismus verleumdet.

Die Theorie der permanenten Revolution geht auf Marx und Engels zurück. Die Autoren des »Kommunistischen Manifests« verwendeten diesen Begriff, als sie 1850 die Lehren aus der Niederlage der europäischen Revolutionen des Jahres 1848 zogen. Die Bourgeoisie und ihre kleinbürgerlichen demokratischen Verbündeten waren der Revolution in den Rücken gefallen, weil sie die erstarkende Arbeiterklasse als Bedrohung ihres Eigentums weit mehr fürchteten als die adligen Herrscher. Marx und Engels zogen daraus den Schluss:

> Während die demokratischen Kleinbürger die Revolution möglichst rasch … zum Abschlusse bringen wollen, ist es unser Interesse und unsere Aufgabe, die Revolution permanent zu machen, so lange, bis alle mehr oder weniger besitzenden Klassen von der Herrschaft verdrängt sind, die Staatsgewalt vom Proletariat erobert und die Assoziation der Proletarier nicht nur in einem Lande, sondern in allen herrschenden Ländern der ganzen Welt so weit vorgeschritten ist, dass die Konkurrenz der Proletarier in diesen Ländern aufgehört hat und dass wenigstens die entscheidenden produktiven Kräfte in den Händen der Proletarier konzentriert sind.[3]

Zu Beginn des 20. Jahrhunderts gewann die Theorie der permanenten Revolution angesichts der sich anbahnenden revolutionären Krise in Russland neue Aktualität. In der internationalen marxistischen Bewegung löste sie eine Diskussion aus, an der sich neben Trotzki auch Franz Mehring, Rosa Luxemburg, Alexander Helphand (Parvus), Karl Kautsky und andere beteiligten.[4] Das riesige Land, in dem die reaktionäre zaristische Autokratie

3 Karl Marx/Friedrich Engels, »Ansprache der Zentralbehörde an den Bund vom März 1850«, in: *MEW*, Bd. 7, Berlin 1960, S. 247–248.

4 Einen Überblick über diese Diskussion gibt David North in der Besprechung der Dokumentation *Witnesses to Permanent Revolution* von Richard B. Day und Daniel Gaido in:

auf verarmte Bauernmassen und eine kleine, aber hochkonzentrierte Arbeiterklasse prallte, stand vor einer gesellschaftlichen Explosion.

Aber wer würde die Revolution führen? Was waren ihre Aufgaben? Welche Rolle würden die verschiedenen Klassen spielen? Würde sich die liberale russische Bourgeoisie anders verhalten als die deutsche 1848?

Trotzki schildert in seiner Einleitung zur »permanenten Revolution«, wie die verschiedenen politischen Strömungen diese Fragen beantworteten, so dass dies hier nicht wiederholt werden muss. Er selbst vertrat den kühnsten und weitgehendsten Standpunkt, der im Verlauf des Jahres 1917 bestätigt wurde. Trotzki war der Auffassung, dass die Revolution, auch wenn sie vorwiegend demokratische Aufgaben hatte, nur erfolgreich sein konnte, wenn die Arbeiterklasse die Führung übernahm und die armen Bauernmassen auf ihre Seite zog. Sobald sich die Arbeiterklasse an der Macht befinde, müsse sie dann allerdings den Weg sozialistischer Maßnahmen beschreiten.

Die Politik, welche die Bolschewiki 1917 nach Lenins Rückkehr aus dem Exil verfolgten, entsprach weitgehend dieser Konzeption der permanenten Revolution, die Trotzki 1906, im Alter von 27 Jahren, in der Schrift »Ergebnisse und Perspektiven« erstmals ausführlich dargelegt hatte. Sie bildet den ersten Teil dieses Buches.

Trotzki stützte seine Analyse auf die Veränderungen in der Struktur der Weltwirtschaft. Seine Herangehensweise »stellte einen wichtigen theoretischen Durchbruch dar«, wie David North im Buch »Verteidigung Leo Trotzkis« schreibt:

> Sie führte zu einer Verschiebung der analytischen Perspektive, unter der revolutionäre Prozesse betrachtet wurden. Vor 1905 wurden Revolutionen als Resultat fortschreitender nationaler Ereignisse aufgefasst, deren Ergebnis von der Logik ihrer inneren sozioökonomischen Struktur und Beziehungen bestimmt wurde. Trotzki trat für eine andere Herangehensweise ein: Die Revolution sollte in der modernen Epoche als ein im Wesentlichen welthistorischer Prozess aufgefasst werden, ein Prozess des Übergangs von der Klassengesellschaft, die politisch in National-

David North, *Die Russische Revolution und das unvollendete Zwanzigste Jahrhundert*, Essen 2015, S. 307–342.

> staaten verwurzelt ist, zu einer klassenlosen Gesellschaft, die sich auf der Grundlage einer global integrierten Wirtschaft und der international vereinten Menschheit entwickelt.[5]

Aufgrund dieser Perspektive ist die Theorie der permanenten Revolution heute, im Zeitalter der Globalisierung, brennend aktuell. Trotzki war nicht nur ein wesentlicher Führer der Oktoberrevolution und unversöhnlicher Gegner des stalinistischen Regimes, sondern vor allem auch der herausragende Theoretiker der sozialistischen Weltrevolution. Schon 1928, als er »Die permanente Revolution« schrieb, war die Frage »längst über die eigentliche Sphäre des Kampfes gegen den ›Trotzkismus‹ hinausgewachsen«, wie er in der »Einleitung« schreibt:

> Allmählich sich ausdehnend, hat sie heute buchstäblich alle Probleme der revolutionären Weltanschauung erfasst. Permanente Revolution *oder* Sozialismus in einem Lande – diese Alternative betrifft in gleicher Weise die inneren Probleme der Sowjetunion wie die Perspektiven der Revolution im Osten und schließlich das Schicksal der gesamten Kommunistischen Internationale.[6]

In China hatte die Zurückweisung der permanenten Revolution durch die Kommunistische Internationale bereits 1927 zu einer verheerenden Katastrophe geführt. Trotzki nimmt im Verlauf des Buches immer wieder darauf Bezug.

Die Komintern hatte im Jahr zuvor die Guomindang, eine bürgerliche, nationalistische Partei, als sympathisierende Sektion in ihre Reihen aufgenommen und die aufstrebende Kommunistische Partei Chinas gezwungen, sich in der Guomindang aufzulösen. Sie wiederholte damit im Wesentlichen die Politik der menschewistischen Gegner der Oktoberrevolution von 1917, die darauf bestanden hatten, dass die Führung der Revolution bei der Bourgeoisie bleiben müsse. Für die chinesischen Arbeiter hatte dies verheerende Folgen. Im April 1927 nutzte Chiang Kai-shek, der Führer

5 David North, »Zum Stellenwert Leo Trotzkis in der Geschichte des 20. Jahrhunderts«, in: *Verteidigung Leo Trotzkis*, Zweite, erweiterte Auflage, Essen 2012, S. 43.

6 S. 135 in diesem Band.

der Guomindang, die Lähmung und Desorientierung der Kommunistischen Partei, um in Shanghai ein Massaker zu veranstalten, dem rund 25 000 kommunistische Arbeiter zum Opfer fielen. Lesern, die diese äußerst wichtigen und lehrreichen Ereignisse studieren wollen, empfehlen wir das Buch »Die Tragödie der chinesischen Revolution« von Harold Isaacs, das nun erstmals auch in deutscher Sprache erhältlich ist.[7]

Seit dem Zweiten Weltkrieg wurde die Theorie der permanenten Revolution unzählige Male – auf negative Weise – bestätigt. Immer wieder zeigte sich, dass in Ländern mit einer verspäteten bürgerlichen Entwicklung »die volle und wirkliche Lösung ihrer *demokratischen Aufgabe und des Problems ihrer nationalen Befreiung* nur denkbar ist mittels der Diktatur des Proletariats«, wie Trotzki in der Zusammenfassung am Ende des Buches erklärt.[8] Nicht ein einziger bürgerlicher Nationalist – von Gamal Abdel Nasser über Fidel Castro bis hin zu Jassir Arafat und Nelson Mandela sowie in jüngerer Zeit Hugo Chavez oder Evo Morales –, der von Stalinisten oder ihren Anhängseln als Revolutionär verherrlicht wurde, erwies sich als fähig, die demokratischen Aufgaben nachhaltig zu lösen und die Abhängigkeit vom Imperialismus zu überwinden.

Heute stellen die tiefe Krise des globalen Kapitalismus, eskalierende Kriege, die wachsende soziale Polarisierung und die Rückkehr autoritärer Regime die Menschheit erneut vor die Aufgaben, die Trotzki in diesem Buch skizziert hat. Nur eine internationale sozialistische Bewegung der Arbeiterklasse kann eine weitere Katastrophe verhindern, die die Existenz der Menschheit bedroht. Die Perspektive der permanenten Revolution gewinnt wieder brennende Aktualität.

Die Texte sind in dieser Ausgabe nach dem Zeitpunkt ihrer Entstehung angeordnet. Die 1906 verfassten »Ergebnisse und Perspektiven« stehen an erster Stelle und werden durch Trotzkis Vorwort zur russischen Ausgabe von 1919 eingeleitet. Es folgt der Artikel »Der Kampf um die Macht«, der 1915 in der Pariser Zeitung »Nasche Slowo« erschien. Zuletzt kommt

7 Harold R. Isaacs, *Die Tragödie der chinesischen Revolution*, Essen 2016.

8 S. 262 in diesem Band.

»Die permanente Revolution« mit dem Vorwort zur deutschen Erstausgabe von 1930 und der Einleitung zur russischen Erstausgabe.

Die Texte haben wir leicht verändert aus den früheren deutschen Ausgaben übernommen. »Die permanente Revolution« wurde von der durch Trotzki autorisierten Übersetzerin Alexandra Ramm direkt aus dem Russischen übertragen. Zitatangaben beziehen sich auf die russischen Originaltexte, wenn die deutschen Quellen nicht in den Fußnoten genannt sind. Die Fußnoten in »Ergebnisse und Perspektiven« stammen, soweit sie nicht mit Trotzkis Initialen L. T. gekennzeichnet sind, vom Übersetzer.

Mehring Verlag Januar 2016

Ergebnisse und Perspektiven

Die treibenden Kräfte der Revolution

Vorwort (1919)

Die Frage nach dem Charakter der russischen Revolution war die Hauptfrage, um die sich die verschiedenen ideellen Strömungen und politischen Organisationen in der russischen revolutionären Bewegung gruppierten. In der Sozialdemokratie selbst rief diese Frage, seitdem sie durch den Gang der Ereignisse begonnen hatte, konkrete Gestalt anzunehmen, die größten Meinungsverschiedenheiten hervor. Seit 1904 hatten sich diese Meinungsverschiedenheiten in zwei Grundströmungen niedergeschlagen – im Menschewismus und im Bolschewismus. Der menschewistische Standpunkt ging davon aus, dass unsere Revolution eine *bürgerliche* sei, d.h. dass ihre natürliche Folge die Übergabe der Macht an die Bourgeoisie sowie die Schaffung von Bedingungen eines bürgerlichen Parlamentarismus sein würde. Der Standpunkt der Bolschewiki erkannte zwar die Unvermeidlichkeit des bürgerlichen Charakters der kommenden Revolution an, sah aber ihre Aufgabe in der Schaffung einer demokratischen Republik durch die Diktatur des Proletariats und der Bauernschaft.

Die soziale Analyse der Menschewiki zeichnete sich durch außerordentliche Oberflächlichkeit aus und lief im Grunde auf grobe historische Analogien hinaus – die typische Methode des »gebildeten« Kleinbürgertums. Die Hinweise darauf, dass die Entwicklungsbedingungen des russischen Kapitalismus außerordentlich große Gegensätze auf seinen beiden Polen hervorgerufen und eine bürgerliche Demokratie zur Bedeutungslosigkeit verurteilt haben, hielten die Menschewiki nicht davon ab (und auch die Erfahrungen der weiteren Ereignisse vermochten dies nicht), unermüdlich nach einer »echten«, »wahrhaften« Demokratie zu suchen, die an die Spitze der »Nation« zu treten und parlamentarische, nach Möglichkeit demokratische Bedingungen für eine kapitalistische Entwicklung einzuführen hätte. Die Menschewiki versuchten überall und immer, Anzeichen für die Entwicklung einer bürgerlichen Demokratie zu entdecken, und wenn sie keine fanden, dann dachten sie sich welche aus. Sie übertrieben die Bedeutung jeder »demokratischen« Erklärung oder Rede und unterschätzten gleichzeitig die Kraft des Proletariats und die Perspektiven seines Kampfes. Die Menschewiki waren so fanatisch darauf aus, eine führende bürgerliche Demokratie zu finden, damit der »gesetzmäßige« bürgerliche Charakter der russischen Revolution sichergestellt sei, dass sie es während der Revolution, als keine führende bürgerliche Demokratie in Erscheinung trat, selbst mehr oder minder erfolgreich übernahmen, deren Pflichten zu erfüllen. Es ist doch völlig klar, dass eine kleinbürgerliche Demokratie ohne jegliche sozialistische Ideologie, ohne ein marxistisches Studium der Klassenverhältnisse unter den Bedingungen der russischen Revolution auch gar nicht anders vorgehen konnte, als es die Menschewiki als »führende« Partei in der Februarrevolution getan haben. Das Fehlen einer ernstzunehmenden sozialen Grundlage für eine bürgerliche Demokratie erwies sich an den Menschewiki selbst, und zwar darin, dass sie sich sehr rasch überlebten und schon im achten Monat der Revolution vom Fortgang des Klassenkampfes hinweggefegt wurden.

Umgekehrt war der Bolschewismus nicht im Geringsten angesteckt vom Glauben an die Macht und die Kraft einer revolutionären bürgerlichen Demokratie in Russland. Er erkannte von Anfang an die entscheidende Bedeutung der Arbeiterklasse in der kommenden Revolution, aber sein Programm beschränkte er in der ersten Zeit auf die Interessen der Millionen bäuerlicher Massen, ohne – und gegen die – die Revolution vom Proletariat nicht zu Ende geführt werden konnte. Daher die (einstweilige) Anerkennung des *bürgerlich*-demokratischen Charakters der Revolution.

Nach seiner Einschätzung der inneren Kräfte der Revolution und ihrer Perspektiven gehörte der Autor in jener Periode weder zu der einen noch zu der anderen Hauptrichtung der russischen Arbeiterbewegung. Der Standpunkt, den der Autor damals einnahm, kann in schematischer Weise folgendermaßen formuliert werden: Gemäß ihren nächsten Aufgaben beginnt die Revolution als bürgerliche, bringt dann aber sehr bald mächtige Klassengegensätze zur Entfaltung und gelangt nur zum Sieg, wenn sie die Macht der einzigen Klasse überträgt, die fähig ist, an die Spitze der unterdrückten Massen zu treten – dem Proletariat. Einmal an der Macht, will und kann sich das Proletariat nicht auf den Rahmen eines bürgerlich-demokratischen Programms beschränken. Es kann die Revolution nur dann zu Ende führen, wenn die russische Revolution in eine Revolution des europäischen Proletariats übergeht. Dann wird das bürgerlich-demokratische Programm der Revolution zugleich mit seinem nationalen Rahmen überwunden werden, und die zeitweilige politische Herrschaft der russischen Arbeiterklasse wird sich zu einer dauernden sozialistischen Diktatur weiterentwickeln. Wenn sich aber Europa nicht vom Fleck rührt, dann wird die bürgerliche Konterrevolution die Regierung der werktätigen Massen in Russland nicht dulden und das Land weit zurückwerfen – weit hinter die demokratische Republik der Arbeiter und Bauern. An die Macht gekommen, darf sich das Proletariat daher nicht auf den Rahmen der bürgerlichen Demokratie beschränken, sondern muss die Taktik der *permanenten Revolution* entfalten, d. h. die Grenzen zwischen dem Minimal- und dem Maximalprogramm der Sozialdemokratie aufheben, zu immer tief greifenderen sozialen Reformen übergehen und einen direkten und unmittelbaren Rückhalt in der Revolution des europäischen Westens suchen. Diese Position soll die jetzt wieder herausgegebene Arbeit, die 1904–1906 geschrieben wurde, entwickeln und begründen.

Der Autor hat anderthalb Jahrzehnte den Standpunkt der permanenten Revolution verteidigt, er erlag aber bei der Einschätzung der miteinander kämpfenden Fraktionen der Sozialdemokratie einem Irrtum. Da sie damals beide von den Perspektiven einer *bürgerlichen* Revolution ausgingen, nahm der Autor an, dass die Meinungsverschiedenheiten nicht so tief wären, als dass sie eine Spaltung rechtfertigten. Zur gleichen Zeit hoffte er darauf, dass der weitere Gang der Ereignisse einerseits die Kraftlosigkeit und Ohnmacht der russischen bürgerlichen Demokratie, andererseits die Tatsache, dass es für das Proletariat objektiv unmöglich sei, sich im Rahmen eines demokratischen Programms an der Macht zu halten, allen deutlich zeigen und so den Meinungsverschiedenheiten der Fraktionen den Boden entziehen würde.

Während der Emigration zu keiner der beiden Fraktionen gehörig, unterschätzte der Autor indessen die kardinale Tatsache, dass bei den Meinungsverschiedenheiten zwischen den Bolschewiki und Menschewiki faktisch auf der einen Seite eine Gruppe unbeugsamer Revolutionäre, und auf der anderen Seite eine Gruppierung von mehr und mehr durch Opportunismus und Prinzipienlosigkeit zersetzten Elementen marschierte. Als die Revolution 1917 ausbrach, stellte die bolschewistische Partei eine starke zentralisierte Organisation dar, die die besten Elemente der fortgeschrittenen Arbeiter und revolutionären Intelligenz in sich aufgenommen hatte und in völliger Übereinstimmung mit der internationalen Lage und den Klassenverhältnissen in Russland – nach kurzem inneren Ringen – ihre Taktik auf eine sozialistische Diktatur der Arbeiterklasse hin ausrichtete. Die menschewistische Fraktion hingegen war zu dieser Zeit erst soweit herangereift, um – wie gesagt – die Aufgaben einer bürgerlichen Demokratie zu erfüllen.

Wenn der Autor jetzt seine Arbeit neu herausgibt, möchte er nicht nur jene prinzipiellen theoretischen Fundamente klarlegen, die es ihm und anderen Genossen, die eine Reihe von Jahren außerhalb der bolschewistischen Partei standen, seit Beginn 1917 erlaubt haben, das eigene Schicksal mit dem ihren zu verknüpfen (eine solche persönliche Erklärung wäre noch kein ausreichendes Motiv für die Wiederauflage des Buches), sondern auch jene sozial-historische Analyse der treibenden Kräfte der russischen Revolution in Erinnerung rufen, nach der die Eroberung der politischen Macht durch die Arbeiterklasse als Aufgabe der russischen Revolution angesehen werden konnte und musste – und dies lange bevor die Diktatur des Proletariats zu einer vollendeten Tatsache wurde. Der Umstand, dass wir jetzt eine Arbeit ohne Veränderungen herausgeben können, die 1906 geschrieben wurde und in ihren Grundzügen schon 1904 formuliert worden war, ist ein überzeugender Beweis dafür, dass die marxistische Theorie nicht auf der Seite der menschewistischen Platzhalter einer bürgerlichen Demokratie, sondern auf Seiten der Partei steht, die jetzt tatsächlich die Diktatur der Arbeiterklasse durchführt.

Die letzte Instanz für die Theorie bleibt die Erfahrung. Ein unwiderleglicher Beweis dafür, dass die marxistische Theorie von uns richtig angewandt wird, ist die Tatsache, dass die Ereignisse, an denen wir jetzt teilnehmen, und die Methoden dieser Teilhabe in ihren Grundzügen schon vor anderthalb Jahrzehnten vorausgesehen worden sind.

Im Anhang geben wir einen Artikel »Der Kampf um die Macht« wieder, der in der Pariser Zeitung »Nasche Slowo«[1] vom 17. Oktober 1915 erschienen ist. Der Artikel hat eine polemische Funktion: Er geht aus von der Kritik des programmatischen »Briefes« der Führer des Menschewismus »an die Genossen in Russland« und gelangt zu dem Schluss, dass in dem Jahrzehnt nach der Revolution von 1905 die Entwicklung der Klassenverhältnisse die menschewistischen Hoffnungen auf eine bürgerliche Demokratie noch weiter untergraben und damit das Schicksal der russischen Revolution offenbar noch enger mit der Frage der Diktatur der Arbeiter-

1 *Unser Wort*

klasse verbunden haben. – Was muss man für ein Starrkopf sein, wenn man angesichts der ganzen jahrelangen Ideenkämpfe von dem »Abenteurertum« der Oktoberrevolution spricht.

Wenn man vom Verhältnis der Menschewiki zur Revolution spricht, so kann man nicht umhin, die menschewistische Degeneration Kautskys zu erwähnen, die nun in der »Theorie« der Martow, Dan und Zeretelli den Ausdruck seines eigenen theoretischen und politischen Niederganges findet. Nach dem Oktober 1917 hörten wir von Kautsky, dass die Eroberung der politischen Macht durch die Arbeiterklasse zwar auch die historische Aufgabe der sozialdemokratischen Partei sei, dass man aber – da die russische Kommunistische Partei nicht durch die Tür und nicht zu der Zeit an die Macht gekommen sei, die in Kautskys Fahrplan vorgesehen waren – die Sowjetrepublik Kerenski, Zeretelli und Tschernow zur Korrektur überlassen solle. Die pedantisch-reaktionäre Kritik Kautskys muss den Genossen umso überraschender erscheinen, die bewusst die Periode der ersten russischen Revolution miterlebt und Kautskys Artikel von 1905–1906 gelesen haben. Damals verstand und erkannte Kautsky (gewiss nicht ohne den wohltätigen Einfluss Rosa Luxemburgs) vollauf, dass die russische Revolution nicht mit einer bürgerlichen demokratischen Republik enden könne, sondern aufgrund des erreichten Niveaus des Klassenkampfes im Innern des Landes und des gesamten internationalen Zustands des Kapitalismus zur Diktatur der Arbeiterklasse führen musste. Kautsky schrieb damals direkt von einer Arbeiterregierung mit sozialdemokratischer Mehrheit. Es fiel ihm nicht ein, den realen Verlauf des Klassenkampfes von zeitlich begrenzten und oberflächlichen Kombinationen der politischen Demokratie abhängig zu machen. Kautsky verstand damals, dass eine Revolution zuerst damit beginnt, Millionenmassen von Bauern und Kleinbürgern zu wecken, und zwar nicht mit einem Mal, sondern allmählich, Schicht um Schicht, dass sich in dem Moment, in dem sich der Kampf zwischen dem Proletariat und der kapitalistischen Bourgeoisie seinem entscheidenden Moment nähert, noch breite bäuerliche Massen auf einem sehr primitiven Niveau der politischen Entwicklung befinden und ihre Stimmen den politischen Parteien der Zwischenschichten geben werden, die nur die Rückständigkeit und die Vorurteile der Bauernschaft widerspiegeln. Kautsky verstand damals, dass das Proletariat, das durch die Logik der Revolution zur Eroberung der Macht gekommen ist, diesen Akt nicht willkürlich auf unbestimmte Zeit verschieben kann – denn mit dieser Selbstverleugnung würde es nur das Feld für die Konterrevolution freimachen. Kautsky verstand damals, dass das Proletariat, wenn es die revolutionäre Macht in der Hand hält, das Schicksal der Revolution nicht von der vorübergehenden Stimmung der jeweils am wenigsten bewussten und aufgeweckten Masse abhängig machen wird, sondern umgekehrt die ganze Staatsgewalt, die sich in seinen Händen konzentriert, in einen machtvollen Apparat der Aufklärung und Organisation dieser rückständigsten, unwissendsten bäuerlichen Massen verwandeln wird. Kautsky verstand, dass die russische Revolution eine bürgerliche zu nennen und ihre Aufgaben hierauf zu beschränken, bedeutet, dass man überhaupt nichts von dem versteht, was in der Welt vorgeht. Er erkannte völlig richtig, zusammen mit den revolutionären Marxisten Russlands und Polens, dass – wenn das russische Proletariat eher die Macht erlangt als das europäische – es seine Stellung als herrschende Klasse nicht für die eilige Übergabe seiner Positionen an die Bourgeoisie, sondern für die machtvolle Unterstützung der proletarischen Revolution in Europa und der ganzen Welt zu benutzen hätte. All diese Weltperspektiven, die durchdrungen sind vom Geiste der marxistischen Lehre, wurden damals weder von Kautsky noch von uns davon abhängig gemacht, wie und für wen die Bauernschaft im November und Dezember 1917 bei den Wahlen zur sogenannten Konstituierenden Versammlung stimmen würde.

Jetzt, wo die Perspektiven, die vor 15 Jahren entworfen wurden, Wirklichkeit geworden sind, verweigert Kautsky der russischen Revolution die Anerkennungsurkunde mit der Begründung, sie sei nicht auf dem politischen Polizeirevier der bürgerlichen Demokratie ausgestellt. Welch erstaunliche Tatsache! Welch unwahrscheinliche Erniedrigung des Marxismus! Man kann mit vollem Recht sagen, dass der Niedergang der Zweiten Internationale in dieser philisterhaften Beurteilung der russischen Revolution durch einen ihrer größten Theoretiker einen noch entsetzlicheren Ausdruck gefunden hat als durch die Zustimmung zu den Kriegskrediten am 4. August.

Jahrzehntelang entwickelte und verteidigte Kautsky die Ideen der sozialen Revolution. Nun, da sie ausgebrochen ist, wendet er sich entsetzt von ihr ab. Er stemmt sich gegen die Sowjetmacht in Russland und nimmt gegen die mächtige Bewegung des kommunistischen Proletariats Deutschlands eine feindselige Haltung ein. Kautsky hat verblüffende Ähnlichkeit mit einem armseligen Schulmeister, der Jahr für Jahr in den vier Wänden seines muffigen Schulraums seinen Schülern immer wieder den Frühling beschreibt und dann, wenn er schließlich einmal am Ende seiner pädagogischen Tätigkeit im Frühling in die Natur hinauskommt, den Frühling nicht erkennt, wütend wird (soweit ein Schulmeister wütend werden kann) und zu beweisen versucht, dass der Frühling gar kein Frühling sei, sondern nur eine große Unordnung in der Natur, denn er verstoße gegen die Gesetze der Naturwissenschaft. Wie gut, dass die Arbeiter nicht diesem mit höchster Autorität ausgestatteten Pedanten vertrauen, sondern der Stimme des Frühlings!

Wir, die Schüler von Marx, bleiben gemeinsam mit den deutschen Arbeitern bei der Überzeugung, dass der Frühling der Revolution in voller Übereinstimmung mit den Gesetzen der sozialen Natur und zugleich der marxschen Theorie angebrochen ist – denn der Marxismus ist nicht der Zeigestock eines Schulmeisters, der über der Geschichte thront, sondern die soziale Analyse der Wege und Methoden des historischen Prozesses, wie er sich in der Wirklichkeit vollzieht.

Ich habe die Texte der beiden unten abgedruckten Arbeiten – von 1906 und 1915 – nicht verändert. Ursprünglich wollte ich sie durch Anmerkungen ergänzen, die die Darstellung näher an den gegenwärtigen Augenblick heranführen sollten. Aber während ich den Text durchsah, habe ich diesen Plan aufgegeben. Hätte ich in Einzelheiten gehen wollen, so hätte ich mit den Anmerkungen den Umfang des Buches verdoppeln müssen, wozu mir gegenwärtig die Zeit fehlt; außerdem wäre ein solches »Zweietagenbuch« für den Leser unbequem geworden. Aber die Hauptsache ist, glaube ich, dass der Gedankengang in seinen wesentlichen Zügen den gegenwärtigen Zuständen sehr nahe kommt und der Leser, der sich der Mühe unterzieht, dieses Buch aufmerksamer zu studieren, wird die Darstellung mühelos mit den notwendigen Tatsachen aus der Erfahrung der gegenwärtigen Revolution ergänzen.

12. März 1919
L. Trotzki
Kreml

Ergebnisse und Perspektiven

Die treibenden Kräfte der Revolution

Die Revolution in Russland kam allen unerwartet, außer der Sozialdemokratie. Der Marxismus hat die Unvermeidlichkeit der russischen Revolution längst vorausgesagt, die als Folge des Zusammenstoßes der Kräfte der kapitalistischen Entwicklung mit den Kräften des starren Absolutismus kommen musste. Indem er sie als eine bürgerliche bezeichnete, zeigte er damit, dass die *unmittelbaren objektiven* Aufgaben der Revolution in der Schaffung »normaler« Bedingungen für die Entwicklung der bürgerlichen Gesellschaft in ihrer Gesamtheit bestanden.

Der *Marxismus hatte recht*. – Dies kann man heute nicht mehr bestreiten, noch braucht man es zu beweisen. Vor den Marxisten steht eine ganz andere Aufgabe: durch die Analyse der inneren Mechanik der sich entwickelnden Revolution ihre »Möglichkeiten« aufzudecken. Es wäre ein grober Fehler, unsere Revolution einfach mit den Ereignissen der Jahre 1789–1793 oder 1848 gleichzusetzen. Historische Analogien, mit denen sich der Liberalismus am Leben hält, können eine soziale Analyse nicht ersetzen.

Die russische Revolution besitzt einen ganz eigenartigen Charakter, der die Folge der Eigenarten unserer gesamten gesellschaftlich-historischen Entwicklung ist und der seinerseits ganz neue historische Perspektiven eröffnet.

1. Die Besonderheiten der historischen Entwicklung

Vergleichen wir die gesellschaftliche Entwicklung Russlands mit der Entwicklung der europäischen Staaten – indem wir deren gemeinsame Züge zusammenfassen und die Unterschiede zwischen ihrer Geschichte und der Geschichte Russlands herausstellen – so können wir sagen, dass das wesentliche Merkmal der russischen Gesellschaftsentwicklung ihre relative Primitivität und Langsamkeit ist.

Wir wollen hier nicht die natürlichen Ursachen dieser Primitivität behandeln, aber das Faktum selbst halten wir für unbezweifelbar: Die russische Gesellschaft entstand auf einer einfacheren und ärmeren ökonomischen Grundlage.

Der Marxismus lehrt, dass dem sozial-historischen Prozess die Entwicklung der Produktivkräfte zugrunde liegt. Die Bildung ökonomischer Zünfte, Klassen und Stände ist nur dann möglich, wenn diese Entwicklung einen bestimmten Stand erreicht hat. Für die Differenzierung in Stände und Klassen, die von der Entwicklung der Arbeitsteilung und der Herausbildung spezialisierter gesellschaftlicher Funktionen bestimmt wird, ist es notwendig, dass der Teil der Bevölkerung, der unmittelbar in der materiellen Produktion beschäftigt ist, über den eigenen Verbrauch hinaus ein Mehrprodukt, einen Überschuss produziert: Nur durch die entfremdete Aneignung dieses Überschusses können nicht-produktive Klassen entstehen und sich strukturieren. Sodann ist die Arbeitsteilung innerhalb der produktiven Klassen selbst nur bei einem bestimmten Entwicklungsstand der Landwirtschaft denkbar, durch den die Versorgung der nicht-bäuerlichen Bevölkerung mit Agrarprodukten gewährleistet werden kann. Diese grundlegenden Voraussetzungen der sozialen Entwicklung sind bereits von Adam Smith genau formuliert worden.

Daraus folgt – obgleich die Nowgoroder Periode unserer Geschichte mit dem Beginn des europäischen Mittelalters zusammenfällt –, dass die auf naturgeschichtliche Bedingungen (ungünstigere geografische Lage, geringe Bevölkerung) zurückzuführende langsame ökonomische Entwicklung den Prozess der Klassenbildung hemmen und ihm einen primitiveren Charakter geben musste.

Es ist schwer zu sagen, welchen Weg die Geschichte der russischen Gesellschaft genommen hätte, wenn sie isoliert verlaufen und allein von ihren inneren Tendenzen beeinflusst worden wäre. Es genügt, wenn wir festhalten, dass dies nicht der Fall war. Die russische Gesellschaft, die sich auf einer bestimmten inneren ökonomischen Basis ausbildete, stand immer unter dem Einfluss, ja unter dem Druck des äußeren sozial-historischen Milieus.

Im Prozess der Auseinandersetzung dieser ausgebildeten gesellschaftlich-staatlichen Organisation mit den anderen benachbarten spielten auf der einen Seite die Primitivität der ökonomischen Verhältnisse, auf der anderen Seite deren relativ hohe Entwicklungsstufe eine entscheidende Rolle.

Der russische Staat, der sich auf einer primitiven ökonomischen Basis herausgebildet hatte, trat in Beziehung und geriet in Konflikt mit staatlichen Organisationen, die sich auf einer höheren und stabileren ökonomischen Grundlage entwickelt hatten. Hier gab es zwei Möglichkeiten: Entweder musste der russische Staat im Kampf mit ihnen untergehen, wie die Goldene Horde im Kampf mit dem Moskauer Staat untergegangen war – oder der russische Staat musste in seiner Entwicklung die Entwicklung der ökonomischen Verhältnisse überholen und sehr viel mehr lebendige Energien verbrauchen als dies bei isolierter Entwicklung der Fall gewesen wäre. Für den ersten Ausweg war die russische Wirtschaft *nicht* primitiv *genug*. Der Staat zerfiel nicht, sondern begann unter einer schrecklichen Anspannung der volkswirtschaftlichen Kräfte zu wachsen.

Das Wesentliche ist somit nicht, dass Russland ringsum von Feinden umgeben war. Das allein genügt nicht. Im Grunde gilt dies für jeden europäischen Staat außer vielleicht für England. Aber in ihrem gegenseitigen Existenzkampf stützten sich diese Staaten auf eine annähernd gleichartige ökonomische Basis, und deshalb war die Entwicklung ihrer Staatlichkeit keinem derart starken äußeren Druck ausgesetzt.

Der Kampf gegen die Krim- und die nogaischen Tataren verlangte die äußerste Kraftanstrengung; selbstverständlich jedoch keine größere als der hundertjährige Kampf Frankreichs mit England. Es waren nicht die Tataren, die das alte Russland zwangen, Feuerwaffen einzuführen und die stehenden Strelitzenregimenter zu schaffen; es waren nicht die Tataren, die es später zwangen, die Reiterei und Soldateninfanterie zu schaffen. Es war der Druck vonseiten Litauens, Polens und Schwedens.

Als Folge dieses von Westeuropa ausgeübten Drucks verschlang der Staat einen unverhältnismäßig großen Teil des Mehrproduktes, d. h. er lebte auf Kosten der gerade formierten privilegierten Klassen und verzögerte damit deren ohnehin langsame Entwicklung. Aber das ist nicht alles. Der Staat stürzte sich auf das »notwendige Produkt« des Bauern, beraubte ihn seiner Existenzmittel, vertrieb ihn damit von dem Boden, auf dem er sich gerade angesiedelt hatte – und hemmte so das Bevölkerungswachstum, bremste die Entwicklung der Produktivkräfte. In dem Maße also, in dem der Staat einen übermäßig großen Teil des *Mehr*produktes verschlang, hinderte er die ohnehin langsame Differenzierung der Stände; und in demselben Maße, in dem er noch einen bedeutenden Teil des *notwendigen* Produktes wegnahm, zerstörte er selbst die primitiven Produktionsgrundlagen, die seine Stütze waren.

Um aber weiterbestehen, funktionieren und sich also vor allem den hierfür notwendigen Teil des gesellschaftlichen Produkts aneignen zu können, *brauchte* der Staat eine *ständisch-hierarchische* Organisation. Daher trachtete er, während er die ökonomischen Grundlagen ihres Wachstums untergrub, zugleich danach, ihre Entwicklung durch staatliche Ordnungsmaßnahmen zu forcieren und versuchte – wie jeder andere Staat –, den Formationsprozess der Stände in seinem Sinn zu lenken. Ein russischer Kulturhistoriker, Herr Miljukow,[2] sieht darin einen direkten *Gegensatz* zur Geschichte des Westens. Einen Gegensatz gibt es hier jedoch nicht.

Die ständische Monarchie des Mittelalters, die sich zu einem bürokratischen Absolutismus weiterentwickelte, stellte eine Staatsform dar, in der bestimmte soziale Interessen und Beziehungen verankert waren. Diese Staatsform entwickelte aber, nachdem sie sich einmal herausgebildet und etabliert hatte, ihre eigenen Interessen (dynastische, höfische, bürokratische ...), die nicht nur mit den Interessen der niederen, sondern selbst mit denen der höheren Stände in Konflikt gerieten. Die herrschenden Stände, die eine sozial unerlässliche »Trennwand« zwischen der Masse der Bevölkerung und der staatlichen Organisation bildeten, übten auf letztere Druck aus und machten die eigenen Interessen zum Inhalt ihrer staatlichen Praxis. Zugleich aber vertrat die Staatsgewalt *ihren eigenen* Standpunkt auch gegenüber den Interessen der höheren Stände. Als eine unabhängige Macht entwickelte sie Widerstand gegen deren Ansprüche und versuchte, sie sich unterzuordnen. Die tatsächliche Geschichte der Beziehungen zwischen Staat und Ständen verlief in der Richtung einer Resultante, die von dieser Kräftekonstellation bestimmt wurde. Ein im Wesentlichen ähnlicher Prozess vollzog sich auch im alten Russland.

Der Staat versuchte, die sich entwickelnden ökonomischen Gruppen auszunutzen und sie seinen speziellen finanziellen und militärischen Interessen unterzuordnen. Die entstehenden ökonomisch herrschenden Gruppen versuchten, den Staat dafür zu benutzen, ihre Vorrechte in Form von Standesprivilegien zu sichern. In diesem sozialen Kräftespiel kam der Macht des Staates ein weit stärkeres Gewicht zu als in der Geschichte Westeuropas.

2 P. Miljukow, *Skizzen zur Geschichte der russischen Kultur*, St. Petersburg 1896.

Dieser Austausch von gegenseitigen Hilfeleistungen zwischen dem Staat und den oberen gesellschaftlichen Gruppen, der seinen Ausdruck in der Verteilung von Rechten und Pflichten, von Lasten und Privilegien findet, geschieht auf Kosten des werktätigen Volkes.

Bei uns gestaltete er sich für Adel und Klerus weniger vorteilhaft als in den mittelalterlichen ständischen Monarchien Westeuropas. Dies ist unbestreitbar. Und dennoch ist es eine schreckliche Übertreibung, eine Verletzung jeglicher Perspektive, zu sagen, dass zu der Zeit, als im Westen die Stände den Staat schufen, die Staatsgewalt bei uns aus ihrem eigenen Interesse die Stände geschaffen hätte (Miljukow).

Stände lassen sich nicht auf staatlich-juristischem Wege schaffen. Bevor sich die eine oder andere gesellschaftliche Gruppe mithilfe der Staatsgewalt zu einem privilegierten Stand entwickeln kann, muss sie sich ökonomisch mit all ihren sozialen Vorrechten herausgebildet haben. Stände können nicht nach einer vorher geschaffenen Rangordnung oder nach dem Kodex der Légion d'honneur fabriziert werden. Die Staatsgewalt kann lediglich mit all ihren Mitteln diesem elementaren ökonomischen Prozess zu Hilfe kommen, der die höheren ökonomischen Formationen hervorbringt. Wie wir gezeigt haben, verbrauchte der russische Staat verhältnismäßig viele Kräfte und hemmte dadurch den sozialen Kristallisationsprozess, dessen er doch selber bedurfte. Es ist deshalb natürlich, dass er unter dem Einfluss und dem Druck der differenzierteren westlichen Umwelt (einem Druck, der über die militärstaatliche Organisation vermittelt wurde) seinerseits die soziale Differenzierung auf einer primitiven ökonomischen Grundlage zu forcieren suchte. Weiter: Da das Bedürfnis zur Beschleunigung dieses Prozesses durch die Schwäche der sozial-ökonomischen Entwicklung hervorgerufen war, ist es natürlich, wenn der Staat in seinen fürsorglichen Anstrengungen danach strebte, sein Machtübergewicht dazu zu benutzen, eben diese Entwicklung der Oberklassen seinem eigenen Gutdünken entsprechend zu lenken. Aber als der Staat in dieser Richtung größere Erfolge erlangen wollte, stieß er in erster Linie auf seine eigene Schwäche, auf den primitiven Charakter seiner eigenen Organisation, und dieser war, wie wir schon wissen, durch die Primitivität der Sozialstruktur bestimmt.

So wurde der auf der Grundlage der russischen Wirtschaft errichtete russische Staat durch den freundlichen und mehr noch den feindlichen Druck der benachbarten Staatsorganisationen vorwärtsgetrieben, die auf einer weiterentwickelten ökonomischen Basis entstanden waren. Von einem bestimmten Zeitpunkt an – besonders seit dem Ende des 17. Jahrhunderts – trachtet der Staat danach, mit allen Kräften die natürliche ökonomische Entwicklung zu beschleunigen. Neue Zweige des Handwerks, Maschinen und Fabriken, Großproduktion und Kapital scheinen sozusagen künstliche Aufpfropfungen auf den natürlichen wirtschaftlichen Stamm zu sein. Der Kapitalismus erscheint als ein Kind des Staates.

Von diesem Standpunkt aus kann man allerdings auch sagen, die ganze russische Wissenschaft sei ein künstliches Produkt staatlicher Bemühungen, sei künstlich auf den natürlichen Stamm nationaler Unwissenheit aufgesetzt.[3]

Das russische Denken entwickelte sich wie die russische Ökonomie unter dem unmittelbaren Druck des weiter fortgeschrittenen Denkens und der weiterentwickelten Wirtschaft des Westens. Da infolge des naturalwirtschaftlichen Charakters der Ökonomie, d. h. der geringen Entwicklung des Außenhandels, die Beziehungen zu anderen Ländern vornehmlich staatlichen Charakter trugen, drückte sich der Einfluss dieser Länder, noch bevor er die Form unmittelbarer wirtschaftlicher Konkurrenz annehmen konnte, in einem verschärften Kampf um die staatliche Existenz aus. Die westliche Ökonomie beeinflusste die russische über die Vermittlung des Staates. Um inmitten feindlicher und besser bewaffneter Staaten überleben zu können, war Russland gezwungen, Fabriken, Schifffahrtsschulen, Lehrbücher über den Bau von Befestigungsanlagen usw. einzuführen. Hätte sich aber die allgemeine Bewegung der Binnenwirtschaft des riesigen Landes nicht in dieser Richtung vollzogen, hätte die Entwicklung dieser Wirtschaft nicht ein Bedürfnis nach Anwendung und Verallgemeinerung der Kenntnisse erzeugt, so wären alle Bemühungen des Staates fruchtlos geblieben: Die nationale Ökonomie, die sich in natürlicher Weise von der Naturalwirtschaft zu einer Geld-Waren-Wirtschaft entwickelte, reagierte nur auf

3 Es genügt, sich die charakteristischen Merkmale der ursprünglichen Beziehung von Staat und Schule zu vergegenwärtigen, um festzustellen, dass die Schule ein zumindest ebenso »künstliches« Produkt des Staates gewesen ist wie die Fabrik. – Die Bildungsbemühungen des Staates illustrieren diese »Künstlichkeit«. Nicht erscheinende Schüler wurden in Ketten gelegt; die ganze Schule lag in Ketten. Unterricht war Dienst. Den Schülern wurden Gehälter gezahlt usw. usw.

solche Maßnahmen der Regierung, die dieser Entwicklung entsprachen, und nur in dem Maße, in dem sie mit ihr übereinstimmten. Die Geschichte der russischen Fabrik, des russischen Währungssystems und des Staatskredits ist ein schlagender Beweis für die oben dargelegte Auffassung.

»Die meisten Industriezweige (Metall, Zucker, Erdöl, Branntwein und sogar Faserstoffe)«, schreibt Professor Mendelejew, »entstanden direkt unter der Einwirkung von Regierungsmaßnahmen, zuweilen auch mithilfe hoher Regierungssubventionen, aber besonders auch deshalb, weil die Regierung anscheinend zu allen Zeiten eine bewusste protektionistische Politik verfolgte und unter der Herrschaft Zar Alexander III. diese ganz offen auf ihre Fahne schrieb ... Die oberste Regierung, die sich mit vollem Bewusstsein an die Grundsätze des Protektionismus für Russland hielt, war allen unseren gebildeten Klassen zusammengenommen voraus.«[4] Der gelehrte Panegyriker des Industrieprotektionismus vergisst hinzuzufügen, dass die Regierungspolitik nicht von der Sorge um die Entwicklung der Produktivkräfte diktiert wurde, sondern von rein fiskalischen und zum Teil militärtechnischen Erwägungen. Aus diesem Grunde widersprach die Schutzzollpolitik nicht selten nicht nur den fundamentalen Interessen der industriellen Entwicklung, sondern auch den privaten Interessen einzelner Unternehmergruppen. So erklärten die Baumwollfabrikanten offen, dass »die hohen Baumwollzölle heutzutage nicht zur Förderung des Baumwollanbaus, sondern allein aus fiskalischem Interesse aufrechterhalten werden«. So wie die Regierung bei der »Schaffung« von Ständen vor allem die Abgaben an den Staat im Auge hatte, so richtete sie auch bei der »Ansiedlung« der Industrie ihre Hauptsorge auf die Erfordernisse des Staatsfiskus. Zweifellos jedoch spielte die Autokratie keine geringe Rolle bei der Verpflanzung der industriellen Produktion auf russischen Boden.

Zu der Zeit, als die sich entwickelnde bürgerliche Gesellschaft ein Bedürfnis nach den politischen Institutionen des Westens zu verspüren begann, war die Autokratie mit der ganzen materiellen Gewalt der europäischen Staaten ausgerüstet. Sie stützte sich auf einen zentralisierten bürokratischen Apparat, der für die Regelung neuer Verhältnisse völlig unbrauchbar, dafür aber in der Lage war, große Energie für systematische

4 D. Mendelejew, *Zum Verständnis Russlands*, St. Petersburg 1906, S. 84.

Repressionsmaßnahmen freizusetzen. Die ungeheuren Entfernungen des Landes waren mit dem Telegrafen überwunden worden, der den Aktionen der Verwaltung Sicherheit, relative Einheitlichkeit und Schnelligkeit (bei Unterdrückungsmaßnahmen) verlieh; die Eisenbahnen erlaubten es, Militärtruppen in kurzer Zeit vom einen Ende des Landes zum anderen zu verlegen. Die vorrevolutionären Regierungen Europas kannten Eisenbahnen und Telegrafen kaum. Die dem Absolutismus zu Gebote stehende Armee war riesig – und wenn sie sich auch in den ersten Prüfungen des russisch-japanischen Krieges als untauglich erwiesen hat, so war sie doch gut genug für die Herrschaft im Innern. Nicht nur die Regierung des alten Frankreich, sondern auch die Regierung von 1848 kannte nichts, was der gegenwärtigen russischen Armee gleichgekommen wäre.

Während die Regierung mithilfe des fiskalisch-militärischen Apparats das Land aufs Äußerste ausbeutete, erhöhte sie ihr jährliches Budget bis auf die Riesensumme von 2 Mrd. Rubel. Gestützt auf Heer und Budget, machte die autokratische Regierung die europäische Börse zu ihrem Schatzamt und den russischen Steuerzahler zum hoffnungslosen Tributpflichtigen dieser Börse.

So stellte sich die Regierung Russlands in den 80er und 90er Jahren des 19. Jahrhunderts der Welt als eine riesenhafte militärbürokratische Steuer- und Börsenorganisation von unerschütterlicher Macht dar.

Die finanzielle und militärische Macht des Absolutismus bedrückte und blendete nicht nur die europäische Bourgeoisie, sondern auch den russischen Liberalismus und nahm ihm jeglichen Glauben an die Möglichkeit einer offenen Auseinandersetzung mit dem Absolutismus. Die militärische und finanzielle Macht des Absolutismus schloss, so schien es, jede Möglichkeit einer russischen Revolution aus.

In Wirklichkeit traf das genaue Gegenteil ein.

Je zentralisierter ein Staat und je unabhängiger er von der Gesellschaft ist, desto eher verwandelt er sich zu einer autonomen Organisation, die über der Gesellschaft steht. Je größer die militärischen und finanziellen Kräfte einer solchen Organisation sind, desto länger und erfolgreicher kann sie um ihre Existenz kämpfen. Der zentralistische Staat mit seinem 2-Mrd.-Budget, seinen 8-Mrd.-Schulden und den bewaffneten Millionen seiner Armee konnte sich auch noch halten, als er schon längst aufgehört hatte, die elementarsten Bedürfnisse der gesellschaftlichen Entwicklung zu befriedigen – nicht allein das Bedürfnis nach einer inneren Verwaltung, sondern selbst das Bedürfnis nach militärischer Sicherheit, die zu gewähren er ursprünglich geschaffen war.

Je länger dieser Zustand anhielt, desto größer wurde der Widerspruch zwischen den Forderungen des wirtschaftlichen und kulturellen Fortschritts und der Regierungspolitik, die ihre eigene »milliardenfache« Trägheit entwickelt hatte. Nachdem sie die Epoche der großen Flickreformen – die diesen Widerspruch nicht nur nicht beseitigten, sondern ihn im Gegenteil erstmals deutlich enthüllten – hinter sich gebracht hatte, wurde es für die Regierung objektiv immer schwieriger und psychologisch immer weniger möglich, von selbst den Weg zum Parlamentarismus einzuschlagen. Der einzige Ausweg aus dem Widerspruch, der sich der Gesellschaft in dieser Situation anbot, bestand darin, in dem eisernen Kessel des Absolutismus genügend revolutionären Dampf anzusammeln, um ihn zu sprengen.

So schloss die administrative, militärische und finanzielle Macht des Absolutismus, die ihm die Möglichkeit gegeben hatte, sich im Widerspruch zur gesellschaftlichen Entwicklung zu behaupten, nicht nur die Möglichkeit einer Revolution nicht aus, wie der Liberalismus dachte, sondern sie machte die Revolution im Gegenteil zum einzigen Ausweg – dabei war der Revolution ein umso radikalerer Charakter sicher, je mehr die Macht des Absolutismus den Abgrund zwischen sich und der Nation vertiefte.

Der russische Marxismus kann mit Recht stolz darauf sein, dass er allein die Richtung dieser Entwicklung aufgezeigt und ihre allgemeinen Formen[5] zu einer Zeit vorhergesagt hat, da der Liberalismus sich von dem utopischen »Praktizismus« nährte und die revolutionäre Bewegung der Volkstümler von Phantasmagorien und Wunderglauben lebte.

Die gesamte zurückliegende soziale Entwicklung machte die Revolution unvermeidlich. Welches aber waren die Kräfte dieser Revolution?

5 Selbst ein so reaktionärer Bürokrat wie Prof. Mendelejew kann nicht umhin, dies zuzugeben. In seiner Schilderung der industriellen Entwicklung bemerkt er: »Die Sozialisten erkannten hier etwas und verstanden es sogar zum Teil, aber ihrem Lateinertum (!) folgend, gingen sie in die Irre, indem sie empfahlen, zur Gewalt zu greifen, den tierischen Instinkten des Pöbels freien Lauf ließen und nach Umstürzen und Macht strebten.« (*Zum Verständnis Russlands*, S. 120).

2. Stadt und Kapital

Die städtische Entwicklung in Russland ist ein Produkt der neuesten Geschichte, genauer – der letzten Jahrzehnte. Gegen Ende der Herrschaft Peters I., im ersten Viertel des 18. Jahrhunderts, betrug die städtische Bevölkerung etwas mehr als 328 000 Menschen, etwa 3 v. H. der Bevölkerung des Landes. Gegen Ende desselben Jahrhunderts betrug sie 1 301 000, etwa 4,1 v. H. der Gesamtbevölkerung. 1812 war die städtische Bevölkerung auf 1 653 000 angewachsen, das waren 4,4 v. H. Mitte des 19. Jahrhunderts zählten die Städte noch immer erst 3 482 000, – 7,8 v. H. Nach der letzten Volkszählung (1897) schließlich ist nun eine Bevölkerungszahl der Städte von 16 289 000 ermittelt worden, was ungefähr 13 v. H. der Gesamtbevölkerung ausmacht.[6]

Betrachten wir die Stadt nicht nur als eine Verwaltungseinheit, sondern als eine sozial-ökonomische Formation, so müssen wir zugeben, dass die genannten Zahlen kein wirkliches Bild der Entwicklung der Städte geben: Die russische Staatspraxis kennt massenhafte Verleihungen von Stadtrechten wie auch massenhafte Aberkennungen dieser Privilegien, ohne dass hierbei wissenschaftliche Erwägungen irgendeine Rolle gespielt haben. Trotzdem gehen aus den Zahlen sowohl die Bedeutungslosigkeit der Städte im Russland vor den Reformen hervor wie auch ihr fieberhaft schnelles Wachsen während der letzten Jahrzehnte. Nach den Berechnungen von Herrn Michailowski betrug das Wachstum der Stadtbevölkerung zwischen 1885 und 1887 33,8 v. H., d. h. es war mehr als doppelt so groß wie das allgemeine Bevölkerungswachstum Russlands (15,25 v. H.) und fast dreimal so groß wie der Zuwachs der Landbevölkerung (12,7 v. H.). Wenn wir die Dörfer und Kleinstädte mit Industrie hinzunehmen, so zeigt sich das rasche Zunehmen der städtischen (nichtlandwirtschaftlichen) Bevölkerung noch deutlicher.

Aber die modernen russischen Städte unterscheiden sich von den alten nicht nur ihrer Einwohnerzahl, sondern auch ihrem sozialen Charakter nach: Sie sind Zentren von Industrie und Handel. Die Mehrzahl unserer

6 Diese Zahlen haben wir den *Skizzen* Herrn Miljukows entnommen. Die städtische Bevölkerung *Gesamt*russlands, unter Einschluss Sibiriens und Finnlands, ist nach der Volkszählung von 1897 mit 17 122 000 oder 13 1/4 v. H. ermittelt worden. (D. Mendelejew, *Zum Verständnis Russlands*, St. Petersburg 1906, 2. Aufl., Tab. S. 90).

alten Städte spielte fast gar keine wirtschaftliche Rolle; sie waren militärisch administrative Punkte oder Festungen, ihre Bevölkerung war dienstpflichtig und wurde von der Staatskasse unterhalten. Im Allgemeinen war die Stadt das Zentrum der Verwaltung, des Militärs und der Steuererhebung.

Siedelte sich die nicht dienstpflichtige Bevölkerung im Weichbild der Stadt oder in ihrer Nähe an, um vor Feinden Schutz zu suchen, so hinderte sie das nicht im Mindesten daran, sich wie früher mit dem Ackerbau zu befassen. Selbst Moskau, die größte Stadt des alten Russland, war nach den Ausführungen Herrn Miljukows lediglich »ein Zarensitz, dessen Bewohner zu einem beachtlichen Teil auf diese oder jene Art mit dem Hof verbunden waren, entweder als Gefolge, als Garde oder als Gesinde. Von mehr als 16 000 Haushalten, die nach dem Zensus von 1701 in Moskau gezählt wurden, waren nicht mehr als 7 000 (44 v. H.) Händler und Handwerker, und selbst diese lebten in der Nähe des Hofes und arbeiteten für seinen Bedarf. Die übrigen 9 000 Haushaltungen gehörten zum Klerus (1 500) und dem herrschenden Stand.« Mithin spielte die russische Stadt, ähnlich wie die Städte der asiatischen Despotien und im Unterschied zu den Handwerks- und Handelsstädten des Mittelalters, eine reine *konsumtive* Rolle. Zu derselben Zeit, als die zeitgenössische westliche Stadt mehr oder weniger siegreich das Prinzip verteidigte, dass Handwerker kein Recht hatten, auf dem Dorf zu leben, waren der russischen Stadt solche Ziele noch vollständig fremd. Wo aber gab es eine verarbeitende Industrie, ein Handwerk? Auf dem Dorfe, in der Landwirtschaft. Das niedrige wirtschaftliche Niveau ließ bei der intensiven Ausplünderung durch den Staat keinen Raum für die Akkumulation von Reichtum und für die gesellschaftliche Arbeitsteilung. Der im Vergleich zum Westen kürzere Sommer brachte eine längere Winterruhe mit sich. Dies alles führte dazu, dass sich die verarbeitende Industrie nicht vom Ackerbau trennte, sich nicht in den Städten konzentrierte, sondern als landwirtschaftliche Nebenbeschäftigung im Dorf blieb. Als bei uns in der zweiten Hälfte des 19. Jahrhunderts die Entwicklung der kapitalistischen Industrie in großem Stil einsetzte, fand sie kein städtisches Gewerbe, sondern hauptsächlich das dörfliche Kustar'-Handwerk[7] vor.

7 Bäuerliches Kleingewerbe, dem besonders in den waldreichen nördlichen Gouvernements auch noch nach der Oktoberrevolution eine große wirtschaftliche Bedeutung zukam.

»Den höchstens 1 1/2 Millionen Fabrikarbeitern, die es in Russland gibt«, schreibt Herr Miljukow, »stehen nicht weniger als 4 Millionen Bauern gegenüber, die bei sich auf dem Dorfe im verarbeitenden Gewerbe beschäftigt sind, ohne dabei den Ackerbau aufzugeben. Gerade diese Klasse, aus der ... die europäische Fabrik entstand, beteiligte sich in keiner Weise ... beim Aufbau der russischen Industrie.«

Natürlich schuf das weitere Wachstum der Bevölkerung und ihrer Produktivität eine Basis für die gesellschaftliche Arbeitsteilung und selbstverständlich auch für das städtische Handwerk. Aber durch den wirtschaftlichen Druck der fortgeschrittenen Länder bemächtigte sich sofort die kapitalistische Großindustrie dieser Basis, so dass für das Aufblühen eines städtischen Handwerks nicht genügend Zeit war.

Die vier Millionen Kustar'-Handwerker waren genau die Elemente, die in Europa den Kern der Stadtbevölkerung gebildet hatten, die als Meister oder Gesellen in die Zünfte eintraten und in der Folgezeit mehr und mehr außerhalb der Zünfte blieben. Es war gerade diese Handwerkerschicht, die in den revolutionärsten Vierteln von Paris während der Großen Revolution den Hauptteil der Bevölkerung ausmachte. Schon allein diese Tatsache – die Bedeutungslosigkeit des städtischen Handwerks – hat unermessliche Konsequenzen für unsere Revolution.[8]

Das wesentliche ökonomische Merkmal der zeitgenössischen Stadt ist es, dass sie Rohstoffe verarbeitet, mit denen sie vom Lande versorgt wird; aus diesem Grunde sind für sie die Transportbedingungen entscheidend. Nur die Einführung der Eisenbahnen konnte das Umland, das die Stadt versorgte, so ausweiten, dass es möglich wurde, Hunderttausende von Menschen zusammenzuballen; die Notwendigkeit für eine solche Anhäufung ergab sich aus der großen Fabrikindustrie. Der Bevölkerungskern einer modernen Stadt, zumindest einer Stadt von wirtschaftlicher und politischer Bedeutung, ist die deutlich abgeschiedene Klasse der Lohnarbeiter. Eben diese Klasse, die während der Zeit der Großen Französischen Revo-

8 Zu einer Zeit, in der die unkritische Gleichsetzung der russischen Revolution mit der französischen Revolution von 1789 zu einem Gemeinplatz geworden war, sah Gen. Parvus sehr scharfsinnig in diesem Umstand die Ursache für den besonderen Verlauf der Revolution.

lution im Wesentlichen noch unbekannt war, sollte die entscheidende Rolle in unserer Revolution spielen.

Das industrielle Fabriksystem stellt nicht nur das Proletariat an die vorderste Front, es entzieht auch der bürgerlichen Demokratie den Boden. Diese fand in früheren Revolutionen Unterstützung beim städtischen Kleinbürgertum: Handwerkern, kleinen Händlern usw. Ein anderer Grund für die unverhältnismäßig große politische Rolle des russischen Proletariats ist die Tatsache, dass das russische Kapital zu einem beträchtlichen Teil eingewandert ist. Dies führte nach Kautsky dazu, dass das Proletariat an Zahl, Kraft und Einfluss in einer Weise zunahm, die zum Wachstum des bürgerlichen Liberalismus in keinem Verhältnis stand.

Wie wir bereits ausführten, entwickelte sich der Kapitalismus bei uns nicht aus dem Handwerk. Als er Russland eroberte, verfügte er über die Wirtschaftskultur ganz Europas, hatte als nächsten Konkurrenten nur den hilflosen Kustar'-Handwerker oder den ruinierten städtischen Gewerbetreibenden vor sich und besaß als Arbeitskräftereservoir den halb verarmten Bauern. Von verschiedenen Seiten half der Absolutismus bei der kapitalistischen Unterjochung des Landes.

Zunächst verwandelte er den russischen Bauern in einen Zinspflichtigen der Weltbörse. Das Fehlen von Kapital im Lande, nach dem der Staat ständig verlangte, bereitete den Boden für wucherische Bedingungen bei den Auslandsanleihen. Von der Herrschaft Katharinas II. bis zum Ministerium Witte-Durnowo[9] arbeiteten Amsterdamer, Londoner, Pariser und Berliner Bankiers an der Umwandlung der Autokratie in ein riesiges Spekulationsobjekt der Börse. Ein beachtlicher Teil der sogenannten Inlandsanleihen, die durch inländische Kreditanstalten realisiert wurden, unterschied sich in nichts von Auslandsanleihen, denn er wurde faktisch bei ausländischen Kapitalisten untergebracht. Während der Absolutismus den Bauern durch hohe Steuern proletarisierte und pauperisierte, verwandelte er die Millionen der europäischen Börse in Soldaten, Panzerkreuzer, in Einzelhaftsgefängnisse und Eisenbahnen. Der größere Teil dieser Ausgaben war vom wirtschaftlichen Standpunkt aus absolut unproduktiv. Ein außerordentlich großer Teil des Nationalprodukts wurde in Form von Zinsen ans

9 Dieses Ministerium Witte, in dem P. N. Durnowo Innenminister war, bestand vom Oktober 1905 bis Mai 1906.

Ausland gezahlt und bereicherte und stärkte die Finanzaristokratie Europas. Die europäische Finanzbourgeoisie, deren politischer Einfluss während der letzten Jahrzehnte in parlamentarisch regierten Ländern ununterbrochen zunimmt und den Einfluss der Industrie-und Handelskapitalisten zurückdrängt, hat wahrhaftig die zaristische Regierung zu ihrem Vasallen gemacht. Aber sie konnte und wollte nicht zu einem Teil der bürgerlichen Opposition im Innern Russlands werden und wurde dies auch nicht. In ihren Sympathien und Antipathien ließ sie sich von dem Grundsatz leiten, den die holländischen Bankiers Hoppe und Co. schon in den Bedingungen für die Anleihe Zar Pauls im Jahre 1798 formuliert hatten: »Die Zinsen sind *ohne Rücksicht auf politische Umstände zu zahlen.*« Die europäische Börse war sogar direkt und unmittelbar an der Aufrechterhaltung des Absolutismus interessiert: Denn keine andere Regierung konnte ihr derartige Wucherzinsen garantieren. Aber die Staatsanleihen waren nicht der einzige Weg, auf dem europäische Kapitalien nach Russland importiert wurden. Dasselbe Geld, das einen großen Teil des russischen Staatshaushaltes verschlang, kam nach Russland als Handels- und Industriekapital zurück, angezogen von seinen unberührten natürlichen Reichtümern und hauptsächlich von seiner unorganisierten und nicht an Widerstand gewöhnten Arbeitskraft. Die jüngste Periode unseres industriellen Aufschwungs von 1893 bis 1899 war zugleich eine Periode verstärkter Einwanderung europäischen Kapitals. Dieses Kapital also, das nach wie vor größtenteils in europäischer Hand blieb und seine politische Macht in den Parlamenten Frankreichs oder Belgiens realisierte, mobilisierte auf russischem Boden die Arbeiterklasse.

Das europäische Kapital warf seine hauptsächlichen Produktionszweige und Verkehrsmittel in dieses ökonomisch zurückgebliebene Land und versklavte es; dabei übersprang es eine ganze Reihe technischer und ökonomischer Zwischenstadien, die es in seiner Heimat zu durchlaufen hatte. Aber je weniger Hindernissen es auf dem Weg zu seiner ökonomischen Vorherrschaft begegnete, desto unbedeutender erwies sich seine *politische* Rolle.

Die europäische Bourgeoisie entwickelte sich aus dem Dritten Stand des Mittelalters. Sie erhob das Banner des Protestes gegen Plünderung und Gewaltausübung seitens des ersten und zweiten Standes im Namen der Interessen des Volkes, das sie selbst auszubeuten wünschte. In ihrem Kampf gegen die Ansprüche von Klerus und Adel stützte sich die mittelalterliche Ständemonarchie während ihrer Umwandlung in einen bürokratischen Absolutismus auf die Bevölkerung der Städte. Die Bourgeoisie machte sich dies für ihren eigenen staatlichen Aufstieg zunutze. So entwickelten sich der bürokratische Absolutismus und die kapitalistische Klasse zur gleichen Zeit – und als sie 1789 zusammenprallten, da zeigte sich, dass die Bourgeoisie die ganze Nation hinter sich hatte.

Der russische Absolutismus entwickelte sich unter dem unmittelbaren Druck der westlichen Staaten. Er eignete sich deren Verwaltungs- und Herrschaftsmethoden sehr viel früher an, als es der kapitalistischen Bourgeoisie gelang, sich auf dem Boden einer nationalen Wirtschaft zu entwickeln. Der Absolutismus verfügte bereits über ein riesiges stehendes Heer und einen zentralisierten bürokratischen und fiskalischen Apparat und machte untilgbare Schulden bei europäischen Bankiers zu einer Zeit, als die russischen Städte noch eine ökonomisch völlig untergeordnete Rolle spielten.

Das Kapital drang mit der direkten Unterstützung des Absolutismus von Westen her ein und verwandelte in kurzer Zeit eine Reihe alter archaischer Städte in Zentren von Industrie und Handel, ja es schuf solche Handels- und Industriestädte an Stellen, die vorher gänzlich unbewohnt waren. Dies Kapital trat oft ganz plötzlich in der Gestalt großer unpersönlicher Aktiengesellschaften auf. In dem Jahrzehnt des industriellen Aufschwungs zwischen 1893 und 1902 nahm das Grundkapital der Aktiengesellschaften um 2 Mrd. Rubel zu, wohingegen es sich von 1854 bis 1892 um nur 900 Millionen Rubel erhöht hatte. Das Proletariat sah sich plötzlich in riesigen Massen konzentriert, und zwischen ihm und dem Absolutismus stand eine zahlenmäßig schwache kapitalistische Bourgeoisie, die, vom »Volk« isoliert, halb ausländischen Ursprungs, ohne historische Traditionen und einzig von der Gewinnsucht beseelt war.

3. 1789 – 1848 – 1905 ...

Die Geschichte wiederholt sich nicht. Wie oft man auch die russische Revolution mit der Großen Französischen Revolution vergleichen mag, die eine wird dadurch noch lange nicht eine bloße Wiederholung der zweiten. Das 19. Jahrhundert ist nicht umsonst vergangen.

Schon das Jahr 1848 stellt einen riesigen Unterschied gegenüber 1789 dar. Im Vergleich zur Großen Revolution überraschten die preußische oder österreichische durch ihre Schwunglosigkeit. Sie kamen einerseits zu früh, andererseits zu spät. Die gigantische Kraftanstrengung, die die bürgerliche Gesellschaft braucht, um radikal mit den Herren der Vergangenheit abzurechnen, kann nur *entweder* durch die machtvolle *Einheit der ganzen Nation*, die sich gegen den feudalen Despotismus erhebt, *oder* durch eine mächtige Entwicklung *des Klassenkampfes* innerhalb dieser sich emanzipierenden Nation erreicht werden. Im ersten Fall, der zwischen 1789 und 1793 gegeben war, wird die durch den schrecklichen Widerstand der alten Ordnung konzentrierte nationale Energie im Kampf gegen die Reaktion völlig verbraucht. Im zweiten Fall, der bisher in der Geschichte noch nicht dagewesen ist und den wir lediglich als Möglichkeit erwägen, wird das Maß an Energie, das zum Sieg über die dunklen Mächte der Vergangenheit notwendig ist, innerhalb der bürgerlichen Nation durch einen »strittigen« Klassenkampf erzeugt. Die harten inneren Konflikte, die einen Großteil der Energie verschlingen und der Bourgeoisie die Möglichkeit rauben, die Hauptrolle zu spielen, stoßen ihren Antagonisten vorwärts, geben ihm in einem Monat die Erfahrungen von Jahrzehnten, stellen ihn an die vorderste Front und händigen ihm die straffgezogenen Zügel aus. Entschieden, keine Zweifel kennend, verleiht er den Ereignissen einen mächtigen Schwung.

Entweder eine Nation, die sich wie ein zum Sprung ansetzender Löwe zu einem Ganzen zusammenzieht, oder eine Nation, die sich im Prozess des Kampfes endgültig gespalten hat, um ihren besten Teil für die Erfüllung der Aufgabe freizumachen, für die das Ganze nicht mehr Kraft genug hat. Dies sind zwei entgegengesetzte Typen, die sich in ihrer reinen Form natürlich nur theoretisch gegenüberstellen lassen.

Ein Mittelweg ist hier, wie in so vielen anderen Fällen, das Allerschlimmste; auf diesem Mittelweg befand sich das Jahr 1848.

In der heroischen Periode der französischen Geschichte sehen wir eine aufgeklärte, aktive Bourgeoisie vor uns, die noch nicht die Widersprüche ihrer Position entdeckt hatte. Die Geschichte hatte ihr die Aufgabe der Führung im Kampf um die neue Ordnung der Verhältnisse nicht nur gegen die überholten Institutionen Frankreichs, sondern auch gegen die reaktionären Kräfte ganz Europas übertragen. Die Bourgeoisie begreift sich folglich in allen ihren Fraktionen insgesamt als der Führer der Nation, zieht die Massen in den Kampf hinein, gibt ihnen die Losungen und diktiert ihnen die Taktik des Kampfes. Die Demokratie vereint die Nation unter einer politischen Ideologie. Das Volk – Kleinbürger, Bauern und Arbeiter – wählt Bürger zu seinen Deputierten, und die Aufträge, die ihnen von der Masse erteilt werden, sind in der Sprache einer Bourgeoisie niedergeschrieben, die sich ihrer messianischen Rolle bewusst ist. Während der Revolution selbst treten Klassenantagonismen zwar auch deutlich hervor, aber der einmal erreichte Schwung des revolutionären Kampfes räumt konsequent die verknöcherten Elemente der Bourgeoisie politisch aus dem Weg. Keine Schicht löst sich ab, ohne vorher ihre Energie auf die nachfolgenden zu übertragen. Die Nation als ganze setzt dabei den Kampf für ihre Ziele mit immer schärferen und entschlosseneren Mitteln fort. Als sich die Spitzen der vermögenden Bourgeoisie von dem Kern der in Gang gekommenen nationalen Bewegung lossagen und ein Bündnis mit Ludwig XVI. eingehen, führen die demokratischen Forderungen der Nation, die bereits gegen diese Bourgeoisie gerichtet sind, zum allgemeinen Wahlrecht und zur Republik als den logisch unvermeidlichen Formen der Demokratie.

Die Große Französische Revolution ist in der Tat eine nationale Revolution. Mehr noch: Hier findet im nationalen Rahmen der weltweite Kampf der bürgerlichen Gesellschaftsordnung um Herrschaft, Macht und ungeteilten Sieg seinen klassischen Ausdruck.

Jakobinismus ist heute ein Schimpfwort auf den Lippen aller liberalen Klugschwätzer. Der bürgerliche Hass auf die Revolution, auf die Massen, auf die Gewalt, auf die Macht der Geschichte, die auf der Straße gemacht wird, hat sich zu einem Schrei der Entrüstung und Angst konzentriert: *Jakobinismus*! Wir, die Weltarmee des Kommunismus, haben unsere historische Abrechnung mit dem Jakobinertum schon lange hinter uns. Die gesamte internationale proletarische Bewegung der Gegenwart ist entstanden und erstarkt in der Auseinandersetzung mit den Traditionen des Jakobinismus. Wir haben ihn einer theoretischen Kritik unterworfen, seine historische Beschränktheit aufgezeigt, seine gesellschaftliche Widersprüchlichkeit, seinen Utopismus, seine Phraseologie entlarvt, wir haben mit seinen Überlieferungen gebrochen, die jahrzehntelang als heiliges Erbe der Revolution gegolten hatten.

Aber gegen die Angriffe, Verleumdungen und geistlosen Beschimpfungen vonseiten des blutleeren phlegmatischen Liberalismus nehmen wir den

Jakobinismus in Schutz. Das Bürgertum hat alle Traditionen seiner historischen Jugend schmählich verraten, seine gegenwärtigen Söldlinge entehren die Gräber seiner Ahnen und verlästern die Überreste seiner Ideale. Das Proletariat nimmt die Ehre der revolutionären Vergangenheit des Bürgertums in Schutz. Das Proletariat, das in seiner Praxis so radikal mit den revolutionären Traditionen des Bürgertums gebrochen hat, schützt diese als das Erbe von großen Leidenschaften, von Heroismus und Initiative, und sein Herz schlägt voller Sympathie für die Reden und Taten des jakobinischen Konvents.

Was verlieh dem Liberalismus seine Anziehungskraft wenn nicht die Traditionen der Großen Französischen Revolution! In welcher anderen Periode stieg die bürgerliche Demokratie zu solcher Höhe empor, entzündete eine solche Flamme im Herzen des Volkes wie die jakobinische, sansculottische, terroristische Demokratie Robespierres vom Jahre 1793?

War es denn nicht der Jakobinismus, der es dem bürgerlichen französischen Radikalismus verschiedener Schattierungen ermöglichte und noch immer ermöglicht, einen riesigen Teil des Volkes, selbst des Proletariats, bis auf den heutigen Tag in Bann zu halten – und dies zu einer Zeit, wo der bürgerliche Radikalismus in Deutschland und Österreich seine kurze Geschichte mit nutzlosen und kläglichen Taten ausgefüllt hat?

War es denn nicht die Anziehungskraft des Jakobinismus, seiner abstrakten politischen Ideologie, seines Kultes der Heiligen Republik, seiner feierlichen Deklamationen, von dem sich selbst heute noch die französischen Radikalen und Radikalsozialisten wie Clemenceau, Millerand, Briand, Bourgeois und all die Politiker ernähren, die die Grundfesten der bürgerlichen Gesellschaft nicht schlechter zu bewahren verstehen als die von Gottes Gnaden stumpfsinnigen Junker Wilhelms II., die von der bürgerlichen Demokratie anderer Länder so hoffnungslos beneidet werden, während sie zur gleichen Zeit die Quelle ihrer politischen Vorzugsstellung – den heroischen Jakobinismus – mit Verleumdungen überschütten? Selbst nachdem viele Hoffnungen zerstört waren, lebte er im Bewusstsein des Volkes als Überlieferung weiter; noch lange sprach das Proletariat von seiner Zukunft in der Sprache der Vergangenheit. Im Jahre 1840, fast ein halbes Jahrhundert nach der Regierung der »Bergpartei«, acht Jahre vor den Junitagen des Jahres 48, besuchte Heine mehrere Werkstätten in der Vorstadt Saint-Marceau und sah, was die Arbeiter, »der kräftigste Teil der unteren Klasse«, lasen. »Dort fand ich nämlich«, so berichtet er an eine deutsche Zeitung, »mehrere neue Ausgaben der Reden des alten Robespierre, auch von Marats Pamphleten, in Lieferungen zu zwei Sous, die Revolutionsgeschichte Cabets, Cormenins giftige Libelle, ›Babeufs Lehre und Verschwörung‹ von Buonarotti – alles Schriften, die wie nach Blut rochen ... Als eine Frucht dieser Saat«, prophezeit der Dichter, »droht aus Frankreichs Boden früher oder später die Republik hervorzubrechen.«[10]

Im Jahre 1848 war die Bourgeoisie bereits unfähig, eine vergleichbare Rolle zu spielen. Sie war weder willens noch kühn genug, die Verantwortung für die revolutionäre Beseitigung der Gesellschaftsordnung zu übernehmen, die ihrer Herrschaft im Weg stand. Wir wissen inzwischen auch *warum*. Ihre Aufgabe bestand darin – hierüber legte sie sich klar Rechenschaft ab – Garantien in das alte System einzubauen, die nicht für ihre politische Herrschaft, sondern lediglich für eine Teilung der Macht mit den Kräften der Vergangenheit notwendig waren. Sie hatte ein wenig gelernt durch die Erfahrung der französischen Bourgeoisie, war korrumpiert durch ihren Verrat und eingeschüchtert von ihren Fehlschlägen. Sie versäumte nicht nur, die Massen zum Sturm auf die alte Ordnung anzuführen, sondern suchte ihren Rückhalt bei der alten Ordnung, um die Masse abzuwehren, die sie vorwärtsstieß.

Die französische Bourgeoisie verstand es, ihre Revolution groß zu machen. Ihr Bewusstsein war das Bewusstsein der Gesellschaft, und nichts konnte sich in feste Institutionen verwandeln, ohne vorher von ihrem Bewusstsein als ihr Ziel, als ihre Aufgabe politischer Schöpferkraft anerkannt zu werden. Häufig griff sie zur theatralischen Pose, um die Beschränktheit ihrer eigenen bürgerlichen Welt vor sich selbst zu verbergen – aber sie marschierte vorwärts.

Die deutsche Bourgeoisie hingegen »machte« von Anfang an die Revolution nicht, sondern sagte sich von ihr los. Ihr Bewusstsein rebellierte gegen die objektiven Bedingungen der eigenen Herrschaft. Zur Revolution konnte es nicht durch sie, sondern nur gegen sie kommen. Demokratische Institutionen stellten sich in ihrem Kopf nicht als das Ziel ihres Kampfes dar, sondern als eine Gefährdung ihres Wohlergehens.

10 Heinrich Heine, »Lutetia«, Berichte über Politik, Kunst und Volksleben, Brief vom 30. April 1840, in: *Werke und Briefe*, Bd. 6, Berlin 1962, S. 268.

Im Jahre 48 bedurfte es einer Klasse, die fähig gewesen wäre, die Ereignisse ohne die Bourgeoisie und im Widerspruch zu ihr in die Hand zu nehmen, die bereit gewesen wäre, sie nicht nur mit ganzer Kraft vorwärtszustoßen, sondern auch im entscheidenden Moment ihren politischen Leichnam aus dem Wege zu räumen.

Weder das Kleinbürgertum noch die Bauernschaft war hierzu fähig.

Das städtische *Kleinbürgertum* stand nicht nur dem Gestern, sondern auch dem Morgen feindselig gegenüber. Noch immer war es eingezwängt in mittelalterliche Verhältnisse – aber schon unfähig, sich gegenüber der »freien« Industrie zu behaupten; noch prägte es die Züge der Städte – aber es trat bereits seinen Einfluss an die mittlere und große Bourgeoisie ab; ertränkt in seinen Vorurteilen, betäubt vom Lärm der Ereignisse, ausgebeutet und selbst ausbeutend, gierig und hilflos in seiner Gier, konnte die zurückgebliebene Kleinbourgeoisie nicht an der Spitze der Weltereignisse stehen.

Der *Bauernschaft* fehlte in noch größerem Maße eine selbstständige politische Initiative. Seit Jahrhunderten geknechtet, verarmt, wütend, in sich alle Fäden der alten wie der neuen Ausbeutung vereinend, stellte die Bauernschaft in einem bestimmten Moment eine reiche Quelle chaotischer revolutionärer Kraft dar. Aber zersplittert, verstreut, zurückgeworfen von den Städten, den Nervenzentren von Politik und Kultur, stumpf, in ihrem Gesichtskreis auf die nächste Umgebung beschränkt, gleichgültig gegenüber allen städtischen Gedanken, konnte der Bauernschaft keine Bedeutung als führende Kraft zukommen. Sie gab Ruhe, sobald nur die Bürde der feudalen Verpflichtungen von ihr genommen war, und sie lohnte es der Stadt, die für ihre Rechte gekämpft hatte, mit krasser Undankbarkeit: Die befreiten Bauern wurden zu Fanatikern der »Ordnung«.

Die *demokratische Intelligenz*, ohne die Macht einer Klasse, hing bald als eine Art politischer Nachhut im Schlepptau ihrer älteren Schwester, der liberalen Bourgeoisie; dann wieder trennte sie sich von ihr in kritischen Momenten, um ihre eigene Ohnmacht unter Beweis zu stellen. Sie verfing sich selbst in unlösbaren Widersprüchen und trug diese Verwirrung überall mit sich herum.

Das *Proletariat* war zu schwach, war ohne Organisation, ohne Erfahrung und Wissen. Die kapitalistische Entwicklung war weit genug gegangen, um die Abschaffung der alten feudalen Verhältnisse notwendig zu machen, aber nicht weit genug, um die Arbeiterklasse, das Produkt der neuen Produktionsverhältnisse, als eine entscheidende politische Kraft hervortreten zu lassen. Der Antagonismus zwischen dem Proletariat und der Bourgeoisie hatte sich selbst im nationalen Rahmen Deutschlands zu weit entwickelt, als dass es der Bourgeoisie noch möglich gewesen wäre, furchtlos in der Rolle eines nationalen Vorkämpfers zu figurieren, aber nicht weit genug, als dass diese Rolle vom Proletariat hätte übernommen werden können. Die inneren Reibungen der Revolution bereiteten das Proletariat zwar auf die politische Selbstständigkeit vor, schwächten aber zugleich die Energie und Geschlossenheit der Aktion, ließen die Kräfte fruchtlos vergeuden und zwangen die Revolution, nach den ersten Erfolgen untätig auf der Stelle zu treten, um dann unter den Schläger der Reaktion den Rückzug anzutreten.

Österreich hat ein besonders klares und tragisches Musterbeispiel für diese Unreife und Unabgeschlossenheit politischer Verhältnisse in der Revolutionsperiode geliefert.

Das Wiener *Proletariat* zeigte 1848 einen erstaunlichen Heroismus und unerschöpfliche Energie. Wieder und wieder ging es in das Feuer, allein getrieben von einem dumpfen Klasseninstinkt, ohne eine allgemeine Vorstellung von den Zielen des Kampfes; es tastete sich von einer Losung zur anderen. Die Führung des Proletariats ging – erstaunlicherweise – auf die *Studentenschaft* über, die einzige aktive *demokratische Gruppe*, die dank ihrer Aktivität einen großen Einfluss auf die Massen und folglich auch auf die Ereignisse hatte. Die Studenten konnten zweifellos tapfer auf den Barrikaden kämpfen und sich ehrenvoll mit den Arbeitern verbrüdern, aber sie waren völlig unfähig, dem Fortgang der Revolution, der ihnen die »Diktatur« der Straße übergeben hatte, die Richtung zu weisen.

Das Proletariat, zersplittert, ohne politische Erfahrung und ohne selbstständige politische Führung, folgte den Studenten. In jedem kritischen Augenblick boten die Arbeiter unbeirrbar den »Herren, die mit dem Kopf arbeiten« die Hilfe derer an, »die mit ihren Händen arbeiten«. Einmal riefen die Studenten die Arbeiter zusammen, dann wieder versperrten sie ihnen den Weg in das Stadtzentrum. Mitunter verboten sie ihnen kraft ihrer politischen Autorität, die auf den Waffen der akademischen Legion beruhte, eigene selbstständige Forderungen zu erheben. Es war dies die klassisch-klare Form der wohlwollenden revolutionären Diktatur über das Proletariat.

Folgendes war das Ergebnis dieser gesellschaftlichen Umstände. Als am 26. Mai alle Arbeiter Wiens dem Ruf der Studenten folgten und sich auf die Beine machten, um gegen die Entwaffnung der Studentenschaft (der »akademischen Legion«) zu kämpfen, als die Bevölkerung der Hauptstadt, die alles mit Barrikaden übersäte, sich als erstaunlich mächtig erwies und von der ganzen Stadt Besitz ergriffen hatte, als hinter dem bewaffneten Wien Österreich stand, als die Monarchie, die sich auf der Flucht befand, jede Bedeutung verloren hatte, als auf den Druck des Volkes hin auch die letzten Truppen aus der Hauptstadt abgezogen worden waren, als die Regierungsmacht Österreichs ein herrenloses Gut war – da fand sich keine politische Kraft, das Steuer zu übernehmen.

Die *liberale Bourgeoisie* wollte die Macht bewusst nicht übernehmen, die auf so räuberischem Weg übernommen worden war. Sie träumte nur von der Rückkehr des Kaisers, der sich aus dem verwaisten Wien nach Tirol zurückgezogen hatte.

Die *Arbeiter* waren tapfer genug, die Reaktion zu zerschlagen, aber nicht organisiert und bewusst genug, um deren Erbe anzutreten. Es gab eine kraftvolle Arbeiterbewegung, aber noch keinen entwickelten Klassenkampf des Proletariats, der sich bestimmte politische Ziele gesetzt hätte. Unfähig, selbst das Ruder zu ergreifen, konnte das Proletariat zu dieser großen historischen Tat auch nicht die bürgerliche Demokratie bewegen, die sich – wie schon so oft – im entscheidenden Augenblick versteckte. Um diesen Feigling zur Erfüllung seiner Pflichten zu zwingen, hätte das Proletariat auf jeden Fall nicht weniger Kraft und Reife benötigt als für die Organisation einer eigenen provisorischen Arbeiterregierung.

Alles in allem war es eine Situation, die ein Zeitgenosse völlig zutreffend mit den Worten charakterisiert: »In Wien war tatsächlich die Republik errichtet worden, aber unglücklicherweise bemerkte dies niemand.« ... Die Republik, von niemandem zur Kenntnis genommen, verschwand für lange Zeit von der Bildfläche und gab den Habsburgern den Weg frei ... Eine einmal verpasste Gelegenheit kehrt nicht ein zweites Mal wieder.

Aus den Erfahrungen der ungarischen und deutschen Revolution zog Lassalle den Schluss, dass sich die Revolution von nun an nur noch auf den Klassenkampf des Proletariats stützen kann.

In seinem Brief an Marx vom 24. Oktober 1849 schreibt Lassalle: »Ungarn hatte mehr als jedes andere Land die Chance, den Kampf glücklich zu vollenden. Unter anderen Gründen aber auch deswegen, weil die Parteien dort noch nicht zu der bestimmten Trennung, zu dem scharfen Gegensatz gekommen waren wie in Westeuropa, weil die Revolution dort noch wesentlich in die Form eines nationalen Unabhängigkeitskampfes eingehüllt war. Dennoch unterlag Ungarn, und zwar gerade durch den Verrat der *nationalen* Partei.«

»Daher«, fährt Lassalle im Zusammenhang der Geschichte Deutschlands während der Jahre 1848 und 1849 fort, »habe ich die unerschütterliche Lehre gezogen, dass kein Kampf mehr in Europa glücken kann, der nicht von vornherein ein prononciert *rein sozialistischer* ist; dass kein Kampf mehr glücken wird, der die sozialen Fragen bloß als dunkles Element, als an sich seienden Hintergrund in sich trägt und äußerlich in der Form einer nationalen Erhebung oder des Bourgeoisrepublikanismus auftritt.«[11]

Wir werden uns nicht bei der Kritik dieser entscheidenden Schlussfolgerungen aufhalten. Auf jeden Fall haben sie darin unbedingt recht, dass schon in der Mitte des 19. Jahrhunderts die nationale Aufgabe der politischen Emanzipation nicht durch den einmütigen und homogenen Druck der ganzen Nation gelöst werden konnte. Nur die unabhängige Taktik des Proletariats, das die Kraft für den Kampf aus seiner Klassenlage und nur aus ihr schöpfte, hätte den Sieg der Revolution gewährleisten können.

Die russische Arbeiterklasse des Jahres 1906 gleicht in keiner Weise der Wiener Arbeiterklasse von 48. Und der beste Beweis dafür ist die allrussische Praxis der Sowjets der Arbeiterdeputierten. Das waren keine genau vorbereiteten Verschwörerorganisationen, die in einem Moment der Erregung die Macht über die proletarische Masse ergriffen hatten. Nein, das waren Organe, die von dieser Masse selbst planmäßig zur Koordinierung ihres revolutionären Kampfes geschaffen wurden. Und diese, von der Masse gewählten und der Masse verantwortlichen Sowjets, diese unbedingt demokratischen Einrichtungen, führen eine äußerst entscheidende Klassenpolitik im Geiste des revolutionären Sozialismus.

Die gesellschaftlichen Besonderheiten der russischen Revolution erscheinen besonders deutlich in der Frage der Bewaffnung des Volkes. Eine

11 Vgl. Ferdinand Lassalle, *Nachgelassene Briefe und Schriften*, Dritter Band, G. Mayer (Hrsg.), Stuttgart-Berlin 1922, S. 14.

Miliz (Nationalgarde) war die erste Losung und die erste Errungenschaft aller Revolutionen – 1789 und 1848 – in Paris, in allen Staaten Italiens, in Wien und Berlin. Im Jahre 48 war die Nationalgarde (d. h. die Bewaffnung der Besitzenden und »Gebildeten«) eine Losung der gesamten bürgerlichen Opposition, selbst der gemäßigtsten, aber ihre Aufgabe war nicht nur, die gewonnenen oder nur »gewährten« Freiheiten gegen die Umsturzversuche von oben zu schützen, sondern auch, das bürgerliche Eigentum gegen die Übergriffe des Proletariats abzusichern. Das Verlangen nach einer Miliz war somit eine klare Klassenforderung der Bourgeoisie. »Die Italiener wussten sehr wohl«, bemerkt der liberale englische Historiker der italienischen Einigung, »dass die Bewaffnung der zivilen Miliz ein Fortbestehen des Despotismus unmöglich machen würde. Außerdem war sie eine Garantie für die besitzenden Klassen gegen eine mögliche Anarchie und jede Art von Volksunruhen.«[12] Und die herrschende Reaktion, die in den wichtigsten Zentren nicht über genügend Militärmacht verfügte, um es mit der »Anarchie«, d. h. mit der revolutionären Masse aufnehmen zu können, bewaffnete die Bourgeoisie. Der Absolutismus überließ es zunächst den Bürgern, die Arbeiter zu unterdrücken und zu befrieden, und dann entwaffnete und befriedete er die Bürger selbst.

Bei uns findet die Forderung nach einer Miliz nicht die geringste Unterstützung bei den bürgerlichen Parteien. Eigentlich können die Liberalen nicht umhin, die Bedeutung der Bewaffnung zu verstehen: Der Absolutismus hat ihnen in dieser Hinsicht einige anschauliche Lektionen erteilt. Aber sie verstehen auch, dass es bei uns absolut unmöglich ist, eine Miliz ohne oder gegen das Proletariat aufzustellen. Die russischen Arbeiter haben wenig Ähnlichkeit mit den Arbeitern von 48, die ihre Taschen mit Steinen vollstopften und Brecheisen zur Hand nahmen, während die Händler, Studenten und Advokaten königliche Musketen geschultert und Säbel an der Seite hatten.

Die Revolution zu bewaffnen, bedeutet bei uns vor allem die Bewaffnung der Arbeiter. Da die Liberalen dies wissen und fürchten, haben sie überhaupt auf die Miliz verzichtet. Kampflos überlassen sie dem Absolu-

12 Bolton King, *Geschichte der Einigung Italiens*, Bd. I, Moskau, S. 220.

tismus diese Positionen geradeso wie der Bourgeois Thiers Paris und Frankreich Bismarck überließ, um nur nicht die Arbeiter zu bewaffnen.

In der Aufsatzsammlung »Der konstitutionelle Staat«, dem Manifest der liberal-demokratischen Koalition, sagt Herr Dschiwelegow in seiner Erörterung der Möglichkeit eines Staatsstreiches ganz richtig, dass »die Gesellschaft im entscheidenden Augenblick selbst die Bereitschaft zeigen muss, sich zum Schutz ihrer Verfassung zu erheben«. Da sich aber daraus ganz von selbst die Forderung nach der Bewaffnung des Volkes ergibt, hält der liberale Philosoph es hier für »notwendig hinzuzufügen«, dass es für die Abwehr von Staatsstreichen »nicht im Geringsten notwendig ist, dass jedermann die Waffen bereithalten müsste«.[13] Notwendig sei nur, dass die Gesellschaft selbst zum Widerstand bereit sei. Auf welchem Wege, das bleibt unbekannt. Wenn aus diesen Ausreden überhaupt etwas folgt, dann nur, dass in den Herzen unserer Demokraten die Furcht vor dem bewaffneten Proletariat die Furcht vor der Soldateska der Autokratie besiegt hat.

So fällt die Aufgabe, die Revolution zu bewaffnen, in ihrer ganzen Last dem Proletariat zu. Und die zivile Miliz, die Klassenforderung der Bourgeoisie von 48, tritt bei uns von Anfang an als die Forderung nach der Bewaffnung des Volkes und vor allem des Proletariats auf. In dieser Frage enthüllt sich das ganze Schicksal der russischen Revolution.

4. Revolution und Proletariat

Die Revolution ist eine offene Kraftprobe zwischen den sozialen Kräften im Kampf um die Macht.

Der Staat ist kein Selbstzweck. Er ist lediglich eine arbeitende Maschine in den Händen der herrschenden sozialen Kraft. Wie jede Maschine hat er seinen Antriebs-, Transmissions- und Ausführungsmechanismus. Die Antriebskraft ist das Klasseninteresse, dessen Mechanismus aus Agitation, Presse, Propaganda der Kirche und Schule, Partei, Straßenkundgebung, Petition und Aufstand besteht. Der Transmissionsmechanismus ist die legislative Organisation des Interesses von Kasten, Dynastien, Ständen

13 *Der konstitutionelle Staat*, Aufsatzsammlung, 1. Aufl., S. 49.

oder Klassen unter dem Schein eines göttlichen (Absolutismus) oder nationalen Willens (Parlamentarismus). Der ausführende Mechanismus schließlich ist die Verwaltung mit Polizei, Gericht, Gefängnis und Armee.

Der Staat ist kein Selbstzweck. Sondern er ist das größte Mittel der Organisation, Desorganisation und Reorganisation sozialer Beziehungen. Je nachdem, in wessen Händen er sich befindet, kann er der Hebel zu einer tiefgreifenden Revolution oder das Werkzeug organisierter Stagnation sein.

Jede politische Partei, die diesen Namen verdient, arbeitet auf die Eroberung der Regierungsgewalt hin, um damit den Staat in den Dienst der Klasse zu stellen, deren Interesse sie vertritt. Die Sozialdemokratie als Partei des Proletariats strebt natürlich die politische Herrschaft der Arbeiterklasse an.

Das Proletariat wächst und festigt sich mit dem Wachstum des Kapitalismus. In diesem Sinne bedeutet die Entwicklung des Kapitalismus die Entwicklung des Proletariats zur Diktatur. Aber Tag und Stunde, wann die Macht in die Hände der Arbeiterklasse übergehen wird, hängen *unmittelbar* nicht vom Stande der Produktivkräfte ab, sondern von den Verhältnissen des Klassenkampfes, von der internationalen Situation und schließlich von einer Reihe subjektiver Momente: der Tradition, der Initiative, der Kampfbereitschaft ...

In einem ökonomisch zurückgebliebenen Lande kann das Proletariat eher an die Macht kommen als in den kapitalistisch fortgeschritteneren Ländern. 1871 nahm es bewusst die Leitung der öffentlichen Angelegenheiten im kleinbürgerlichen Paris in seine Hände, allerdings nur für die Zeit von zwei Monaten – aber nicht für eine einzige Stunde ergriff es die Macht in den großen kapitalistischen Zentren Englands oder der Vereinigten Staaten. Die Vorstellung von irgendeiner automatischen Abhängigkeit der proletarischen Diktatur von den technischen Kräften und Mitteln des Landes bildet ein Vorurteil des bis zum äußersten versimpelten »ökonomischen« Materialismus. Mit Marxismus hat diese Ansicht nichts gemein.

Die russische Revolution schafft unserer Ansicht nach solche Bedingungen, unter denen die Macht an das Proletariat übergehen kann (und bei einer siegreichen Revolution übergehen *muss*), *bevor* noch die Politik des bürgerlichen Liberalismus die Möglichkeit erhalten wird, dessen Staatsgenie zur vollen Entfaltung zu bringen.

In der amerikanischen Zeitung »The Tribune« schrieb Marx, die Ergebnisse der Revolution und Konterrevolution von 1848–1849 zusammenfassend: »Die Arbeiterklasse Deutschlands ist in ihrer gesellschaftlichen und politischen Entwicklung ebenso weit hinter der Englands und Frankreichs zurück wie die deutsche Bourgeoisie hinter der Bourgeoisie jener Länder. *Wie der Herr, so der Knecht.* Die Entwicklung der Existenzbedingungen für ein zahlreiches, starkes, konzentriertes und intelligentes Proletariat geht Hand in Hand mit der Entwicklung der Existenzbedingungen für eine zahlreiche, wohlhabende, konzentrierte und mächtige Bourgeoisie. Die Arbeiterbewegung selbst ist *niemals* unabhängig, sie trägt niemals ausschließlich proletarischen Charakter, solange nicht alle die verschiedenen Teile der Bourgeoisie, namentlich ihr fortschrittlichster Teil, die großen Fabrikherren, die politische Macht erobert und den Staat ihren Bedürfnissen entsprechend umgestaltet haben. Dann ist der Augenblick gekommen, wo der unvermeidliche Konflikt zwischen Fabrikherren und Lohnarbeitern in drohende Nähe rückt und nicht länger hinausgeschoben werden kann.«[14] Dieses Zitat ist dem Leser wahrscheinlich bekannt, denn es ist in letzter Zeit von den Text-Marxisten häufig missbraucht worden. Sie haben es als ein unwiderlegbares Argument gegen die Idee der Arbeiterregierung in Russland herausgestellt. »Wie der Herr, so der Knecht.« Wenn die russische kapitalistische Bourgeoisie nicht stark genug ist, die Staatsgewalt zu übernehmen, so könne umso weniger von einer Arbeiterdemokratie, d. h. der politischen Herrschaft des Proletariats, die Rede sein.

Der Marxismus ist vor allem eine Methode der Analyse – nicht der Analyse von Texten, sondern der Analyse sozialer Beziehungen. Trifft es in Russland zu, dass die Schwäche des kapitalistischen Liberalismus unbedingt die Schwäche der Arbeiterbewegung bedeutet? Trifft es in Russland zu, dass eine selbstständige proletarische Bewegung nicht eher möglich ist, als bis die Bourgeoisie die Staatsgewalt erobert hat? Es genügt, diese Fragen zu stellen, um zu erkennen, welch hoffnungsloser Formalismus des Denkens hinter dem Versuch steckt, aus einer historisch-relativen Bemerkung von Marx ein überzeitliches Theorem zu machen.

14 Karl Marx, »Revolution und Konterrevolution in Deutschland«, in: *Marx-Engels-Werke (MEW)*, Bd. 8, Berlin 1960, S. 10 f.

Die Entwicklung der Fabrikindustrie in Russland trug zwar in den Perioden des industriellen Aufschwungs einen »amerikanischen« Charakter, aber die tatsächlichen Ausmaße unserer kapitalistischen Industrie erscheinen zwergenhaft im Vergleich zur Industrie der amerikanischen Staaten. 5 Millionen Menschen – 16,6 Prozent der erwerbstätigen Bevölkerung – sind in der verarbeitenden Industrie Russlands beschäftigt; für die Vereinigten Staaten liegen die entsprechenden Zahlen bei 6 Millionen – 22,2 Prozent. Diese Zahlen sagen noch vergleichsweise wenig; sie geben jedoch ein klareres Bild, wenn wir uns vergegenwärtigen, dass die Bevölkerung Russlands fast doppelt so groß ist wie die der Staaten. Um aber eine Vorstellung von den wirklichen Größenverhältnissen der Industrie dieser beiden Länder zu bekommen, muss man darauf hinweisen, dass im Jahre 1900 die amerikanischen Werke, Fabriken und großen Handwerksbetriebe Waren im Wert von 25 Mrd. Rubel verkauften, während Russland zur selben Zeit in seinen Fabriken und Betrieben Waren im Wert von weniger als 2,5 Mrd. Rubel produzierte.[15]

Zweifellos hängen die zahlenmäßige Größe des Industrieproletariats, seine Konzentration, sein kulturelles Niveau und seine politische Bedeutung von der Entwicklungsstufe der kapitalistischen Industrie ab. Aber diese Abhängigkeit ist keine unmittelbare. Zwischen die Produktivkräfte eines Landes und die politischen Kräfte seiner Klassen schieben sich in jedem Moment verschiedene soziale und politische Faktoren nationalen und internationalen Charakters, und sie können den politischen Ausdruck der ökonomischen Verhältnisse in eine andere Richtung lenken und sogar völlig verändern. Obwohl die Produktivkräfte der Industrie in den Vereinigten Staaten zehnmal so groß sind wie bei uns, ist die politische Rolle des russischen Proletariats, sein Einfluss auf die Politik seines Landes und die Möglichkeit, dass es in naher Zukunft Einfluss auf die Weltpolitik nehmen wird, unvergleichlich viel größer als die Rolle und die Bedeutung des amerikanischen Proletariats.

Kautsky weist in seiner kürzlich erschienenen Arbeit über das amerikanische Proletariat darauf hin, dass es keine direkte und unmittelbare Entsprechung zwischen der politischen Kraft des Proletariats und der Bour-

15 D. Mendelejew, *Zum Verständnis Russlands*, 1906, S. 99.

geoisie einerseits und dem Stand der kapitalistischen Entwicklung andererseits gibt. »Es sind namentlich zwei Staaten«, sagt er, »die als Extreme einander gegenüberstehen, von denen jeder ein anderes der beiden Elemente dieser kapitalistischen Produktionsweise unverhältnismäßig stark, d. h. mehr, als der Höhe seiner Entwicklung entspricht, zur Geltung kommen sieht: *Amerika die Klasse der Kapitalisten, Russland die der Proletarier.* In Amerika kann man mehr als anderswo von der Diktatur des Kapitals reden. Dagegen hat das kämpfende Proletariat nirgends eine solche Bedeutung erlangt wie in Russland, und diese Bedeutung wird und muss sich noch steigern, denn dieses Land hat eben erst begonnen, in die modernen Klassenkämpfe einzutreten und ihnen einigermaßen Spielraum zu gewähren.« Nach dem Hinweis, dass Deutschland in einem gewissen Maße seine *Zukunft* in Russland studieren kann, fährt Kautsky fort: »Es ist allerdings eine eigentümliche Erscheinung, dass gerade das Proletariat Russlands uns unsere Zukunft zeigen sollte, soweit sie nicht in der Organisation des Kapitals, sondern in der Empörung der Arbeiterklasse ihren Ausdruck findet; ist doch Russland unter allen großen Staaten der kapitalistischen Welt der rückständigste. Es scheint das in Widerspruch zu der materialistischen Geschichtsauffassung zu stehen, wonach die ökonomische Entwicklung die Grundlage der politischen bildet. Aber es steht bloß im Widerspruch zu jener Art materialistischer Geschichtsauffassung, die unsere Gegner und Kritiker vorführen, die unter ihr eine fertige *Schablone* verstehen, nicht eine *Methode der Forschung.*«[16] Diese Zeilen muss man besonders der Aufmerksamkeit jener einheimischen Marxisten empfehlen, die die selbstständige Analyse gesellschaftlicher Verhältnisse durch die Auslegung von Texten ersetzen, die sie für alle Fälle des Lebens ausgewählt haben. Niemand kompromittiert den Marxismus so sehr wie diese Titularmarxisten!

Also, Kautsky zufolge ist Russland auf ökonomischem Gebiet durch ein relativ niedriges Niveau der kapitalistischen Entwicklung charakterisiert, in der politischen Sphäre durch die Bedeutungslosigkeit der kapitalistischen Bourgeoisie und die Macht des revolutionären Proletariats. Dies

16 Karl Kautsky, *Der amerikanische und russische Arbeiter*, St. Petersburg 1906, S. 4 u. 5; vgl. Karl Kautsky, »Der amerikanische Arbeiter«, in: *Die Neue Zeit*, XXIV. Jg., 1. Bd., Stuttgart 1906, S. 677.

führt dazu, dass der »Kampf für die Interessen des ganzen Russlands *der einzigen jetzt vorhandenen starken Klasse*, dem Industrieproletariat, zufällt.

Deshalb kommt diesem hier eine riesige politische Bedeutung zu; deshalb auch ist in Russland der Kampf um seine Befreiung von dem erdrückenden Polypen des Absolutismus zu einem *Zweikampf zwischen diesem und der Industriearbeiterklasse* geworden, zu einem Zweikampf, in dem die Bauernschaft eine bedeutende Unterstützung gewähren, in dem sie aber keine führende Rolle spielen kann.«[17]

Gibt uns dies alles nicht das Recht zu dem Schluss, dass der russische »Knecht« eher an der Macht sein kann als sein »Herr«?

Es gibt zwei Arten von politischem Optimismus. Man kann seine Kräfte und die Vorteile einer revolutionären Situation überschätzen und sich Aufgaben stellen, deren Lösung das gegebene Kräfteverhältnis nicht gestattet. Man kann aber auch umgekehrt seine revolutionären Aufgaben *in optimistischer Weise* durch eine Grenze beschränken, über die uns die Logik unserer Lage unvermeidlich hinaustreiben wird.

Man kann den Rahmen aller Fragen der Revolution durch die Behauptung einschränken, unsere Revolution sei in ihren objektiven Zielen und damit in ihren zwangsläufigen Ergebnissen eine *bürgerliche* Revolution, und man kann dabei die Augen vor der Tatsache verschließen, dass die Hauptfigur in dieser bürgerlichen Revolution das Proletariat ist, das durch den gesamten Verlauf der Revolution an die Macht getragen wird.

Man kann sich damit trösten, dass im Rahmen einer bürgerlichen Revolution die politische Herrschaft des Proletariats nur eine vorübergehende Episode sein wird, und dabei vergessen, dass das Proletariat, wenn es einmal die Macht in die Hand bekommen hat, sie nicht ohne verzweifelten Widerstand wieder abgeben wird, sie solange nicht loslässt, bis sie ihm von bewaffneter Hand entrissen wird.

Man kann sich damit trösten, dass die sozialen Bedingungen Russlands noch nicht reif für eine sozialistische Wirtschaftsordnung sind, ohne dabei zu bedenken, dass das an die Macht gelangte Proletariat durch die ganze Logik seiner Position unausweichlich dazu getrieben wird, die Wirtschaft in staatliche Regie zu nehmen.

17 D. Mendelejew, *Zum Verständnis Russlands*, 1906, S. 10.

Die allgemeine soziologische Bezeichnung *bürgerliche Revolution* löst keinesfalls jene politisch-taktischen Aufgaben, Widersprüche und Schwierigkeiten, die von dieser *gegebenen* bürgerlichen Revolution gestellt werden.

Im Rahmen der bürgerlichen Revolution gegen Ende des 18. Jahrhunderts, deren objektive Aufgabe es war, die Herrschaft des Kapitals durchzusetzen, erwies sich die Diktatur der Sansculotten als möglich. Diese Diktatur war nicht nur eine vorübergehende Episode; sie drückte dem ganzen nachfolgenden Jahrhundert ihren Stempel auf – und dies ungeachtet der Tatsache, dass sie sehr schnell an dem beschränkten Rahmen der bürgerlichen Gesellschaft zerbrach.

In der Revolution des beginnenden 20. Jahrhunderts, die ihren unmittelbaren objektiven Aufgaben nach ebenfalls eine bürgerliche ist, zeichnet sich als nächste Perspektive die Unvermeidbarkeit oder doch wenigstens die Wahrscheinlichkeit der politischen Herrschaft des Proletariats ab. Dass diese Herrschaft nicht auch lediglich eine vorübergehende »Episode« sein wird, wie es manche realistische Philister hoffen, dafür wird das Proletariat sicher selber sorgen. Aber selbst jetzt schon kann man sich die Frage stellen: Muss die Diktatur des Proletariats zwangsläufig an den Schranken der bürgerlichen Revolution zerbrechen, oder aber kann sie unter den gegebenen *weltgeschichtlichen* Bedingungen die Perspektive eines Sieges entdecken, nachdem sie diesen beschränkten Rahmen gesprengt hat? Und hier ergeben sich für uns taktische Fragen: Sollen wir bewusst auf eine Arbeiterregierung in dem Maße zusteuern, in dem uns die revolutionäre Entwicklung dieser Etappe näher bringt, oder aber müssen wir in diesem Moment die politische Macht als ein Unglück betrachten, das die Revolution den Arbeitern aufbürden will und dem man besser aus dem Wege geht?

Müssen wir nicht das Wort des »realistischen« Politikers Vollmar über die Kommunarden von 1871 auf uns beziehen, dass sie, anstatt die Macht zu übernehmen, sich besser schlafen gelegt hätten?

5. Das Proletariat an der Macht und die Bauernschaft

Im Falle eines entscheidenden Sieges der Revolution geht die Macht in die Hand der Klasse über, die eine führende Rolle im Kampf gespielt hat – mit anderen Worten: in die Hand des Proletariats. Selbstverständlich, wir sagen es gleich hier, schließt dies nicht im Geringsten aus, dass revolutionäre Vertreter nichtproletarischer gesellschaftlicher Gruppen in die Regierung eintreten. Sie können und sollen es; eine gesunde Politik wird das Proletariat dazu veranlassen, die einflussreichen Führer des Kleinbürgertums, der Intelligenz oder der Bauernschaft an der Macht teilhaben zu lassen. Die ganze Frage ist die: *Wer gibt der Regierungspolitik ihren Inhalt, wer bildet hier eine homogene Mehrheit?* Es ist ein großer Unterschied, ob Vertreter der demokratischen Schichten des Volkes an einer Regierung mit Arbeitermehrheit teilnehmen, oder ob die Vertreter des Proletariats mehr oder weniger als Ehrengeiseln an einer eindeutig bürgerlich-demokratischen Regierung mitwirken.

Die Politik der liberalen kapitalistischen Bourgeoisie ist in all ihren Schwankungen und Rückzügen, bei all ihrem Verrat recht bestimmt. Die Politik des Proletariats ist noch viel genauer bestimmt und abgeschlossen. Aber die Politik der Intelligenz aufgrund ihrer sozialen Zwischenposition und politischen Haltlosigkeit; die Politik der Bauernschaft infolge ihrer sozialen Heterogenität, ihrer Zwischenstellung und Primitivität; die Politik des Kleinbürgertums wiederum als Folge seiner Charakterlosigkeit, seiner Mittelstellung und dem völligen Mangel an politischen Traditionen: Die Politik dieser drei gesellschaftlichen Gruppen ist völlig unbestimmt, ungeformt, voller Möglichkeiten und also voller Überraschungen.

Es genügt, sich eine revolutionäre demokratische Regierung ohne Vertreter des Proletariats vorzustellen, um sofort die völlige Unsinnigkeit dieser Vorstellung zu erkennen. Die Ablehnung der Sozialdemokratie, sich an einer revolutionären Regierung zu beteiligen, würde eine revolutionäre Regierung überhaupt unmöglich machen und wäre somit Verrat an der Sache der Revolution. Die Beteiligung des Proletariats an der Regierung ist objektiv am wahrscheinlichsten und prinzipiell zulässig nur als dominierende und führende Beteiligung. Man kann natürlich diese Regierung Diktatur des Proletariats und der Bauernschaft,[18] Diktatur des Proletariats, der Bauernschaft und der Intelligenz oder schließlich Koalitionsregierung der Arbeiterklasse und der Kleinbourgeoisie nennen. Die Frage aber bleibt doch bestehen:

18 Vgl. Lenins Forderung einer »revolutionär-demokratischen Diktatur des Proletariats und der Bauernschaft«, in: »Zwei Taktiken der Sozialdemokratie in der demokratischen Revolution« (Juli 1905), in: *Werke*, Bd. 9, Berlin 1957, S. 44.

Wem gehört die Hegemonie in der Regierung und durch sie im Lande? Wenn wir von einer Arbeiterregierung sprechen, so antworten wir schon damit allein, dass die Hegemonie der Arbeiterklasse gehören wird.

Der Konvent als das Organ der jakobinischen Diktatur setzte sich nicht nur aus Jakobinern zusammen, mehr noch, die Jakobiner befanden sich hier sogar in der Minderheit. Aber der Einfluss der Sansculotten außerhalb der Mauern des Konvents und die Notwendigkeit einer entschiedenen Politik zur Rettung des Landes legten die Macht in die Hände der Jakobiner. So war der Konvent zwar *formal* eine nationale Vertretung, die aus Jakobinern, Girondisten und einem riesigen Sumpf bestand, *im Grunde* aber eine Diktatur der Jakobiner.

Wenn wir von einer Arbeiterregierung sprechen, so haben wir hier die herrschende und führende Stellung der Arbeitervertreter im Auge.

Das Proletariat wird seine Macht nicht sichern können, ohne die Basis seiner Revolution zu erweitern.

Viele Schichten der werktätigen Massen, besonders im Dorfe, werden zum ersten Mal in die Revolution hineingezogen und von einer politischen Organisation erfasst werden, erst nachdem die Avantgarde der Revolution, das Stadtproletariat, sich an das Steuer der Staatsmacht gestellt hat. Die revolutionäre Agitation und die Organisierung werden mithilfe der Staatsmittel durchgeführt. Schließlich wird die gesetzgebende Macht selbst ein mächtiges Werkzeug zur Revolutionierung der Volksmassen werden.

Dabei wird der Charakter unserer sozial-historischen Verhältnisse, der die ganze Last der bürgerlichen Revolution auf die Schultern des Proletariats abwälzt, der Arbeiterregierung nicht nur ungeheuerliche Schwierigkeiten bereiten, sondern zumindest in der ersten Zeit ihrer Existenz auch unschätzbare Vorzüge bieten. Dies wird sich auf die Beziehungen zwischen dem Proletariat und der Bauernschaft auswirken.

In den Revolutionen von 1789–1793 und 1848 ging die Macht zunächst vom Absolutismus auf die gemäßigten Elemente der Bourgeoisie über; diese befreite die Bauern (*wie*, das ist eine andere Frage), bevor die revolutionäre Demokratie die Macht übernahm oder sich anschickte, dies zu tun. Die befreite Bauernschaft verlor alles Interesse an den politischen Kraftakten der »Städter«, d. h. am weiteren Fortgang der Revolution; sie machte sich wie ein starrer Block zum Fundament der »Ordnung« und lieferte die Revolution an die cäsaristische oder erz-absolutistische Reaktion aus.

Die russische Revolution verbietet jetzt und noch für lange Zeit die Errichtung irgendeiner bürgerlich-konstitutionellen Ordnung, die auch nur die einfachsten Aufgaben einer Demokratie lösen könnte. Was die reformerischen Bürokraten vom Stile Wittes und Stolypins angeht, so werden alle ihre »aufgeklärten« Anstrengungen schon dadurch zunichte gemacht, dass sie noch um die eigene Existenz kämpfen müssen. Das Schicksal der elementarsten revolutionären Interessen der Bauernschaft – selbst der *Gesamtbauernschaft* als eines *Standes* – verknüpft sich mit dem Schicksal der Revolution, d. h. mit dem Schicksal des Proletariats.

Das Proletariat an der Macht wird der Bauernschaft als Befreierklasse erscheinen.

Die Herrschaft des Proletariats wird nicht nur bedeuten: demokratische Gleichheit, freie Selbstverwaltung, Übertragung der Steuerlast auf die besitzenden Klassen, Umwandlung des stehenden Heeres in bewaffnetes Volk, Abschaffung der Zwangssteuern der Kirche, sondern auch Anerkennung aller von den Bauern vorgenommenen revolutionären Umschichtungen (Aneignungen) des Bodenbesitzes. Diese Umschichtungen wird das Proletariat zum Ausgangspunkt weiterer staatlicher Maßnahmen auf dem Gebiete der Landwirtschaft machen. Unter diesen Bedingungen wird die russische Bauernschaft in der ersten schwierigsten Periode an der Unterstützung des proletarischen Regimes nicht weniger interessiert sein, als die französische Bauernschaft an der Unterstützung des Militärregimes Napoleon Bonapartes interessiert war, welches den neuen Besitzern die Unantastbarkeit ihrer Landstriche kraft der Bajonette garantierte. Und dies bedeutet, dass eine Volksvertretung, die unter der Führung eines Proletariats einberufen worden ist, das sich der Unterstützung der Bauernschaft versichert hat, nichts anderes sein wird als eine demokratische Ausgestaltung der Herrschaft des Proletariats.

Vielleicht aber wird die Bauernschaft das Proletariat verdrängen und dessen Platz selbst einnehmen?

Das ist unmöglich. Die gesamte historische Erfahrung protestiert gegen solche Annahme. Diese Erfahrung beweist, dass die Bauernschaft zu einer *selbstständigen* politischen Rolle völlig unfähig ist.[19]

19 Widerlegt nicht die Tatsache der Entstehung und Entwicklung zuerst des »Bauernbundes« und dann der Gruppe der »Trudowiki« in der Duma diese und die folgenden

Die Geschichte des Kapitalismus – das ist die Geschichte der Unterwerfung des Landes unter die Stadt. Die industrielle Entwicklung der europäischen Städte machte seinerzeit das Fortbestehen feudaler Verhältnisse im Bereich der Agrarproduktion unmöglich. Aber das Land selbst brachte keine Klasse hervor, die die revolutionäre Aufgabe der Abschaffung des Feudalismus hätte bewältigen können. Dieselbe Stadt, die die Landwirtschaft dem Kapital unterwarf, brachte revolutionäre Kräfte hervor, die auch die politische Hegemonie über das Land übernahmen und die Revolutionierung der staatlichen und der Eigentumsverhältnisse auf das Land ausdehnten. Im Laufe der fortschreitenden Entwicklung gerät das Land endgültig in die ökonomische Unterjochung des Kapitals und die Bauernschaft in die politische Unterjochung der kapitalistischen Parteien. Sie lassen den Feudalismus in der Politik des Parlaments wiedererstehen, indem sie die Bauernschaft zu ihrer politischen Domäne, zum Ort ihres Stimmenfangs machen. Der moderne bürgerliche Staat stößt den Bauern mithilfe des Fiskus und Militarismus in den Rachen des Wucherkapitals und macht ihn

Überlegungen? Nicht im Geringsten. Was ist denn der »Bauernbund«? Die Vereinigung einiger radikaldemokratischer Elemente, die sich auf der Suche nach der Masse befinden, mit den bewusstesten Elementen der Bauernschaft, aber *nicht* ihrer untersten Schichten – im Namen einer demokratischen Umwälzung und einer Agrarreform.
Was das Agrarprogramm des »Bauernbundes« (»gleiche Nutzung des Bodens«) angeht, das den Sinn seiner Existenz ausmacht, so ist dazu Folgendes zu sagen. Je breiter und tiefer sich die Agrarbewegung entwickelt, je eher sie zu Konfiskationen und Aufteilungen gelangt, desto schneller wird der »Bauernbund« infolge tausenderlei Widersprüche zwischen den unterschiedlichen Klassen, Gegenden, Lebensgewohnheiten und dem verschiedenen technischen Niveau zerfallen. Seine Mitglieder werden ihren Einfluss in den *Bauernkomitees*, den örtlichen Organen der Agrarrevolution, ausüben, aber die Bauernkomitees als *wirtschaftlich-administrative* Institutionen werden natürlich nicht die *politische* Abhängigkeit des Dorfes von der Stadt beseitigen können, die eines der Hauptmerkmale der modernen Gesellschaft darstellt.
Die Gruppe der Trudowiki drückte in ihrem Radikalismus und in ihrer Formlosigkeit die Widersprüchlichkeit der revolutionären Bestrebungen der Bauernschaft aus. In der Zeit konstitutioneller Illusionen folgten sie hilflos den Kadetten. Im Augenblick der Auflösung der Duma hatten sich die Trudowiki natürlich der Leitung der sozialdemokratischen Fraktion unterworfen. Die Unselbstständigkeit der Bauernvertretung wird besonders dann in Erscheinung treten, wenn die entschlossenste Initiative nötig ist – in den Tagen des Übergangs der Macht in die Hände der Revolution.

mithilfe staatlicher Popen, staatlicher Schulen und der Verderbtheit des Kasernenlebens zum Opfer der Wucherpolitik.

Die russische Bourgeoisie tritt alle revolutionären Positionen an das Proletariat ab. Sie wird auch die revolutionäre Hegemonie über die Bauernschaft abtreten müssen. In dieser Situation, in der die Macht an das Proletariat übergeht, wird der Bauernschaft nichts anderes übrigbleiben, als sich dem Regime der Arbeiterdemokratie anzuschließen. Mag sie hierbei auch nicht mehr Bewusstsein zeigen als bei dem ihr geläufigen Anschluss an das Regime der Bourgeoisie! Während aber jede bürgerliche Partei, wenn sie die Stimmen der Bauernschaft erobert hat, ihre Macht schleunigst dazu benutzt, die Bauernschaft auszuziehen und sie um alle Erwartungen und Versprechungen zu betrügen, um dann bestenfalls einer anderen kapitalistischen Partei Platz zu machen, wird das Proletariat, das sich auf die Bauernschaft stützt, alles in Bewegung setzen, um das kulturelle Niveau auf dem Lande zu heben und das politische Bewusstsein der Bauernschaft zu entwickeln. Aus dem Gesagten wird klar, wie wir die Idee der »Diktatur des Proletariats und der Bauernschaft« ansehen.

Es ist nicht entscheidend, ob wir sie für prinzipiell zulässig halten, ob wir eine solche Form der politischen Kooperation »wollen« oder »nicht wollen«. Aber wir halten sie nicht für realisierbar, wenigstens nicht im direkten und unmittelbaren Sinne.

Denn tatsächlich – eine Koalition dieser Art setzt voraus, dass entweder eine der bestehenden bürgerlichen Parteien die Bauernschaft erobert, oder dass die Bauernschaft eine selbstständige machtvolle Partei schafft. Weder das eine noch das andere ist jedoch, wie wir uns zu zeigen bemüht haben, möglich.

6. Das proletarische Regime

Die Macht erringen kann das Proletariat nur, wenn es sich auf eine nationale Erhebung und eine allgemeine Begeisterung stützt. Das Proletariat wird in die Regierung als der revolutionäre Vertreter der Nation eintreten, als der anerkannte Volksführer im Kampf gegen den Absolutismus und die Barbarei der Leibeigenschaft. An die Macht gelangt, wird das Proletariat jedoch eine neue Epoche einleiten – eine Epoche der revolutionären Gesetzgebung, der entschiedenen Politik –, und im Zusammenhang damit kann es in keiner Weise seiner weiteren Anerkennung als Repräsentant des Willens der Nation sicher sein. Die ersten Maßnahmen des Proletariats, die Säuberung der Augiasställe des alten Regimes und die Vertreibung ihrer Bewohner, werden die tatkräftige Unterstützung der ganzen Nation finden, ungeachtet dessen, was die liberalen Eunuchen über die Hartnäckigkeit einiger Vorurteile bei den Volksmassen sagen mögen.

Diese politische Säuberung wird ergänzt werden durch eine demokratische Reorganisation aller Verhältnisse in Gesellschaft und Staat. Die Arbeiterregierung wird unter dem Einfluss des unmittelbaren Drucks und der direkten Forderungen entschlossen in alle gesellschaftlichen Verhältnisse und Phänomene eingreifen müssen ...

Ihr erstes Geschäft wird darin zu bestehen haben, alle diejenigen aus Armee und Verwaltung zu verjagen, die sich mit dem Blut des Volkes befleckt haben, alle die Regimenter zu entlassen oder aufzulösen, die sich am meisten mit Verbrechen gegen das Volk belastet haben; diese Arbeit wird schon in den ersten Tagen der Revolution geleistet werden müssen, d.h. noch lange, bevor es möglich wird, das System einer gewählten und verantwortlichen Beamtenschaft einzuführen und zur Organisierung einer Volksmiliz zu schreiten. Aber das allein genügt nicht. Die Arbeiterdemokratie wird sich sofort mit der Frage der Länge der Arbeitszeit, mit der Agrarfrage und dem Problem der Arbeitslosigkeit konfrontiert sehen ...

Eines ist klar. Jeder neue Tag wird die Politik des sich an der Macht befindenden Proletariats vertiefen und ihren *Klassencharakter* immer deutlicher werden lassen. Aber zugleich wird auch die revolutionäre Verbindung zwischen dem Proletariat und der Nation unterbrochen werden und die klassenmäßige Ausgliederung der Bauernschaft in einer politischen Form hervortreten; der Antagonismus zwischen ihren Bestandteilen wird in dem Maße wachsen, wie die Politik der Arbeiterregierung sich ihrer Bestimmung bewusst wird und sich aus einer allgemein-demokratischen zu einer Klassenpolitik verwandelt.

Wenn auch das Fehlen fester bürgerlich-individualistischer Traditionen und antiproletarischer Vorurteile bei Bauernschaft und Intelligenz dem Proletariat helfen wird, sich an der Macht zu halten, muss man andererseits im Sinn behalten, dass dies Fehlen von Vorurteilen nicht auf einem politischen Bewusstsein, sondern auf politischem Barbarentum, auf sozialer Unstrukturiertheit, Primitivität und Formlosigkeit beruht. Und alle diese Eigenschaften und Charaktermerkmale können keine irgend verlässliche Grundlage für eine konsequente, aktive Politik des Proletariats abgeben.

Die Abschaffung der ständischen Leibeigenschaft wird die Unterstützung der gesamten Bauernschaft, als eines unterjochten Standes, finden. Die progressive Einkommensteuer wird die Unterstützung einer riesigen Mehrheit der Bauernschaft finden. Aber gesetzgebende Maßnahmen zum Schutze des Landproletariats werden nicht nur keine aktiven Sympathien bei der Gesamtheit finden, sondern sie werden auf den aktiven Widerstand einer Minderheit stoßen.

Das Proletariat wird gezwungen sein, den Klassenkampf in das Dorf zu tragen und auf diese Weise jene Interessengemeinschaft zu verletzen, die zweifellos bei der gesamten Bauernschaft besteht, wenn auch in verhältnismäßig engen Grenzen. Das Proletariat wird in den nächsten Momenten seiner Herrschaft eine Stütze suchen müssen in dem Interessengegensatz von Dorfarmut und den Dorfreichen – von Landproletariat und ackerbauender Bourgeoisie. Aber während die Heterogenität der Bauernschaft eine Schwierigkeit darstellt und die Basis einer proletarischen Politik einengt, wird umgekehrt die ungenügende Klassendifferenzierung der Bauernschaft es erschweren, einen entwickelten Klassenkampf in die Bauernschaft hineinzutragen, auf den sich das städtische Proletariat stützen könnte. Die Primitivität der Bauernschaft wird sich dem Proletariat von ihrer feindseligen Seite zeigen.

Das Erkalten der Bauernschaft, ihre politische Passivität und besonders der aktive Widerstand ihrer oberen Schichten werden nicht ohne Einfluss auf einen Teil der Intelligenz und auf das städtische Kleinbürgertum bleiben können.

Je bestimmter und entschiedener somit die Politik des Proletariats an der Macht wird, desto schmaler wird seine Basis, desto mehr wird der Boden unter seinen Füßen schwanken. All dies ist außerordentlich wahrscheinlich, ja sogar unvermeidlich ...

Zwei wesentliche Züge der proletarischen Politik werden auf den Widerstand seiner Verbündeten stoßen: der *Kollektivismus* und der *Internationalismus*.

Der kleinbürgerliche Charakter und die Primitivität der Bauernschaft, die dörfliche Beschränktheit ihres Gesichtskreises, ihre Abgeschiedenheit von weltpolitischen Zusammenhängen und Abhängigkeiten werden ein schlimmes Hindernis für die Festigung der revolutionären Politik des Proletariats darstellen, das sich an der Macht befindet.

Wenn man sich die Sache so vorstellt, dass die Sozialdemokratie in eine provisorische Regierung eintritt, sie während einer Periode revolutionär-demokratischer Reformen anführt, auch noch ihre radikalsten Maßnahmen verteidigt und sich hierbei auf das organisierte Proletariat stützt – dass die Sozialdemokratie dann, nachdem das demokratische Programm erfüllt ist, aus dem von ihr gebauten Haus auszieht und den bürgerlichen Parteien den Weg freigibt, selbst in die Opposition geht und damit eine Epoche parlamentarischer Politik eröffnet: Sich dies vorzustellen, hieße, die Idee einer Arbeiterregierung kompromittieren. Nicht deshalb, weil es »prinzipiell« unzulässig wäre – eine so abstrakte Fragestellung entbehrt jeden Inhalts –, sondern weil es völlig irreal, weil es ein Utopismus übelster Sorte, weil es eine Art von revolutionär-philisterhaftem Utopismus ist.

Und zwar aus folgendem Grunde:

Die Aufteilung unseres Programms in ein Minimal- und Maximalprogramm ist von großer und prinzipieller Bedeutung unter der Bedingung, dass sich die Macht in den Händen der Bourgeoisie befindet. Eben diese Tatsache, dass der Bourgeoisie die Macht gehört, verbannt aus unserem Minimalprogramm alle Forderungen, die mit dem Privateigentum an den Mitteln der Produktion unvereinbar sind. Eben diese Forderungen machen den Inhalt der sozialistischen Revolution aus, und ihre Voraussetzung ist die Diktatur des Proletariats.

Aber befindet sich einmal die Macht in den Händen der revolutionären Regierung mit einer sozialistischen Mehrheit, so verliert der Unterschied zwischen Minimal- und Maximalprogramm sowohl prinzipiell wie unmittelbar – praktisch jede Bedeutung. Eine proletarische Regierung wird unter keinen Umständen an diesem engen Rahmen festhalten können. Nehmen wir die Forderung nach dem Achtstundentag. Bekanntlich widerspricht sie nicht im Mindesten den kapitalistischen Verhältnissen und geht deshalb in das Minimalprogramm der Sozialdemokratie ein. Aber stellen wir uns das Bild seiner realen Durchführung während einer revolutionären Periode vor, in der alle sozialen Leidenschaften angespannt sind. Das neue Gesetz würde zweifellos auf den organisierten und hartnäckigen Widerstand der Kapitalisten stoßen, etwa in der Form der Aussperrung und der Schließung von Fabriken und Betrieben. Hunderttausende von Arbeitern würden auf die Straße gesetzt werden. Was hätte die Regierung zu tun? Eine bürgerliche Regierung, wie radikal sie auch immer sein mag, würde es niemals so weit kommen lassen, denn vor geschlossenen Fabriken und Betrieben wäre sie machtlos. Sie hätte Zugeständnisse zu machen, der Achtstundentag würde nicht eingeführt, die Empörung des Proletariats würde unterdrückt ...

Unter der politischen Herrschaft des Proletariats muss die Einführung des Achtstundentages zu völlig anderen Konsequenzen führen. Die Schließung von Fabriken und Betrieben durch die Kapitalisten kann selbstverständlich für eine Regierung kein Grund für die Verlängerung des Arbeitstages sein, die sich auf das Proletariat und nicht auf das Kapital – wie der Liberalismus – stützen und die nicht die Rolle eines »unparteiischen« Vermittlers der bürgerlichen Demokratie spielen will. Für eine Arbeiterregierung gibt es nur einen Ausweg: die Enteignung der geschlossenen Fabriken und Betriebe und die Organisation ihrer Produktion auf der Grundlage gesellschaftlicher Rechnungsführung.

Natürlich kann man folgendermaßen argumentieren. Angenommen, die Arbeiterregierung dekretiert ihrem Programm getreu den Achtstundentag; wenn das Kapital Widerstand leistet, der nicht mit den Mitteln eines demokratischen Programms, das ja den Schutz des Privateigentums voraussetzt, überwunden werden kann, dann tritt die Sozialdemokratie zurück und appelliert an das Proletariat. Eine derartige Lösung wäre eine Lösung vom Standpunkt der Gruppe des Regierungspersonals aus – aber keine Lösung vom Standpunkt des Proletariats oder vom Standpunkt der Entwicklung der Revolution. Denn nach dem Rücktritt der Sozialdemokratie wird die Situation die gleiche sein wie vorher, als sie gezwungen wurde, eben die Macht zu übernehmen. Angesichts des organisierten Widerstandes des Kapitals ist die Flucht ein noch größerer Verrat an der Revolution als die Weigerung, die Macht zu übernehmen – denn es ist wirklich besser, nicht in die Regierung einzutreten, als es zu tun, bloß um seine Schwäche zu beweisen und sich dann zurückzuziehen.

Noch ein Beispiel. Befindet sich das Proletariat an der Macht, so kann es nicht umhin, die energischsten Maßnahmen zur Lösung des Arbeitslosenproblems zu ergreifen, denn es versteht sich, dass die Vertreter der Arbeiter, die in die Regierung eintreten, die Forderungen der Arbeitslosen nicht mit dem Hinweis auf den bürgerlichen Charakter der Revolution beantworten können.

Aber wenn der Staat auch nur die Existenzsicherung der Arbeitslosen übernimmt (es ist hier unwichtig, in welcher Weise), so bedeutet dies eine sofortige gewaltige Verschiebung der ökonomischen Macht zugunsten des Proletariats. Die Kapitalisten, deren Druck auf das Proletariat immer auf der Tatsache beruhte, dass eine Reservearmee vorhanden war, fühlen sich ökonomisch machtlos, während die revolutionäre Regierung sie gleichzeitig zu *politischer* Ohnmacht verurteilt. Wenn er die Unterstützung der Arbeitslosen übernimmt, nimmt der Staat damit gleichzeitig die Existenzsicherung der Streikenden auf sich. Wenn er *dies* nicht tut, untergräbt er sofort und unwiderruflich seine eigene Existenzgrundlage.

Den Fabrikanten bleibt dann nichts anderes übrig, als zur Aussperrung zu schreiten, d. h. zur Schließung der Fabriken. Es ist ganz klar, dass die Fabrikanten die Einstellung der Produktion sehr viel länger durchhalten können als die Arbeiter, und deshalb gibt es für die Arbeiterregierung auf eine Massenaussperrung nur eine einzige Antwort: die Enteignung der Fabriken und – zumindest bei den größten von ihnen – die Organisierung der Produktion auf staatlicher oder kommunaler Grundlage.

Analoge Probleme entstehen im Bereich der Landwirtschaft schon allein durch das Faktum der Bodenenteignung. Man kann in keiner Weise voraussetzen, dass eine proletarische Regierung die privaten Güter, auf denen die Großproduktion eingeführt ist, nach ihrer Enteignung in einzelne Parzellen aufteilen und zur Nutzung an die Kleinproduzenten verkaufen wird; hier besteht der einzige Weg in der Organisation genossenschaftlicher Produktion unter kommunaler Kontrolle oder direkt unter staatlicher Rechnungsführung. Das aber ist der Weg zum Sozialismus.

All dies zeigt ganz deutlich, dass die Sozialdemokratie nicht in eine Revolutionsregierung eintreten kann, wenn sie dem Proletariat vorher zugesichert hat, nicht vom Minimalprogramm *abzugehen*, und zugleich der Bourgeoisie versprochen hat, nicht über das Minimalprogramm *hinauszugehen*. Eine derartig zweiseitige Verpflichtung wäre völlig unerfüllbar. Eintretend in die Regierung nicht als ohnmächtige Geiseln, sondern als eine führende Macht, zerstören die Vertreter des Proletariats schon damit allein die Grenze zwischen Minimum- und Maximum-Programm, d. h. *sie stellen den Kollektivismus auf die Tagesordnung*. An welchem Punkte das Proletariat auf diesem Wege aufgehalten werden wird, das hängt von dem Kräfteverhältnis ab, nicht aber von den ursprünglichen Absichten der Partei des

Proletariats. Deshalb kann auch keine Rede sein von irgendeiner *besonderen* Form der proletarischen Diktatur in der bürgerlichen Revolution, nämlich von der *demokratischen* Diktatur des Proletariats (oder des Proletariats und der Bauernschaft). Die Arbeiterklasse kann den demokratischen Charakter ihrer Diktatur nicht sichern, ohne die Grenzen ihres demokratischen Programms zu überschreiten. Irgendwelche Illusionen in diesem Punkt wären verhängnisvoll. Sie würden die Sozialdemokratie von Anfang an kompromittieren.

Wenn die Partei des Proletariats die Macht übernehmen wird, wird sie für diese Macht bis zu Ende kämpfen. Wenn eins der Mittel dieses Kampfes um die Erhaltung und Festigung der Macht Agitation und Organisation, besonders im Dorf, sein wird, so wird das andere Mittel im kollektivistischen Programm bestehen. Der Kollektivismus wird nicht nur die unvermeidliche Folgerung sein aus der Tatsache, dass die Partei an der Macht ist, sondern auch das Mittel, diese Situation, gestützt auf das Proletariat, zu sichern.

Als in der sozialistischen Presse der Gedanke der *ununterbrochenen* Revolution formuliert wurde, welche – *durch anwachsende soziale Zusammenstöße, Aufstände immer neuer Volksschichten, unaufhörliche Attacken des Proletariats gegen die politischen und ökonomischen Privilegien der herrschenden Klassen – die Liquidierung des Absolutismus und der Leibeigenschaft mit der sozialistischen Umwälzung verbindet*, erhob unsere »fortschrittliche« Presse einmütig ein wütendes Geheul. Oh, sie hat viel ausgestanden, aber das kann sie nicht hinnehmen. Die Revolution, schrie sie, sei kein Weg, den man »gesetzlich dekretieren« könne. Die Anwendung von außergewöhnlichen Mitteln sei nur unter außergewöhnlichen Umständen zulässig. Das Ziel der Befreiungsbewegung sei es nicht, die Revolution zu verewigen, sondern sie so schnell wie möglich in die Bahnen des *Rechts* zu lenken usw. usf.

Die radikaleren Vertreter der gleichen Art von Demokratie riskieren es nicht, sich vom Standpunkt der schon gesicherten konstitutionellen »Errungenschaften« gegen die Revolution auszusprechen: Auch für sie stellt dieser parlamentarische Kretinismus, der dem Aufstieg des Parlamentarismus voranging, keine wirksame Waffe im Kampf gegen die Revolution des Proletariats dar. Sie wählen einen anderen Weg: Sie stellen sich nicht auf den Boden des Rechts, sondern auf den Boden von scheinbaren Tatsachen – auf den Boden historischer »Möglichkeiten«, auf den Boden des politischen »Realismus« und schließlich ... schließlich sogar auf den Boden des »Marxismus«. Warum auch nicht? Schon Antonio, der gottesfürchtige Bürger Venedigs, sagte sehr treffend:

> »Merk dir, der Teufel kann zu seinem Zweck
> die Heil'ge Schrift zitieren.«[20]

Sie halten nicht nur die Idee einer Arbeiterregierung in Russland für fantastisch, sondern sie verwerfen sogar die Möglichkeit einer sozialistischen Revolution in Europa in der nächsten historischen Epoche. Die notwendigen »Voraussetzungen« sind noch nicht vorhanden. Stimmt das? Es handelt sich natürlich nicht darum, den Zeitpunkt der sozialistischen Revolution festzusetzen, sondern darum, ihre realen historischen Perspektiven einzuschätzen.

7. Die Voraussetzungen des Sozialismus

Der Marxismus hat aus dem Sozialismus eine Wissenschaft gemacht. Das hindert manche »Marxisten« nicht, aus dem Marxismus eine Utopie zu machen.

Roschkow stellt in seiner Argumentation gegen das Programm der Sozialisierung und Vergenossenschaftlichung die »notwendigen Voraussetzungen des künftigen Gesellschaftssystems, die von Marx unerschütterlich festgelegt sind«, wie folgt dar: »Ist etwa jetzt«, sagt Roschkow, »seine objektive materielle Voraussetzung bereits gegeben, die in einem Entwicklungsstand der Technik bestehen muss, der das Motiv des persönlichen Gewinns, das Vorhandensein (?) von persönlicher Tatkraft, von Unternehmungsgeist und Risiko auf ein Minimum reduziert und damit die gesellschaftliche Produktion auf den vordersten Plan treten lässt; ein solcher Stand der Technik ist aufs Engste verknüpft mit der fast uneingeschränkten (!) Vorherrschaft der Großindustrie in allen (!) Wirtschaftszweigen, aber ist ein solches Resultat etwa erreicht? – Es fehlt auch die psychologische, subjektive Voraussetzung, das Wachstum des Klassenbewusstseins des Proletariats, das schließlich den geistigen Zusammenschluss der überwäl-

20 William Shakespeare, *Der Kaufmann von Venedig*, 1. Akt, 3. Szene.

tigenden Mehrheit der Volksmassen mit sich bringt.« – »Wir kennen«, sagt Roschkow weiter, »schon jetzt Beispiele von Produktionsassoziationen wie z. B. die bekannten französischen Glaswerke in Albi und verschiedene landwirtschaftliche Produktionsassoziationen ebenfalls in Frankreich ... Und hier zeigen die erwähnten französischen Erfahrungen deutlicher als alles andere, dass selbst in einem so fortgeschrittenen Lande wie Frankreich die Wirtschaftsbedingungen nicht weit genug entwickelt sind, um eine Vorherrschaft der Kooperation zu ermöglichen: Diese Unternehmen sind nur von mittlerer Größe, ihr technisches Niveau ist nicht höher als das gewöhnlicher kapitalistischer Unternehmen, *sie marschieren nicht an der Spitze der industriellen Entwicklung, führen sie nicht an*, sondern erreichen ein bescheidenes durchschnittliches Niveau. Erst wenn die Erfahrungen einzelner Produktionsassoziationen deren führende Rolle im Wirtschaftsleben zeigen, erst dann sind wir in der Nähe eines neuen Gesellschaftssystems, erst dann können wir sicher sein, dass die notwendigen Voraussetzungen für seine Verwirklichung vorliegen.«[21]

Wenn wir auch die guten Absichten des Gen. Roschkow respektieren, so müssen wir doch voller Betrübnis bekennen, dass wir selbst in der bürgerlichen Literatur selten einer größeren Verwirrung über die sogenannten Voraussetzungen des Sozialismus begegnet sind. Es lohnt sich, auf diese Verwirrung einzugehen, wenn auch nicht Roschkows wegen, so doch um des Problems willen.

Roschkow erklärt, es gebe noch nicht den »Entwicklungsstand der Technik, der das Motiv des persönlichen Gewinns, das Vorhandensein (?) von persönlicher Tatkraft, von Unternehmungsgeist und Risiko auf ein Minimum reduziert und damit die gesellschaftliche Produktion auf den vordersten Plan treten lässt«. Es ist ziemlich schwierig, den Sinn dieses Abschnitts zu verstehen. Offenbar will Gen. Roschkow sagen, dass erstens die moderne Technik die lebendige menschliche Arbeit noch nicht in ausreichendem Maße aus der Industrie verdrängt habe; dass zweitens die Verdrängung die »fast« *uneingeschränkte Vorherrschaft* von Großbetrieben *in allen* Wirtschaftszweigen voraussetze und damit die »fast« *uneingeschränkte Proletarisierung der gesamten Bevölkerung eines Landes.*

21 N. Roschkow, *Zur Agrarfrage*, St. Petersburg 1904, S. 21 u. 22.

Das sind die beiden Voraussetzungen, die angeblich »von Marx unerschütterlich festgelegt« worden sind.

Versuchen wir, uns das Bild der kapitalistischen Verhältnisse vorzustellen, das der Sozialismus nach der Methode Roschkows vorfinden wird. »Die fast uneingeschränkte Vorherrschaft der Großindustrie in allen Wirtschaftszweigen« bedeutet unter den Bedingungen des Kapitalismus, wie gesagt, die Proletarisierung aller kleinen und mittleren Produzenten in Landwirtschaft und Industrie, d. h. die Verwandlung der gesamten Bevölkerung in Proletariat. Aber die uneingeschränkte Herrschaft der Maschinentechnik in diesen Großbetrieben reduziert den Bedarf an lebendiger Arbeit auf ein Minimum und verwandelt somit die überwiegende Mehrheit der Bevölkerung des Landes – man hat an 90 Prozent zu denken – in eine Reservearmee, die auf Staatskosten in Arbeitshäusern lebt. Wir nahmen 90 Prozent an, aber nichts hindert uns, logisch zu sein und uns einen Zustand vorzustellen, in dem die gesamte Produktion aus einem einzigen Automaten besteht, der einem einzigen Syndikat gehört und als lebendige Arbeitskraft lediglich einen einzigen dressierten Orang-Utan braucht. Bekanntlich ist das die brillant-konsequente Theorie Tugan-Baranowskis.[22] Unter solchen Bedingungen rückt die »gesellschaftliche Produktion« nicht nur »auf den vordersten Plan«, sondern sie beherrscht das ganze Feld; mehr noch – zugleich wird auch ganz natürlich der *gesellschaftliche Konsum* organisiert, denn es ist ganz offensichtlich, dass die ganze Nation mit Ausnahme der 10 Prozent des Trusts auf öffentliche Kosten in Arbeitshäusern leben wird. So lächelt hinter dem Rücken des Gen. Roschkow das vertraute Gesicht des Herrn Tugan-Baranowski hervor. – Hernach bricht der Sozialismus an: Die Bevölkerung taucht aus den Arbeitshäusern auf und expropriiert die Gruppe der Expropriateure. Weder Revolution noch Diktatur des Proletariats sind hierbei natürlich vonnöten.

Das zweite ökonomische Merkmal der Reife eines Landes für den Sozialismus ist nach Roschkow die Möglichkeit der *Vorherrschaft* kooperativer Produktion. Nicht einmal in Frankreich leisten die kooperativen Glaswerke von Albi mehr als die anderen kapitalistischen Unternehmen. Sozia-

22 Vgl. die *Studien zur Theorie und Geschichte der Handelskrisen in England*, Jena 1901 (1. russ. Aufl. Petersburg 1894) sowie *Theoretische Grundlagen des Marxismus*, Leipzig 1905.

listische Produktion wird nur dann möglich, wenn Kooperativen als *führende* Betriebe *an der Spitze der industriellen Entwicklung* stehen.

All diese Erwägungen sind von Anfang bis Ende verdreht. Die Kooperativen können nicht an die Spitze der industriellen Entwicklung gelangen, nicht weil die wirtschaftliche Entwicklung noch nicht weit genug, sondern weil sie *zu weit* fortgeschritten ist. Zweifellos bereitet die ökonomische Entwicklung den Boden für die kooperative Produktion, aber für welche? Für die *kapitalistische* Kooperation auf der Basis der Lohnarbeit – jede Fabrik zeigt uns eine derartige kapitalistische Kooperation. Mit der Entwicklung der Technik nimmt auch die Bedeutung dieser Kooperation zu. – Aber wie kann die Entwicklung des Kapitalismus die genossenschaftlichen Betriebe »an die Spitze der Industrie« lassen? Worauf gründet Gen. Roschkow seine Hoffnungen, dass die Kooperativen die Syndikate und Trusts verdrängen und ihren Platz an der Spitze der industriellen Entwicklung einnehmen können? Es ist klar, dass in diesem Falle die Kooperativen ganz automatisch alle kapitalistischen Unternehmen zu enteignen hätten, wonach sie nur noch den Arbeitstag soweit verkürzen müssten, dass alle Bürger Arbeit hätten, und den Produktionsumfang in den verschiedenen Branchen regulieren müssten, um Krisen zu vermeiden. Auf diese Weise wäre der Sozialismus in seinen Grundzügen errichtet. Es ist wiederum klar, dass es nicht im Geringsten einer Revolution oder der Diktatur des Proletariats bedarf.

Die dritte Voraussetzung ist eine psychologische: Notwendig sei ein »Wachstum des Klassenbewusstseins des Proletariats, das schließlich den geistigen Zusammenhang der überwältigenden Mehrheit der Volksmassen mit sich bringt«. Da man unter geistigem Zusammenschluss in diesem Falle offenbar die bewusste sozialistische Solidarität zu verstehen hat, heißt das, dass Gen. Roschkow den Zusammenschluss der »überwältigenden Mehrheit der Volksmassen« in den Reihen der Sozialdemokratie für die psychologische Voraussetzung des Sozialismus hält. Roschkow nimmt also offensichtlich an, dass der Kapitalismus – der die kleinen Produzenten in die Reihen des Proletariats und die Masse der Proletarier in die Reihen der industriellen Reservearmee treibt – für die Sozialdemokratie die Möglichkeit schaffen wird, die überwältigende *Mehrheit* (90 Prozent?) der Volksmassen geistig zusammenzuschließen und aufzuklären.

Dies zu verwirklichen, ist in der Welt der kapitalistischen Barbarei ebenso wenig möglich wie die Herrschaft der Kooperativen im Reich kapitalistischer Konkurrenz. Aber wenn es zu verwirklichen wäre, dann würde natürlich die im Bewusstsein und Geist vereinte »überwältigende Mehrheit« der Nation ohne Schwierigkeit die wenigen Kapitalmagnaten absetzen und ohne Revolution und Diktatur eine sozialistische Wirtschaftsordnung organisieren.

Hier taucht jedoch unwillkürlich folgende Frage auf. Roschkow hält sich für einen Schüler von Marx. Marx, der die »unerschütterlichen Voraussetzungen des Sozialismus« in seinem »Kommunistischen Manifest« dargelegt hat, betrachtete jedoch die Revolution von 1848 als den unmittelbaren Prolog der sozialistischen Revolution. Es bedarf nach 60 Jahren natürlich keines allzu großen Scharfsinns, zu erkennen, dass Marx sich geirrt hat, denn die kapitalistische Welt existiert, wie wir wissen, noch immer. Aber wie konnte Marx sich *so* irren? Hat er denn nicht gesehen, dass die Großbetriebe noch nicht alle Industriezweige beherrschten? Dass die Produktionsgenossenschaften noch nicht an der Spitze der Großunternehmen standen? Dass die überwältigende Mehrheit des Volkes noch nicht auf dem Boden der Ideen des »Kommunistischen Manifestes« vereinigt war? Wenn wir sehen, dass all dies selbst heute noch nicht da ist, wie konnte es Marx dann übersehen, dass im Jahre 1848 nichts dergleichen vorhanden war? Wahrhaftig, der Marx von 1848 war ein utopisches Wickelkind im Vergleich zu vielen heutigen unfehlbaren Automaten des Marxismus! ...

Wir sehen also, dass Gen. Roschkow, obwohl er keineswegs zu den Kritikern von Marx gehört, dennoch die proletarische Revolution als die notwendige Voraussetzung des Sozialismus gänzlich abschafft. Da Roschkow nur allzu konsequent die Ansichten zum Ausdruck gebracht hat, die eine beträchtliche Zahl von Marxisten in beiden Richtungen unserer Partei teilen, ist es notwendig, sich mit den prinzipiellen, methodischen Grundlagen seiner Irrtümer zu befassen.

Nebenbei muss man bemerken, dass die Gedankengänge Roschkows über das Schicksal der Kooperativen sein persönliches Eigentum sind. Wir selber sind nirgendwo einem Sozialisten begegnet, der an ein so einfaches, unaufhaltsames Fortschreiten der Konzentration der Produktion und der Proletarisierung der Volksmassen und zugleich an die führende Rolle von Produktionsgenossenschaften vor der proletarischen Revolution geglaubt hätte. Diese beiden Voraussetzungen zu vereinen, ist in der ökonomischen

Entwicklung weitaus schwieriger als bloß im eigenen Kopf, obwohl uns auch Letzteres immer nur schwer möglich schien.

Aber wir werden zwei weitere »Voraussetzungen« behandeln, die typischere Vorurteile darstellen.

Zweifellos sind die Entwicklung der Technik, die Konzentration der Produktion und der Anstieg des Bewusstseins bei den Massen Voraussetzungen des Sozialismus. Aber alle diese Prozesse gehen gleichzeitig vor sich; sie stoßen und treiben sich nicht nur gegenseitig an, sondern verzögern und *beschränken* einander auch. Jeder dieser Prozesse, der auf einem höheren Niveau stattfindet, verlangt eine bestimmte Entwicklung eines anderen Prozesses auf einer niedrigeren Ebene. Aber die vollständige Entwicklung eines jeden von ihnen ist unmöglich, wenn sich die übrigen vollständig entwickelt haben.

Die Entwicklung der Technik hat zweifellos ihren idealen Grenzwert in einem einzigen automatischen Mechanismus, der Rohstoffe aus dem Schoß der Natur holt und die fertigen Verbrauchsgüter den Menschen vor die Füße wirft. Wenn die Existenz des Kapitalismus nicht beschränkt wäre durch die Klassenverhältnisse und den sich hieraus ergebenden revolutionären Kampf, so müssten wir annehmen, dass die Technik – wenn sie sich dem Ideal eines einzigen automatischen Mechanismus im Rahmen des kapitalistischen Systems angenähert hat – damit auch den Kapitalismus automatisch aufhebt.

Die sich aus dem Gesetz der Konkurrenz ergebende Konzentration der Produktion hat die innere Tendenz, die gesamte Bevölkerung zu proletarisieren. Isolierten wir diese Tendenz, so hätten wir Grund zu der Annahme, dass der Kapitalismus sein Werk zu Ende führte, wenn nicht der Prozess der Proletarisierung von einer revolutionären Umwälzung unterbrochen würde, die bei einem bestimmten Verhältnis der Klassenkräfte unvermeidlich ist – lange bevor der Kapitalismus die Mehrheit der Bevölkerung in eine Reservearmee verwandelt hat, die in gefängnisähnlichen Behausungen wohnt.

Weiter. Mit dem Wachstum des Bewusstseins geht es, dank der Erfahrung des Tageskampfes und der bewussten Anstrengungen der sozialistischen Parteien, zweifellos ständig vorwärts. Betrachten wir diesen Prozess isoliert, so können wir ihn bis zu dem Punkt verfolgen, an dem die überwältigende Mehrheit des Volkes in gewerkschaftlichen und politischen

Organisationen erfasst und durch das Gefühl der Solidarität und die Einheit des Zieles zusammengeschlossen ist. Wenn dieser Prozess wirklich quantitativ fortschreiten könnte, ohne sich qualitativ zu verändern, könnte der Sozialismus friedlich durch einen einmütigen, bewussten Akt der Bürger des 21. oder 22. Jahrhunderts verwirklicht werden.

Aber wesentlich ist, dass diese Prozesse, die die historischen Voraussetzungen für den Sozialismus darstellen, sich nicht isoliert voneinander vollziehen, sondern sich gegenseitig hemmen, dass sie, wenn sie einen gewissen Punkt erreicht haben, der von zahlreichen Umständen bestimmt wird, aber auf jeden Fall weit von ihrem mathematischen Grenzwert entfernt ist, einer qualitativen Veränderung unterliegen und in ihrer komplexen Kombination zu dem führen, was wir als soziale Revolution begreifen.

Wir wollen mit dem zuletzt erwähnten Prozess beginnen, dem Anwachsen des Bewusstseins. Dies vollzieht sich, wie wir wissen, nicht in Akademien, in denen man das Proletariat künstlich 50, 100 oder 500 Jahre festhalten könnte, sondern im vollen Leben der kapitalistischen Gesellschaft auf der Grundlage eines unablässigen Klassenkampfes. Das wachsende Bewusstsein des Proletariats gibt diesem Klassenkampf eine neue Form, verleiht ihm einen tieferen und prinzipielleren Charakter und ruft eine entsprechende Reaktion der herrschenden Klasse hervor. Der Kampf des Proletariats gegen die Bourgeoisie hat seine eigene Logik, die sich mehr und mehr verschärft, und schon lange bevor die Großbetriebe in allen Wirtschaftszweigen dominieren, zu einer Lösung der Sache kommen wird.

Weiter versteht sich ganz von selbst, dass ein Wachstum des politischen Bewusstseins auf dem zahlenmäßigen Anwachsen des Proletariats beruht – wobei die proletarische Diktatur voraussetzt, dass die zahlenmäßige Stärke des Proletariats groß genug ist, um den Widerstand der bürgerlichen Konterrevolution zu brechen. Das bedeutet nun aber keineswegs, dass die »überwältigende Mehrheit« der Bevölkerung aus Proletariern bestehen muss und die »überwältigende Mehrheit« des Proletariats aus bewussten Sozialisten. Auf jeden Fall ist klar, dass die bewusste revolutionäre Armee des Proletariats stärker als die konterrevolutionäre Armee des Kapitals sein muss; hierbei müssen sich die unsicheren und indifferenten Zwischenschichten der Bevölkerung in einer Lage befinden, die es erlaubt, dass sie das Regime der proletarischen Diktatur auf die Seite der Revolution zieht und nicht in die Reihen ihrer Feinde stößt. Natürlich muss die Politik des Proletariats dies bewusst in Rechnung stellen.

Dies alles aber setzt seinerseits eine Hegemonie der Industrie über die Landwirtschaft und ein Übergewicht der Stadt über das Land voraus.

Versuchen wir, die Voraussetzungen des Sozialismus zu betrachten, indem wir mit den ganz allgemeinen beginnen und dann zu den komplexeren aufsteigen:

1. Der Sozialismus ist nicht nur eine Frage der gleichmäßigen Verteilung, sondern auch eine Frage der planmäßigen Produktion. Eine sozialistische, d. h. eine kooperative Produktion im großen Umfang, ist nur möglich, wenn die Entwicklung der Produktivkräfte ein Niveau erreicht hat, auf dem Großbetriebe produktiver arbeiten als kleine. Je größer das Übergewicht des Großbetriebes über den kleinen, d. h. je höher entwickelt die Technik sein wird, desto größer müssen die wirtschaftlichen Vorteile der Sozialisierung der Produktion, desto höher muss folglich das kulturelle Niveau der gesamten Bevölkerung bei der gleichmäßigen Verteilung sein, die auf einer planmäßigen Produktion basiert.

Diese erste objektive Vorbedingung des Sozialismus ist seit Langem gegeben. Seit die gesellschaftliche Arbeitsteilung zur Arbeitsteilung in der Manufaktur führte und besonders, seit die Manufaktur von der Fabrik mit maschineller Produktion abgelöst wurde, ist das Großunternehmen immer gewinnbringender geworden, und das heißt, dass auch eine Sozialisierung des Großbetriebs die Gesellschaft immer reicher machen muss. Es ist klar, dass der Übergang aller Handwerksbetriebe in das gemeinschaftliche Eigentum aller Handwerker diese nicht im Geringsten reicher gemacht hätte, wohingegen das Überführen der Manufakturen in das gemeinsame Eigentum der in ihnen beschäftigten Arbeiter oder die Überführung der Fabriken in die Hände der Lohnarbeiter, oder besser gesagt: der Übergang aller Produktionsmittel der großen fabrikmäßigen Produktion in die Hände der Gesamtbevölkerung unzweifelhaft ihr materielles Niveau heben würde – und je höher der von der Großproduktion erreichte Stand, desto höher auch dieses Niveau.

In der sozialistischen Literatur wird oft der Antrag des englischen Unterhausmitgliedes Bellers angeführt, der 100 Jahre vor der Verschwörung Babeufs, genau 1696, im Parlament das Projekt der Organisation kooperativer Genossenschaften einbrachte, die alle ihre Bedürfnisse selbstständig befriedigen sollten. Nach den Berechnungen des Engländers sollte ein solches Produktionskollektiv aus 200 bis 300 Personen bestehen. Wir können uns hier mit der Prüfung seiner Schlussfolgerungen nicht befassen, und das ist für uns auch unwesentlich – wichtig ist lediglich, dass eine solche kollektivistische Wirtschaft, selbst wenn sie nur 100, 200, 300 oder 500 Personen beschäftigen sollte, bereits Ende des 17. Jahrhunderts Produktionsvorteile bot.

Zu Beginn des 19. Jahrhunderts entwarf Fourier seinen Plan der Produktions- und Konsumassoziationen, der »Phalanstères«, die jeweils aus 2 000 bis 3 000 Personen bestehen sollten. Fouriers Kalkulationen zeichneten sich keineswegs durch Exaktheit aus; aber jedenfalls ließ ihm die Entwicklung des Manufaktursystems zu dieser Zeit wirtschaftliche Kollektive in einem unvergleichlich größeren Umfang sinnvoll erscheinen, als es bei dem eben angeführten Beispiel der Fall war. Es ist nun aber klar, dass die Assoziationen John Bellers' wie auch die Phalanstères Fouriers den freien wirtschaftlichen Kommunen bedeutend näher stehen, von denen die Anarchisten träumen, deren Utopismus nicht darin besteht, dass sie überhaupt »unmöglich« oder »gegen die Natur« sind (die kommunistischen Gemeinschaften in Amerika haben bewiesen, dass sie möglich sind), sondern darin, dass sie 100 bis 200 Jahre hinter dem Fortschritt der ökonomischen Entwicklung herhinken.

Die Entwicklung der gesellschaftlichen Arbeitsteilung einerseits und der maschinellen Produktion andererseits führte dazu, dass der Staat heutzutage das einzige Kooperativ ist, das die Vorteile einer kollektivistischen Wirtschaftsweise in großem Umfang nützen könnte. Mehr noch: Auch in die geschlossenen Grenzen einzelner Staaten würde die sozialistische Produktion gar nicht mehr hineinpassen.

Atlanticus,[23] ein deutscher Sozialist, der nicht auf dem Standpunkt Marx' steht, hat Ende des letzten Jahrhunderts die ökonomischen Vorteile einer sozialistischen Wirtschaft in dem Rahmen Deutschlands berechnet. Atlanticus zeichnet sich in keiner Weise durch den Höhenflug seiner Fantasie aus, sein Denken bewegt sich ganz und gar in den Gleisen der wirt-

23 Pseudonym für Karl Ballod.

schaftlichen Routine des Kapitalismus. Er stützt sich auf die maßgeblichen Schriftsteller der heutigen Agronomie, Technologie – und darin liegt nicht nur seine Schwäche, sondern auch seine starke Seite, weil sie ihn vor übertriebenem Optimismus bewahrt. Atlanticus kommt jedenfalls zu dem Schluss, dass bei zweckmäßiger Organisation der sozialistischen Wirtschaft, bei Ausnutzung aller technischen Mittel in der Mitte der neunziger Jahre des 19. Jahrhunderts das Einkommen des Arbeiters verdoppelt oder verdreifacht und die Arbeitszeit auf die Hälfte des jetzigen Ausmaßes reduziert werden könnte.

Man sollte allerdings nicht annehmen, dass Atlanticus als erster die ökonomischen Vorteile des Sozialismus bewiesen hat: Die unendlich hohe Arbeitsproduktivität in den Großbetrieben einerseits und die durch die Wirtschaftskrisen bewiesene Notwendigkeit einer Produktionsplanung andererseits zeugen sehr viel beredter für die wirtschaftlichen Vorzüge des Sozialismus als die sozialistische Buchhaltung des Atlanticus. Sein Verdienst besteht nur darin, dass er diesen Vorzug in Näherungswerten zum Ausdruck gebracht hat.

Das bereits Gesagte rechtfertigt die Schlussfolgerung, dass – wenn das weitere Zunehmen der technischen Macht des Menschen den Sozialismus immer vorteilhafter werden lässt – dann ausreichende technische Voraussetzungen für die kollektivistische Produktion in diesem oder jenem Umfang schon seit 100 bis 200 Jahren gegeben sind, und dass der Sozialismus gegenwärtig nicht allein im einzelstaatlichen, sondern in außerordentlich großem Maße auch im Weltmaßstab *technisch vorteilhaft* ist.

Aber die technischen Vorzüge des Sozialismus genügen allein keineswegs, um ihn zu verwirklichen. Während des 18. und 19. Jahrhunderts zeigten sich die Vorteile der Großproduktion nicht in einer sozialistischen, sondern in kapitalistischer Form. Weder das Projekt Bellers' noch das Fouriers wurde verwirklicht. Warum nicht? Weil es zu dieser Zeit keine soziale Kraft gab, die bereit und fähig gewesen wäre, beides zu realisieren.

2. Jetzt gehen wir von der produktionstechnischen Voraussetzung zur *sozial-ökonomischen* über, die weniger allgemein, aber komplexer ist. Hätten wir es nicht mit einer antagonistischen Klassengesellschaft zu tun, sondern mit einer homogenen Gemeinschaft, die das System ihrer Wirtschaft bewusst wählt, so genügten schon die Berechnungen des Atlanticus vollstän-

dig, um mit dem sozialistischen Aufbau zu beginnen. Atlanticus, ein Sozialist sehr vulgärer Art, meint in seiner Arbeit genau dies.

Eine derartige Theorie ließe sich jedoch gegenwärtig nur in den Grenzen der privaten Wirtschaft einer Person oder einer Aktiengesellschaft anwenden. Man kann immer davon ausgehen, dass das Projekt einer wirtschaftlichen Reform (Einführung neuer Maschinen, neuer Rohstoffe, eines anderen Arbeitsreglements und Entlohnungssystems) von den Besitzern immer dann akzeptiert wird, wenn dieses Reformprojekt unzweifelhafte kommerzielle Vorteile mit sich bringt. Weil wir es hier aber mit der Wirtschaft der Gesamtgesellschaft zu tun haben, ist das allein nicht genug. Hier kämpfen feindliche Interessen miteinander. Was für den einen vorteilhaft ist, schadet dem anderen. Der Egoismus einer Klasse handelt nicht nur gegen den Egoismus einer anderen, sondern auch gegen die Interessen des Ganzen. Folglich ist es zur Verwirklichung des Sozialismus notwendig, dass es unter den antagonistischen Klassen der kapitalistischen Gesellschaft eine soziale Kraft gibt, die aufgrund ihrer objektiven Lage an der Verwirklichung des Sozialismus interessiert und mächtig genug ist, ihn nach der Überwindung feindlicher Interessen und Widerstände zu realisieren.

Eines der grundlegenden Verdienste des wissenschaftlichen Sozialismus besteht darin, dass er theoretisch im Proletariat eine solche soziale Kraft entdeckte und zeigte, dass diese Klasse, die zwangsläufig mit dem Kapitalismus wächst, ihre Rettung nur im Sozialismus finden kann; dass die Gesamtsituation sie zum Sozialismus treibt und dass schließlich in der kapitalistischen Gesellschaft die Lehre des Sozialismus notwendig zur Ideologie des Proletariats werden muss.

So ist leicht zu sehen, welch einen kolossalen Schritt Atlanticus vom Marxismus zurückgeht, wenn er versichert, dass es – sobald erst einmal bewiesen sei, dass »durch die Überführung der Produktionsmittel in die Hand des Staates nicht nur ein allgemeiner Wohlstand erreicht, sondern auch die Arbeitszeit verkürzt werden kann – völlig unerheblich ist, ob die Theorie der Kapitalkonzentration oder des Verschwindens der Zwischenschichten der Gesellschaft bestätigt wird oder nicht« ...

Ist die Vorteilhaftigkeit des Sozialismus einmal bewiesen, so sei es nach Meinung von Atlanticus »nutzlos, all seine Hoffnung auf den Fetisch der wirtschaftlichen Entwicklung zu setzen; man sollte hingegen umfangreiche Untersuchungen anstellen und zu einer umfassenden und gründlichen Vorbereitung des Übergangs von der privaten zur staatlichen oder ›gesellschaftlichen‹ Produktion schreiten (!)«.[24]

Wenn er sich gegen die nur oppositionellen Taktiken der Sozialdemokratie wendet und empfiehlt, sofort zu den Vorbereitungen für die sozialistische Umgestaltung zu »schreiten«, vergisst Atlanticus, dass der Sozialdemokratie noch immer die dazu notwendige Macht fehlt und dass Wilhelm II., Bülow und die Mehrheit des Deutschen Reichstages, obwohl sie die Macht in Händen halten, nicht die geringste Absicht haben, den Sozialismus einzuführen. Das sozialistische Projekt des Atlanticus überzeugt die Hohenzollern ebenso wenig wie die Pläne Fouriers die Bourbonen der Restauration – auch wenn dieser seinen politischen Utopismus auf einer leidenschaftlichen Fantasie im Bereich der wirtschaftlichen Schöpfungen gründete, während Atlanticus sich in seinem nicht geringeren politischen Utopismus auf eine überzeugende, philisterhaft-nüchterne Buchhaltung stützt.

Wie hoch muss das Niveau der sozialen Differenzierung sein, damit die zweite Voraussetzung gegeben ist? Mit anderen Worten: Wie groß muss die relative, zahlenmäßige Stärke des Proletariats sein? Muss es die Hälfte, zwei Drittel oder neun Zehntel der Bevölkerung ausmachen?

Es wäre ein völlig hoffnungsloses Unterfangen zu versuchen, den rein arithmetischen Rahmen dieser zweiten Voraussetzung des Sozialismus zu bestimmen. Vor allem würde bei einem solchen Schematismus die Frage auftauchen, wen man zum Proletariat zu zählen hat: Sollen wir die große Schicht der halben Proletarier und halben Bauern mitzählen? Sollen wir die Reservearmee der städtischen Proletarier dazuzählen – die einerseits mit dem parasitären Proletariat der Bettler und Diebe verschmelzen, andererseits die Straßen der Stadt als Kleinhändler bevölkern und also eine parasitäre Rolle in Bezug auf die Gesamtwirtschaft spielen? Diese Frage ist keineswegs einfach.

Die Bedeutung des Proletariats beruht ganz und gar auf seiner Rolle in der Großproduktion. Die Bourgeoisie stützt sich in ihrem Kampf um die politische Herrschaft auf ihre ökonomische Macht. Bevor es ihr gelingt, die

24 Atlanticus: *Der Zukunftsstaat*, St. Petersburg 1906, S. 22 u. 23; vgl. Karl Ballod (Atlanticus), *Ein Blick in den Zukunftsstaat, Produktion und Konsumtion im Sozialstaat*, Stuttgart 1898.

Staatsgewalt zu übernehmen, konzentriert sie die Produktionsmittel des Landes in ihren Händen; dies bestimmt auch ihr spezifisches gesellschaftliches Gewicht. Das Proletariat jedoch wird trotz aller genossenschaftlichen Phantasmagorien von den Produktionsmitteln bis zum Augenblick der sozialistischen Revolution abgeschnitten sein. Seine soziale Macht ergibt sich aus der Tatsache, dass die sich in den Händen der Bourgeoisie befindenden Produktionsmittel nur von ihm, dem Proletariat, in Bewegung gesetzt werden können. Vom Gesichtspunkt der Bourgeoisie aus ist das Proletariat also auch eines der Produktionsmittel, das in Verbindung mit anderen einen einzigen einheitlichen Mechanismus darstellt; aber das Proletariat ist der einzige nichtautomatische Teil dieses Mechanismus, und trotz aller Bemühungen kann es nicht auf diesen Zustand eines Automatismus reduziert werden. Diese Position gibt dem Proletariat die Möglichkeit, das richtige Funktionieren der gesellschaftlichen Wirtschaft seinem Willen gemäß teilweise oder ganz zu unterbinden (Einzel- oder Generalstreiks).

Daraus ergibt sich, dass die Bedeutung des Proletariats – bei gleicher zahlenmäßiger Stärke – umso höher ist, je größer die Masse der Produktivkräfte ist, die es in Bewegung setzt: Der Proletarier einer großen Fabrik hat – unter sonst gleichen Bedingungen – eine größere soziale Bedeutung als ein Handwerker, ein Proletarier in der Stadt eine größere als ein Proletarier auf dem Lande. Mit anderen Worten: Die politische Rolle des Proletariats ist umso gewichtiger, je mehr die Großproduktion über die Kleinproduktion, die Industrie über die Landwirtschaft und die Stadt über das Land dominiert.

Wenn wir die Geschichte Deutschlands oder Englands in der Periode betrachten, in der das Proletariat dieser Länder den gleichen Anteil an der Bevölkerung hatte wie das Proletariat Russlands heute, so können wir beobachten, dass es nicht die Rolle spielte, die der russischen Arbeiterklasse gegenwärtig zukommt, und dies aufgrund seiner objektiven Bedeutung auch gar nicht konnte.

Dasselbe gilt, wie wir gesehen haben, für die Rolle der Städte. Als die Stadtbevölkerung in Deutschland nur 15 Prozent ausmachte, wie jetzt bei uns, da war nicht daran zu denken, dass die deutschen Städte eine solche politische und ökonomische Rolle im Leben des Landes gespielt hätten, wie es die russischen Städte heute tun. Die Konzentration großer industrieller und kommerzieller Einrichtungen in den Städten und die Verflechtung der

Städte mit der Provinz durch ein System von Eisenbahnen haben unseren Städten eine weit größere Bedeutung verliehen, als ihnen allein ihrer Bevölkerungszahl gemäß zukommt; das Wachsen ihrer Bedeutung übertrifft bei Weitem ihren Bevölkerungszuwachs, während das Bevölkerungswachstum der Städte wiederum größer ist als die natürliche Zunahme der Gesamtbevölkerung … In Italien betrug 1848 die Zahl der Handwerker – nicht nur der Proletarier, sondern auch der Meister – etwa 15 Prozent der Bevölkerung, d. h. nicht weniger als der Anteil der Handwerker und Proletarier im Russland der Gegenwart. Aber die Rolle, die sie spielten, war unvergleichlich viel geringer als die des Industrieproletariats im heutigen Russland.

Dies alles zeigt deutlich, dass der Versuch, im Voraus zu bestimmen, welchen Anteil an der Gesamtbevölkerung das Proletariat im Augenblick der Eroberung der Staatsgewalt haben muss, eine fruchtlose Arbeit ist. Stattdessen werden wir ein paar ungefähre Daten anführen, um zu zeigen, welchen Bevölkerungsanteil das Proletariat gegenwärtig in den fortgeschrittenen Ländern stellt.

Im Jahre 1895 entfielen in Deutschland von der Gesamtzahl der erwerbstätigen Bevölkerung von 20,5 Millionen (ohne Armee, Staatsbeamte und Personen mit unbestimmter Beschäftigung) 12,5 Millionen auf das Proletariat (Lohnarbeiter in Landwirtschaft, Industrie, Handel sowie Hausangestellte); die eigentliche Zahl der Land- und Industriearbeiter betrug 10,75 Millionen. Was die übrigen 8 Millionen angeht, so sind viele davon im Grunde auch Proletarier (etwa Arbeiter in der Heimindustrie, arbeitende Familienmitglieder usw.). Die Zahl der Lohnarbeiter allein betrug in der Landwirtschaft 5,75 Millionen. Die gesamte landwirtschaftliche Bevölkerung machte etwa 36 Prozent der Gesamtbevölkerung aus. Diese Zahlen, wir wiederholen es, gelten für das Jahr 1895. In den verflossenen elf Jahren haben fraglos riesige Veränderungen stattgefunden, die im Allgemeinen in eine Richtung gingen: Es vergrößerte sich die Zahl der städtischen im Verhältnis zur landwirtschaftlichen Bevölkerung (1882 betrug die Landbevölkerung 42 Prozent), die Zahl des gesamten Proletariats im Verhältnis zur Gesamtbevölkerung und die Zahl des industriellen Proletariats im Verhältnis zum ländlichen; schließlich entfällt heute auf jeden Industriearbeiter mehr produktives Kapital als 1895. Aber selbst die für 1895 angegebenen Zahlen zeigen, dass das deutsche Proletariat schon seit Langem die dominierende Produktivkraft des Landes darstellt.

Belgien mit seiner 7-Millionen-Bevölkerung ist ein reines Industrieland. Von 100 Personen, die irgendeiner Beschäftigung nachgehen, arbeiten 41 in der Industrie im engeren Sinne und nur 21 in der Landwirtschaft. Von den etwas mehr als 3 Millionen Erwerbstätigen entfallen ungefähr 1,8 Millionen, das sind ungefähr 60 Prozent, auf das Proletariat. Diese Zahlen wären sehr viel aussagekräftiger, wenn wir zu dem scharf differenzierten Proletariat die ihm verwandten sozialen Elemente hinzuzählten – die nur formal »selbstständigen« Produzenten, die in Wirklichkeit aber vom Kapital versklavt sind, kleine Beamte, Soldaten usw.

Aber den ersten Platz unter dem Gesichtspunkt der Industrialisierung der Wirtschaft und der Proletarisierung der Bevölkerung nimmt zweifellos England ein. Im Jahre 1901 betrug die Zahl der in Landwirtschaft, Fischerei und Forsten Beschäftigten 2,3 Millionen, während in Industrie, Handel und Transport 12,5 Millionen Personen beschäftigt waren.

Daraus ergibt sich, dass in den wichtigsten europäischen Ländern die Stadtbevölkerung zahlenmäßig die des Landes übertrifft. Aber die Vorherrschaft der städtischen Bevölkerung beruht nicht nur auf der Masse der produktiven Kräfte, die sie darstellt, sondern in weit höherem Maße auf ihrer qualitativen personellen Zusammensetzung. Die Stadt zieht die energischsten, fähigsten und intelligentesten Elemente des Dorfes zu sich hin. Dies statistisch nachzuweisen ist schwierig, obwohl ein Vergleich des Altersaufbaus der Stadt- und Landbevölkerung als indirekter Beweis gelten kann; diese Tatsache hat ihre eigene Bedeutung. So zählte man in Deutschland im Jahre 1896 8 Millionen Beschäftigte in der Landwirtschaft und 8 Millionen Beschäftigte in der Industrie. Teilt man aber die Bevölkerung in Altersgruppen auf, so ergibt sich, dass die Landwirtschaft eine Million Personen im Alter zwischen 14 und 40 Jahren, die sich also im vollen Besitz ihrer körperlichen Kräfte befinden, weniger hatte als die Industrie. Dies zeigt, dass vornehmlich »die Alten und die Kleinen« auf dem Lande bleiben.

Aus all dem können wir zu dem Schluss kommen, dass die ökonomische Evolution – das Wachstum der Industrie, das Wachstum der Großbetriebe, das Wachstum der Städte, das Wachstum des Proletariats im Allgemeinen und des Industrieproletariats im Besonderen – bereits den *Schauplatz bereitet* hat, nicht nur für den *Kampf* des Proletariats um die politische Macht, sondern auch für ihre *Eroberung.*

3. Nun wenden wir uns der dritten Voraussetzung des Sozialismus zu, der *Diktatur des Proletariats.*

Die Politik ist die Ebene, auf der die objektiven Voraussetzungen sich mit den subjektiven überschneiden. Unter bestimmten technischen und sozial-ökonomischen Bedingungen setzt sich eine Klasse bewusst ein bestimmtes Ziel – die Eroberung der Macht; sie vereint ihre Kräfte, wägt die Stärke des Gegners ab und beurteilt die Situation.

Auch in diesem dritten Bereich ist das Proletariat jedoch nicht absolut frei; neben den subjektiven Momenten – Bewusstsein, Bereitschaft und Initiative, deren Entwicklung ebenfalls ihre eigene Logik hat – stößt das Proletariat in seiner Politik auf eine Reihe objektiver Momente, wie: die Politik der herrschenden Klassen, die bestehenden staatlichen Institutionen (Armee, Schulen mit Klassencharakter, Staatskirche), die internationalen Beziehungen usw.

Wir werden zunächst das subjektive Moment behandeln – die Bereitschaft des Proletariats zur sozialistischen Umwälzung.

Zweifellos genügt es nicht, dass das Niveau der Technik eine sozialistische Wirtschaft vom Standpunkt der Produktivität gesellschaftlicher Arbeit hat vorteilhaft werden lassen. Noch genügt es, dass die soziale Differenzierung auf der Grundlage dieser Technik ein Proletariat geschaffen hat, das wegen seiner zahlenmäßigen und wirtschaftlichen Bedeutung die wichtigste Klasse darstellt, die aus objektiven Gründen am Sozialismus interessiert ist. Es ist darüber hinaus notwendig, dass sich diese Klasse ihres objektiven Interesses *bewusst* ist. Es ist notwendig, dass sie *versteht*, dass es für sie keinen anderen Ausweg als den Sozialismus gibt; es ist notwendig, dass sie sich zu einer Armee vereint, die stark genug ist, um die Staatsgewalt in offenem Kampf zu erobern.

Unter den heute gegebenen Umständen wäre es unsinnig zu leugnen, dass das Proletariat in dieser Weise vorbereitet sein muss. Nur die alten Blanquisten konnten auf die rettende Initiative verschwörerischer Organisationen hoffen, die sich ohne Kontakt mit den Massen herausgebildet haben; oder ihre Antipoden, die Anarchisten, mögen auf einen spontanen, elementaren Ausbruch der Massen hoffen, von dem es unbekannt bleibt, wodurch er seinen Abschluss findet; die Sozialdemokratie versteht unter der Eroberung der Macht eine *bewusste Aktion der revolutionären Klasse.*

Aber viele sozialistische Ideologen (Ideologen im schlechten Sinne – diejenigen, die alles auf den Kopf stellen) reden von der Vorbereitung des Proletariats auf den Sozialismus im Sinne seiner moralischen Umwandlung. Das Proletariat und »die Menschheit« überhaupt müssten vor allem ihre alte egoistische Natur ablegen, im gesellschaftlichen Leben sollten die Impulse des Altruismus vorherrschen usw. ... Da wir bis jetzt von einem solchen Zustand sehr weit entfernt seien und »die menschliche Natur« sich nur äußerst langsam verändern werde, sei der Ausbruch des Sozialismus um einige Jahrhunderte in die Ferne gerückt. Eine derartige Auffassung scheint sehr realistisch und evolutionär usw. ... In Wirklichkeit gründet sie sich jedoch auf platte moralische Erwägungen.

Es wird angenommen, dass die sozialistische Psychologie eher da sein muss als der Sozialismus, mit anderen Worten, dass es möglich ist, den Massen auf der Grundlage kapitalistischer Verhältnisse eine sozialistische Psychologie einzutrichtern. Man darf hier nicht das bewusste Streben nach dem Sozialismus mit sozialistischer Psychologie verwechseln. Diese setzt das Fehlen egoistischer Motive in der Sphäre des ökonomischen Lebens voraus, während die Bestrebungen und die Kämpfe um den Sozialismus aus der Klassenpsychologie des Proletariats entstehen. Wie viele Berührungspunkte es zwischen der Klassenpsychologie des Proletariats und der sozialistischen Psychologie einer klassenlosen Gesellschaft auch immer geben mag, es trennt sie doch ein tiefer Abgrund.

Der gemeinsame Kampf gegen die Ausbeutung lässt in der Seele des Arbeiters kostbare Ansätze des Idealismus, der kameradschaftlichen Solidarität und der selbstlosen Opferbereitschaft keimen, aber zugleich lässt der individuelle Existenzkampf, der ewig gähnende Rachen der Armut, die Differenzierung innerhalb der Arbeiterschaft selbst, der Druck der unwissenden Massen von unten und die korrumpierende Tätigkeit der bürgerlichen Parteien eine volle Entfaltung dieser kostbaren Ansätze nicht zu.

Aber der Kern der Sache besteht darin, dass sich der durchschnittliche Arbeiter – obwohl er kleinbürgerlich-egoistisch bleibt und in seinem »menschlichen« Wert die durchschnittlichen Vertreter der bürgerlichen Klassen nicht übertrifft – durch die Lebenserfahrung davon überzeugt, dass *seine einfachsten Wünsche und natürlichsten Bedürfnisse nur auf den Trümmern des kapitalistischen Systems befriedigt werden können.*

Die Idealisten stellen sich die ferne künftige Generation, die des Sozialismus würdig sein wird, genauso vor, wie die Christen sich die Mitglieder der ersten christlichen Gemeinden vorstellen.

Wie auch immer die Psychologie der ersten Proselyten des Christentums gewesen sein mag – wir wissen aus der Apostelgeschichte, dass es Fälle von Verheimlichung des Eigentums vor der Gemeinde gegeben hat –, auf jeden Fall misslang dem Christentum im Zuge seiner Verbreitung nicht nur die Umwandlung der Gesinnung des Volkes, sondern es degenerierte auch selbst, wurde materialistisch und bürokratisch; von der brüderlichen gegenseitigen Belehrung ging es über zum Papismus, von den Bettelorden zum klösterlichen Parasitentum, mit einem Wort: Es unterwarf sich nicht die sozialen Bedingungen des Milieus, in dem es sich verbreitete, sondern wurde selbst von diesem unterworfen. Und dies geschah nicht infolge der Ungeschicklichkeit oder des Eigennutzes der Väter und Lehrer des Christentums, sondern als Folge der unumstößlichen Gesetze der Abhängigkeit der menschlichen Psychologie von den Bedingungen der gesellschaftlichen Arbeit und des gesellschaftlichen Lebens. Und diese Abhängigkeit zeigten die Väter und Lehrer des Christentums in ihrer eigenen Person.

Wenn der Sozialismus nur daran gedacht hätte, eine neue menschliche Natur im Rahmen der alten Gesellschaft zu schaffen, wäre er nichts anderes als eine Neuausgabe moralistischer Utopien. Der Sozialismus stellt sich nicht die Aufgabe, eine sozialistische Psychologie als Voraussetzung für den Sozialismus zu entwickeln, sondern sozialistische Lebensbedingungen als Voraussetzung einer sozialistischen Psychologie zu schaffen.

8. Die Arbeiterregierung in Russland und der Sozialismus

Wir haben oben gezeigt, dass die objektiven Voraussetzungen einer sozialistischen Revolution schon von der ökonomischen Entwicklung der fortgeschrittenen kapitalistischen Länder geschaffen wurden. Was aber können wir in dieser Beziehung über Russland sagen? Können wir erwarten, dass der Übergang der Macht in die Hände des russischen Proletariats den Anfang einer Umstellung unserer nationalen Wirtschaft auf sozialistische Prinzipien bilden wird?

Vor einem Jahr antworteten wir auf diese Frage folgendermaßen in einem Artikel, der dem heftigen Kreuzfeuer beider Fraktionen unserer Partei ausgesetzt war:

»Die Pariser Arbeiter, sagt Marx,[25] verlangten von ihrer Kommune keine Wunder. Auch heute dürfen wir von der Diktatur des Proletariats keine politischen Wunder erwarten. Die Staatsgewalt ist nicht allmächtig. Es wäre unsinnig anzunehmen, das Proletariat brauche lediglich die Macht zu bekommen – und schon werde es mithilfe einiger Dekrete den Kapitalismus durch den Sozialismus ersetzen. Ein ökonomisches System ist nicht das Produkt der Tätigkeit des Staates. Das Proletariat kann nur mit aller Energie die Staatsgewalt dazu benutzen, den Weg der wirtschaftlichen Evolution zum Kollektivismus hin zu erleichtern und zu verkürzen.

Das Proletariat wird mit den Reformen beginnen, die im sogenannten Minimalprogramm stehen, und davon ausgehend wird die Logik seiner Position es dazu zwingen, zur kollektivistischen Praxis überzugehen.

Die Einführung des Achtstundentages und einer stark progressiven Einkommensteuer wird relativ leicht sein, obwohl auch hier der Schwerpunkt nicht im Erlassen eines ›Aktes‹ liegt, sondern in der Organisation seiner praktischen Durchführung. Die Hauptschwierigkeit wird aber – und dies ist der Übergang zum Kollektivismus! – in der Organisation der Produktion auf der Basis staatlicher Rechnungsführung in den Fabriken und Betrieben bestehen, die von ihren Eigentümern als Antwort auf diese Verordnungen geschlossen werden.

Ein Gesetz über die Aufhebung der Erbrechte zu erlassen und dieses Gesetz in der Praxis durchzuführen, wird wiederum eine relativ leichte Aufgabe sein; Erbschaften in Form von Geldkapital werden das Proletariat auch nicht stören und seine Wirtschaftsordnung belasten. Aber wenn er das Erbe von Boden- und Industriekapital antritt, so bedeutet das für den Arbeiterstaat die Organisation der Wirtschaft aufgrund gesellschaftlicher Rechnungsführung.

Dasselbe gilt in noch größerem Maße für die Enteignung – gleich, ob sie mit oder ohne Entschädigung vorgenommen wird. Die Enteignung mit Entschädigung bietet politische Vorteile, wird aber finanzielle Schwierig-

25 Vgl. »Der Bürgerkrieg in Frankreich«, in: *MEW*, Bd. 17, Berlin 1962, S. 343.

keiten mit sich bringen, wohingegen eine entschädigungslose Enteignung finanzielle Vorteile, aber auch politische Erschwernisse bietet. Aber größer als diese oder jene Schwierigkeiten werden die wirtschaftlichen und organisatorischen Probleme sein.

Wir wiederholen: Die Regierung des Proletariats ist keine Regierung, die Wunder vollbringen kann.

Die Vergesellschaftung der Produktion beginnt mit den Industriezweigen, die die geringsten Schwierigkeiten bereiten. In der ersten Phase wird die vergesellschaftete Produktion Oasen gleichen, die mit den privaten Unternehmen durch die Gesetze der Warenzirkulation verknüpft sind. Je weiter das Feld ist, das von der vergesellschafteten Wirtschaft ergriffen wird, desto offensichtlicher werden ihre Vorteile zutage treten, desto sicherer wird sich das neue politische Regime fühlen und desto kühner werden die weiteren wirtschaftlichen Maßnahmen des Proletariats werden. Bei diesen Maßnahmen kann und wird es sich nicht allein auf die nationalen Produktivkräfte stützen, sondern auch auf die internationale Technik, ähnlich wie es sich in seiner revolutionären Politik nicht nur auf die Erfahrungen der nationalen Klassenverhältnisse, sondern auch auf die gesamte historische Erfahrung des internationalen Proletariats stützt.«

Die politische Herrschaft des Proletariats ist unvereinbar mit seiner ökonomischen Versklavung. Gleichgültig, unter welcher politischen Fahne das Proletariat zur Macht gekommen ist – es wird gezwungen sein, eine sozialistische Politik zu verfolgen. Als größte Utopie muss man den Gedanken ansehen, das Proletariat könne – nachdem es sich durch die innere Mechanik der bürgerlichen Revolution zur Höhe der staatlichen Herrschaft aufgeschwungen hat –, selbst wenn es dies wollte, seine Mission auf die Schaffung republikanisch-demokratischer Bedingungen für die soziale Herrschaft der Bourgeoisie beschränken. Selbst eine nur vorübergehende politische Herrschaft des Proletariats wird den Widerstand des Kapitals, das immer der Unterstützung durch die Staatsgewalt bedarf, schwächen und dem ökonomischen Kampf des Proletariats grandiose Dimensionen verleihen. Die Arbeiter können gar nicht anders, als von der revolutionären Macht die Unterstützung der Streikenden zu verlangen, und die Regierung, die sich auf die Arbeiter stützt, kann diese Hilfe nicht versagen. Das aber heißt, den Einfluss der Reservearmee der Arbeit lähmen, und ist gleichbedeutend mit der Herrschaft der Arbeiter nicht nur im politischen, sondern auch im ökonomischen Bereich und bedeutet die Verwandlung des Privateigentums an Produktionsmitteln in eine Fiktion. Diese unvermeidlichen sozialökonomischen Folgen der Diktatur des Proletariats werden sehr schnell eintreten, noch lange bevor die Demokratisierung der politischen Ordnung beendet ist. Die Schranke zwischen dem »minimalen« und dem »maximalen« Programm verschwindet, sobald das Proletariat die Macht erlangt.

Das proletarische Regime muss schon in der allerersten Zeit die Lösung der Agrarfrage in Angriff nehmen, mit der das Schicksal großer Massen der Bevölkerung Russlands zusammenhängt. Das Proletariat wird bei der Lösung dieses Problems – wie auch all der übrigen – von dem wichtigsten Bestreben seiner Wirtschaftspolitik geleitet, nämlich, ein möglichst großes Feld für die Organisation der sozialistischen Wirtschaft in Besitz zu nehmen. In der Agrarfrage müssen Formen und Tempo dieser Politik einmal bestimmt sein von den materiellen Ressourcen, die dem Proletariat zur Verfügung stehen, sodann auch von der Notwendigkeit, seine Maßnahmen so zu treffen, dass die potenziellen Verbündeten nicht in die Reihen der Konterrevolutionäre gedrängt werden.

Die *Agrarfrage*, d.h. die Frage des Schicksals der Landwirtschaft und ihrer gesellschaftlichen Beziehungen, erschöpft sich natürlich nicht in der *Bodenfrage*, d.h. der Frage nach den Formen des Grundbesitzes. Zweifelsohne jedoch wird die Lösung der Bodenfrage, wenn nicht den Entwicklungsgang der Landwirtschaft vorentscheiden, so doch zumindest die Agrarpolitik des Proletariats; mit anderen Worten: Die Bestimmung, die das proletarische Regime dem Boden gibt, muss eng verknüpft sein mit seinem allgemeinen Verhältnis zum Verlauf und den Erfordernissen der landwirtschaftlichen Entwicklung. Aus diesem Grunde steht die Bodenfrage an erster Stelle.

Eine der Lösungen der Bodenfrage, der die Sozialrevolutionäre eine durchaus lobenswerte Popularität verliehen haben, ist die Sozialisierung des ganzen Landes – ein Begriff, der, von seiner europäischen Schminke befreit, nichts anderes bedeutet als die Schwarze Umverteilung.[26] Das Programm der ausgleichenden Umverteilung setzt somit die Expropriation des

26 Tschornyj Peredel, spontane Aufteilung des Gutsbesitzerlandes durch die Bauern.

gesamten Bodens voraus – nicht nur des privaten Landbesitzes überhaupt, nicht nur des privaten Bauernlandes, sondern selbst des Gemeindelandes. Wenn wir in Betracht ziehen, dass diese Enteignung einer der ersten Schritte des neuen Regimes noch unter der uneingeschränkten Herrschaft warenkapitalistischer Verhältnisse zu sein hätte, dann zeigt sich, dass die ersten »Opfer« dieser Enteignung die Bauern wären oder diese sich doch als solche fühlen würden. Wenn wir in Betracht ziehen, dass der Bauer jahrzehntelang die Ablösungssummen zahlte, die den ihm zugewiesenen Landanteil zu seinem Privateigentum werden lassen sollten;[27] wenn wir in Betracht ziehen, dass einzelne wohlhabende Bauern – zweifellos unter großen Opfern der noch lebenden Generation – eine riesige Landfläche als Eigentum erworben haben, dann können wir uns leicht vorstellen, ein welch großer Widerstand gegenüber dem Versuch geleistet würde, das Gemeindeland und die privaten Kleinparzellen zu Staatseigentum zu erklären! Ginge das neue Regime auf diese Weise vor, würde es damit beginnen, gewaltige Bauernmassen gegen sich aufzureizen.

Wozu sollten das Gemeindeland und die kleinen privaten Bodenanteile in Staatseigentum übergehen? Um sie auf diese oder jene Weise zur »ausgleichenden« wirtschaftlichen Nutzung durch alle Bauern einschließlich der gegenwärtig landlosen Schichten und der Landarbeiter zur Verfügung zu stellen. Daher würde das neue Regime also *wirtschaftlich* nichts durch die Enteignung des kleinen Besitzes und des Gemeindelandes gewinnen, denn nach der Neuverteilung würde der staatliche oder öffentliche Boden in privatwirtschaftliche Bearbeitung übergehen. *Politisch* würde das neue Regime einen gewaltigen Fehler begehen, da es sofort die Masse der Bauern in Gegensatz zum Stadtproletariat als dem Führer der revolutionären Politik brächte.

Außerdem setzt die ausgleichende Verteilung voraus, dass die Beschäftigung von Lohnarbeit vom Gesetzgeber verboten wird. Die Abschaffung der Lohnarbeit kann und muss eine *Folge* der wirtschaftlichen Reformen sein, sie kann jedoch nicht durch juristische Verbote vorentschieden werden. Es genügt nicht, dem kapitalistischen Landwirt zu verbieten, Lohnarbeiter zu beschäftigen, man muss vorher für die Möglichkeit sorgen, dem

27 Nach der Befreiung von 1861 hatten die Bauern für das gutsherrliche Land, das sie erhielten, hohe Loskaufzahlungen zu leisten.

landlosen Bauern seine Existenz zu sichern – und zwar eine vom gesamtwirtschaftlichen Standpunkt rationale Existenz. Übrigens bedeutet das Programm der ausgleichenden Bodennutzung, das die Lohnarbeit verbietet, einerseits, dass man die Landlosen verpflichtet, sich auf winzigen Fleckchen anzusiedeln, und andererseits, dass man den Staat verpflichtet, sie mit dem für ihre gesellschaftlich-irrationale Produktion notwendigen Inventar auszustatten.

Es ist selbstverständlich, dass der Eingriff des Proletariats in die Organisation der Landwirtschaft nicht damit anfangen wird, verstreute Arbeiter an verstreute Landstückchen zu binden, sondern mit der Nutzung großer Güter auf der Grundlage staatlicher oder kommunaler Rechnungsführung.

Erst wenn die vergesellschaftete Produktion auf den Füßen steht, kann der weitere Prozess der Sozialisierung vorangetrieben werden durch ein Verbot der Lohnarbeit. Das wird die kleine kapitalistische Landwirtschaft unmöglich machen, aber dennoch den sich ganz oder teilweise selbstversorgenden landwirtschaftlichen Betrieben genügend Raum lassen; deren gewaltsame Enteignung entspricht keineswegs dem Plan des sozialistischen Proletariats.

Auf jeden Fall kann das Proletariat kein Programm einer »ausgleichenden Verteilung« zur Richtschnur nehmen, das einerseits eine ziellose, rein formale Enteignung von Kleinbesitzern voraussetzt und andererseits die völlige Zersplitterung der großen Güter in kleine Stücke fordert. Diese wirtschaftlich gesehen direkt verschwenderische Politik könnte nur von einem reaktionär-utopischen Hintergedanken ausgehen und würde vor allem die revolutionäre Partei politisch schwächen.

Aber wie weit kann die sozialistische Politik der Arbeiterklasse unter den wirtschaftlichen Bedingungen Russlands gehen? Eins können wir mit Sicherheit sagen: dass sie viel früher auf politische Hindernisse stoßen als über die technische Rückständigkeit des Landes stolpern wird. *Ohne die direkte staatliche Unterstützung durch das europäische Proletariat kann die russische Arbeiterklasse sich nicht an der Macht halten und ihre zeitweilige Herrschaft in eine dauernde sozialistische Diktatur umwandeln.* Daran kann nicht einen Augenblick lang gezweifelt werden. Aber andererseits kann auch nicht daran gezweifelt werden, dass eine sozialistische Revolution im Westen es uns erlaubt, die zeitweilige Herrschaft der Arbeiterklasse unmittelbar und direkt in eine sozialistische Diktatur zu verwandeln.

Im Jahre 1904 schrieb Kautsky, als er die Perspektiven der sozialen Entwicklung erörterte und die Möglichkeit einer baldigen Revolution in Russland abschätzte: »Die Revolution könnte in Russland nicht unverzüglich zu einem sozialistischen Regime führen. Dafür sind die ökonomischen Bedingungen des Landes längst nicht reif genug.« Aber die russische Revolution muss der proletarischen Bewegung im übrigen Europa einen kräftigen Stoß versetzen, und als Folge des dann aufflammenden Kampfes könnte das Proletariat in Deutschland eine beherrschende Stellung einnehmen. »Solch ein Ausgang«, fährt Kautsky fort, »muss einen Einfluss auf ganz Europa ausüben. Er muss zur politischen Herrschaft des Proletariats in Westeuropa führen und für das osteuropäische Proletariat die Möglichkeit schaffen, die Stufen seiner Entwicklung zu verkürzen und, das deutsche Beispiel nachahmend, *künstlich sozialistische Institutionen aufzubauen*. Die Gesellschaft als ganze kann nicht künstlich irgendwelche Stadien ihrer Entwicklung überspringen, aber für einzelne konstitutive Teile der Gesellschaft ist es möglich, ihre verzögerte Entwicklung durch die Nachahmung der fortgeschritteneren Länder zu beschleunigen und sich dank dessen selbst an die vorderste Front der Entwicklung zu setzen, da sie nicht mit dem Ballast der Tradition belastet sind, den die alten Länder mit sich schleppen müssen …« »Dies kann geschehen«, schreibt Kautsky weiter, »aber wir verlassen hier, wie wir bereits betont haben, den Bereich der *Notwendigkeit* und betreten den der *Möglichkeit*, und so mögen sich die Dinge ganz anders entwickeln.«[28]

Diese Zeilen schrieb der Theoretiker der deutschen Sozialdemokratie zu einer Zeit, als es für ihn noch fraglich war, ob die Revolution zuerst in Russland oder im Westen ausbrechen werde.

Später zeigte das russische Proletariat eine Kraft, die in diesem ungeheuren Ausmaß von den russischen Sozialdemokraten selbst in ihrer optimistischsten Stimmung nicht erwartet worden war. Der Verlauf der russischen Revolution war in seinen Grundzügen entschieden. Was vor zwei oder drei Jahren eine *Möglichkeit* war oder schien, ist zur unmittelbaren *Wahrscheinlichkeit* geworden, und alles spricht dafür, dass diese Wahrscheinlichkeit bereit ist, zur *Notwendigkeit* zu werden.

28 Karl Kautsky, *Revolutionäre Perspektiven*, Kiew 1906.

9. Europa und die Revolution

Im Juni 1905 haben wir geschrieben:

»Seit dem Jahre 1848 ist mehr als ein halbes Jahrhundert vergangen. Ein halbes Jahrhundert unablässiger Eroberungen des Kapitalismus in der ganzen Welt. Ein halbes Jahrhundert der ›organischen‹ gegenseitigen Anpassung der Kräfte der bürgerlichen Reaktion und der feudalen Reaktion. Ein halbes Jahrhundert, in dessen Verlauf die Bourgeoisie ihre wahnwitzige Herrschaft und ihre Bereitschaft, blindwütig um die Herrschaft zu kämpfen, enthüllt hat!

Ebenso wie ein fantasiebesessener Mechaniker auf der Jagd nach dem Perpetuum mobile auf immer neue Hindernisse stößt und Mechanismus auf Mechanismus türmt, sie zu überwinden, so hat die Bourgeoisie ihren Herrschaftsapparat verändert und umgebaut, während sie den ›ungesetzlichen‹ Konflikt mit den ihr feindlichen Kräften mied. Aber geradeso wie unser autodidaktischer Mechaniker schließlich auf das letzte unüberwindliche Hindernis stößt, das Gesetz von der Erhaltung der Energie, so muss die Bourgeoisie auf die letzte unerbittliche Schranke stoßen: den Klassenantagonismus, der sich unweigerlich in einem Konflikt entlädt.

Indem der Kapitalismus allen Ländern seine Wirtschafts- und Verkehrsweise aufdrängt, hat er die ganze Welt in einen einzigen ökonomischen und politischen Organismus verwandelt. Wie der moderne Kredit Tausende von Unternehmern durch ein unsichtbares Band verknüpft und dem Kapital eine erstaunliche Beweglichkeit verleiht, viele kleine Privatbankrotts verhindert, damit aber zugleich die allgemeinen Wirtschaftskrisen zu unerhörten Ausmaßen steigert – so hat auch die ganze ökonomische und politische Arbeit des Kapitalismus, sein Welthandel, sein System monströser Staatsschulden sowie die politischen Gruppierungen von Nationen, die alle Kräfte der Reaktion in eine Art weltweite Aktiengesellschaft einbeziehen, nicht nur allen einzelnen politischen Krisen entgegengewirkt, sondern auch den Boden für eine soziale Krise von unerhörten Ausmaßen bereitet. Dadurch, dass die Bourgeoisie alle Krankheitssymptome unter die Oberfläche verdrängt, allen Schwierigkeiten aus dem Weg geht, alle grundlegenden Fragen der Innen- und Außenpolitik vor sich herschiebt und alle Widersprüche vertuscht, hat sie deren Lösung vertagt – dadurch aber nur eine radikale Liquidierung ihrer Herrschaft im weltweiten Maßstab vorbereitet. Die Bourgeoisie hat sich gierig an jede reaktionäre Gewalt geklammert, ohne nach ihrer Herkunft zu fragen. Der Papst und der Sultan waren nicht die letzten unter ihren Freunden. Nur deshalb hat sie keine ›freundschaftlichen‹ Bande zum Kaiser von China angeknüpft, weil dieser überhaupt keine Kraft darstellte: Es war weit vorteilhafter für die Bourgeoisie, seine Besitzungen zu plündern, als ihn als Oberaufseher in ihren Diensten zu halten und ihn aus ihrer eigenen Tasche zu bezahlen. Die Weltbourgeoisie brachte also die Stabilität ihres staatlichen Systems in tiefe Abhängigkeit von den unstabilen vorbürgerlichen Bollwerken der Reaktion.

Das verleiht den sich entwickelnden Ereignissen von Anfang an einen internationalen Charakter und eröffnet eine große Perspektive: Die politische Emanzipation, geleitet von der Arbeiterklasse Russlands, hebt diese ihre Führerin auf eine in der Geschichte bisher unbekannte Höhe, legt kolossale Kräfte und Mittel in ihre Hand, lässt sie die weltweite Vernichtung des Kapitalismus beginnen, für die die Geschichte alle objektiven Voraussetzungen geschaffen hat.«[29]

Wenn das russische Proletariat, das vorübergehend die Macht erlangt hat, nicht aus eigener Initiative die Revolution auf den Boden Europas überträgt, so wird die europäische feudalbourgeoise Reaktion es dazu *zwingen.*

Es wäre natürlich sinnlos, jetzt im Vorhinein zu entscheiden, auf welchen Wegen sich die russische Revolution auf das alte kapitalistische Europa ausbreiten wird: Diese Wege können sich als völlig unpassierbar erweisen. Mehr zur Illustration des Gedankens als im Sinne einer Voraussage wollen wir hier auf Polen als dem Bindeglied zwischen dem revolutionären Osten und dem revolutionären Westen eingehen. Der Triumph der Revolution in Russland bedeutet notwendig auch den Sieg der Revolution in Polen. Man kann sich unschwer vorstellen, dass ein revolutionäres Regime in den zehn von Russland angeeigneten polnischen Gouvernements zu einer Erhebung Galiziens und Posens führen muss. Die Regierungen der Hohenzollern und Habsburger werden darauf mit einer Konzentration militärischer Kräfte an der polnischen Grenze antworten, um diese dann

29 Siehe mein Vorwort zu F. Lassalles *Reden vor dem Geschworenengericht* im Molot-Verlag.

zu überschreiten und den Feind in seinem Zentrum – in Warschau – zu schlagen. Es ist ganz offensichtlich, dass die russische Revolution ihre westliche Avantgarde nicht in den Händen der preußisch-österreichischen Söldner lassen kann. Der Krieg gegen die Regierungen Wilhelms II. und Franz Josefs stellt für die revolutionäre Regierung Russlands unter diesen Bedingungen einen Akt der Selbsterhaltung dar. Welche Position würde hierbei das deutsche und österreichische Proletariat einnehmen? Es ist klar, dass es einem konterrevolutionären Kreuzzug seiner nationalen Armeen nicht ruhig zuschauen kann. Der Krieg eines feudal-bourgeoisen Deutschland gegen ein revolutionäres Russland bedeutet unweigerlich die proletarische Revolution in Deutschland. Wem diese Behauptung zu kategorisch erscheint, dem empfehlen wir, sich ein anderes historisches Ereignis vorzustellen, bei dem die Wahrscheinlichkeit einer offenen Kraftprobe der deutschen Arbeiter und der deutschen Reaktionäre größer wäre.

Als unser Oktoberministerium über Polen unerwartet das Kriegsrecht verhängte, verbreitete sich das sehr plausible Gerücht, dass dies auf direkte Anweisung aus Berlin geschehen sei. Am Vorabend der Auseinanderjagung der Duma berichtete die Regierungszeitung in Form einer Drohung über Verhandlungen zwischen den Regierungen in Berlin und Wien über einen bewaffneten Eingriff in die inneren Angelegenheiten Russlands zur Unterdrückung der Unruhen. Kein ministerielles Dementi konnte die erschütternde Wirkung dieser Nachricht auslöschen. Es war klar, dass in den Höfen der drei benachbarten Staaten ein blutiges konterrevolutionäres Strafgericht vorbereitet wurde. Wie hätte es auch anders sein können? Konnten die benachbarten halbfeudalen Monarchien passiv zusehen, wie die Flammen der Revolution an den Grenzen ihrer Besitzungen züngelten?

Die russische Revolution hat, wenn auch noch weit von ihrem Sieg entfernt, über Polen bereits ihre Wirkung auf Galizien ausgeübt. »Wer hätte vor einem Jahr vorhergesehen«, rief Daschinski im Mai dieses Jahres auf der Lemberger Konferenz der polnischen Sozialdemokratie, »was jetzt in Galizien geschieht! Das ist eine große Bauernbewegung, die in ganz Österreich Erstaunen ausgelöst hat! Zborac wählt einen Sozialdemokraten zum Vizemarschall des Regionalrates. Bauern geben eine sozialistisch-revolutionäre Zeitung heraus und nennen sie ›Rote Fahne›; es finden große Massenkundgebungen statt, an denen 30 000 Bauern teilnehmen, Umzüge mit roten Fahnen, auf denen revolutionäre Lieder gesungen werden, ziehen durch die früher so ruhigen und apathischen galizischen Dörfer ... Was wird geschehen, wenn diese verarmten Bauern aus Russland der Ruf nach Nationalisierung des Bodens erreicht!«

In seiner Auseinandersetzung mit dem polnischen Sozialisten Lusnia wies Kautsky vor mehr als zwei Jahren darauf hin, dass Russland nicht länger als ein Klotz am Bein Polens betrachtet werden darf oder Polen als der östliche Vortrupp des revolutionären Europa, der in die Steppen der moskowitischen Barbarei eingebrochen sei. Im Falle des Fortschreitens und des Sieges der russischen Revolution wird nach Kautskys Worten »die polnische Frage erneut akut werden, aber nicht im Sinne Lusnias; Polen wird seine Stacheln nicht gegen Russland, sondern gegen Österreich und Deutschland kehren, und wenn es der Sache der Revolution dient, wird es seine Aufgabe sein, nicht die Revolution gegen Russland zu verteidigen, sondern sie von Russland nach Österreich und Deutschland hineinzutragen«. Diese Vorhersage ist jetzt der Verwirklichung viel näher, als Kautsky selbst denken mochte.

Aber ein revolutionäres Polen ist keineswegs der einzige mögliche Ausgangspunkt für die europäische Revolution. Wir haben bereits oben darauf hingewiesen, dass die Bourgeoisie schon seit Jahrzehnten systematisch der Lösung vieler komplexer und brennender Probleme aus dem Wege gegangen ist, nicht nur in der Innen-, sondern auch in der Außenpolitik. Obwohl die bürgerlichen Regierungen riesige Menschenmassen zu den Waffen gerufen haben, fehlt ihnen doch die Entschlusskraft, die verwickelten Fragen der internationalen Politik mit dem Schwerte zu durchhauen. Nur eine Regierung, die von einer Nation unterstützt wird, deren Lebensinteressen bedroht sind, oder aber eine Regierung, die allen Boden unter ihren Füßen verloren hat und von dem Mut der Verzweiflung ergriffen ist, kann Hunderttausende von Männern ins Feuer schicken. Unter den gegenwärtigen Bedingungen der politischen Kultur und der militärischen Technik, des allgemeinen Wahlrechts und der allgemeinen Wehrpflicht kann nur tiefes Selbstvertrauen oder wahnwitziger Jähzorn zwei Nationen in Konflikt miteinander kommen lassen. Im preußisch-französischen Krieg von 1870 sehen wir auf der einen Seite Bismarck, der für die Verpreußung kämpft, d. h. immerhin für die nationale Vereinigung Deutschlands – ein elementares Bedürfnis, das jeder Deutsche verspürte –, und auf der anderen die Regierung Napoleons III., unverschämt, machtlos, vom Volk verachtet, zu jedem

Abenteuer bereit, das ihm eine Lebensfrist von weiteren zwölf Monaten versprach. Ähnlich waren die Rollen im russisch-japanischen Krieg verteilt: auf der einen Seite die Regierung des Mikado, die für die Herrschaft des japanischen Kapitals über Ostasien kämpft und der noch kein starkes revolutionäres Proletariat gegenübersteht, auf der anderen Seite eine autokratische Regierung, die sich selbst überlebt hatte und sich bemühte, ihre Niederlage im Innern durch auswärtige Siege wettzumachen.

In den alten kapitalistischen Ländern gibt es keine »nationalen« Bedürfnisse, d. h. Bedürfnisse der *gesamten* bürgerlichen Gesellschaft, als deren Vertreterin sich die herrschende Bourgeoisie betrachten könnte. Die Regierungen Englands, Frankreichs, Deutschlands oder Österreichs sind schon nicht mehr fähig, nationale Kriege zu führen. Die lebendigen Interessen der Volksmassen, die Interessen der unterdrückten Nationalitäten oder die barbarische innere Politik eines Nachbarlandes vermögen es nicht, eine einzige bürgerliche Regierung in einen Krieg zu treiben, der einen befreienden und deshalb nationalen Charakter haben könnte. Andererseits können die Interessen kapitalistischer Raubsucht, die so häufig einmal diese, einmal jene Regierung veranlassen, vor den Augen der ganzen Welt mit den Sporen zu klirren und dem Säbel zu rasseln, nicht den geringsten Widerhall bei den Volksmassen hervorrufen. Aus diesem Grunde kann oder will die Bourgeoisie keine nationalen Kriege hervorrufen oder durchführen. Wozu unter den heutigen Bedingungen antinationale Kriege führen, zeigten zuletzt die Erfahrungen einmal im Süden Afrikas, sodann im Osten Asiens. Die schwere Niederlage des imperialistischen Konservatismus in England hat nicht ihre letzte Ursache in der Lektion des Burenkrieges; die andere, sehr viel wichtigere und für die englische Bourgeoisie gefährlichere Folge der imperialistischen Politik ist die politische Selbstbestimmung des englischen Proletariats, die, einmal begonnen, mit Siebenmeilenstiefeln vorwärtsschreiten wird. An die Folgen des russisch-japanischen Krieges für die Petersburger Regierung braucht man nicht zu erinnern. Aber auch ohne diese beiden Erfahrungen haben die europäischen Regierungen immer größere Angst davor, das Proletariat – seit es begonnen hat, auf eigenen Füßen zu stehen – vor das Dilemma: Krieg oder Revolution zu stellen. Gerade die Angst vor dem Aufstand des Proletariats zwingt die bürgerlichen Parteien, die den fantastischen Summen für Kriegszwecke zustimmen, feierlich für den Frieden zu manifestieren, von internationalen Friedensinstitutionen zu träumen, sogar von einer Schaffung der Vereinigten Staaten von Europa – eine klägliche Deklamation, die natürlicherweise weder den Antagonismus zwischen den Staaten noch bewaffnete Zusammenstöße verhindern kann.

Der bewaffnete Friede, zu dem es in Europa nach dem französisch-preußischen Krieg kam, beruhte auf einem europäischen Gleichgewichtssystem, das nicht nur die Unverletzlichkeit der Türkei, die Teilung Polens, die Erhaltung Österreichs, dieses ethnografischen Harlekinkostüms, voraussetzte, sondern auch die Existenz des russischen Despotismus in der Rolle des bis an die Zähne bewaffneten Gendarms der europäischen Reaktion. Der russisch-japanische Krieg versetzte dem künstlich aufrechterhaltenen System, in dem der Autokratie eine erstrangige Stellung zukam, einen schweren Schlag. Russland fiel für eine gewisse Zeit aus dem sogenannten Konzert der Mächte aus. Das Gleichgewicht war zerstört. Auf der anderen Seite entfachten die japanischen Erfolge die Eroberungsinstinkte der kapitalistischen Bourgeoisie, besonders der Börse, die für die gegenwärtige Politik von außerordentlich großer Bedeutung ist. Die Möglichkeit eines Krieges auf europäischem Boden wuchs sehr erheblich. Konflikte reifen überall heran, und wenn sie bis jetzt mit den Mitteln der Diplomatie beigelegt worden sind, so ist dies doch keine Garantie für den morgigen Tag. Ein europäischer Krieg aber bedeutet unweigerlich die europäische Revolution.[30]

Schon während des russisch-japanischen Krieges erklärte die Sozialistische Partei Frankreichs, dass sie im Falle einer Intervention der französischen Regierung zugunsten der Autokratie das Proletariat aufrufen werde, die entschiedensten Maßnahmen bis hin zum Aufstand zu ergreifen. Im März 1906, als sich der französisch-deutsche Konflikt anlässlich Marokkos zuspitzte, beschloss das Internationale Sozialistische Büro, im Falle der Kriegsgefahr »die geeignetsten Aktionsmaßnahmen für alle internationalen sozialistischen Parteien und die gesamte organisierte Arbeiterklasse für die Verhütung und Einstellung des Krieges festzulegen«. Sicher, das war nur eine Resolution. Um ihre tatsächliche Bedeutung zu prüfen, wäre ein Krieg nötig. Die Bourgeoisie hat allen Grund, ein solches Experiment zu

30 In der Ausgabe von 1919 ist dieser Satz gesperrt.

vermeiden. Aber zu ihrem Unglück ist die Logik der internationalen Beziehungen stärker als die Logik der Diplomaten.

Der Staatsbankrott Russlands – mag er hervorgerufen werden durch das Herumwirtschaften der verknöcherten Bürokratie oder von einer revolutionären Regierung erklärt werden, die die Sünden des alten Regimes nicht verantworten will – der Staatsbankrott Russlands wird in Frankreich eine furchtbare Erschütterung hervorrufen. Die Radikalen, die jetzt die politischen Geschicke Frankreichs in Händen halten, haben mit der Macht alle Schutzfunktionen übernommen, darunter auch die Sorge um die Interessen des Kapitals. Es gibt deshalb ernsthafte Gründe für die Annahme, dass sich der Finanzkrach (eine Folge des russischen Staatsbankrotts) in Frankreich unmittelbar in eine politische Krise verwandelt, die allein durch den Übergang der Macht in die Hände des Proletariats beendet werden kann. Auf diese oder jene Weise – entweder durch eine Revolution in Polen infolge eines europäischen Krieges oder als Ergebnis des Staatsbankrotts Russlands – wird die Revolution auf die Territorien des alten kapitalistischen Europa übergreifen.

Aber auch ohne den äußeren Druck solcher Ereignisse, wie Krieg oder Bankrott, kann die Revolution in nächster Zukunft in einem der europäischen Länder als Konsequenz der äußersten Verschärfung des Klassenkampfs entstehen. Wir wollen hier keine Vermutungen darüber anstellen, welches europäische Land als erstes den Weg der Revolution beschreitet; aber es kann nicht bezweifelt werden, dass die Klassengegensätze in den letzten Jahren in allen europäischen Ländern einen hohen Grad der Spannung erreicht haben.

Das kolossale Wachstum der deutschen Sozialdemokratie im Rahmen einer halbabsolutistischen Verfassung wird das Proletariat mit eiserner Notwendigkeit zu einem offenen Zusammenstoß mit der feudal-bourgeoisen Monarchie führen. Die Frage des Widerstandes gegen einen Staatsstreich auf dem Wege des Generalstreiks ist seit dem letzten Jahr zu einer der zentralen Fragen im politischen Leben des deutschen Proletariats geworden. In Frankreich macht der Übergang der Macht auf die Radikalen dem Proletariat ganz entschieden die Hände frei, die lange Zeit durch die Zusammenarbeit mit den bürgerlichen Parteien im Kampf gegen den Nationalismus gebunden waren; das sozialistische Proletariat, das die unvergänglichen Traditionen vierer Revolutionen in sich aufgenommen hat, und die konservative Bourgeoisie, die sich hinter der Maske einer radikalen Partei versteckt, stehen sich von Angesicht zu Angesicht gegenüber. In England, wo ein ganzes Jahrhundert lang zwei bürgerliche Parteien immer abwechselnd auf der Schaukel des Parlamentarismus gesessen haben, begann in jüngster Zeit aus einer ganzen Reihe von Gründen der Prozess der politischen Abspaltung des Proletariats. Während dieser Prozess in Deutschland vier Jahrzehnte brauchte, kann die britische Arbeiterklasse, die über starke Gewerkschaften und reiche Erfahrungen im ökonomischen Kampf verfügt, in einigen Sprüngen die Armee des kontinentalen Sozialismus einholen.

Der Einfluss der russischen Revolution auf das europäische Proletariat ist außerordentlich groß. Sie wird nicht nur den Petersburger Absolutismus, die Hauptkraft der europäischen Reaktion, zerstören, sondern außerdem im Bewusstsein und der inneren Verfassung des europäischen Proletariats die notwendigen Voraussetzungen für die Revolution schaffen.

Die Aufgabe der sozialistischen Partei war und ist es, das Bewusstsein der Arbeiterklasse in dem Maße zu revolutionieren, wie die Entwicklung des Kapitalismus die sozialen Verhältnisse revolutionierte. Aber die Arbeit der Agitation und Organisation in den Reihen des Proletariats ist durch eine innere Unbeweglichkeit gekennzeichnet. Die europäischen sozialistischen Parteien, insbesondere die größte unter ihnen, die deutsche, haben einen eigenen Konservatismus entwickelt, der umso stärker ist, je größere Massen der Sozialismus ergreift, je höher der Organisationsgrad und die Disziplin dieser Massen sind. Infolgedessen kann die Sozialdemokratie als Organisation, die die politische Erfahrung des Proletariats verkörpert, in einem bestimmten Moment zum unmittelbaren Hindernis auf dem Weg der offenen Auseinandersetzung zwischen den Arbeitern und der bürgerlichen Reaktion werden.[31] Mit anderen Worten: Der propagandistisch-sozialistische Konservatismus einer proletarischen Partei kann in einem bestimmten Augenblick den direkten Kampf des Proletariats um die Macht hemmen. Das ungeheure Gewicht der russischen Revolution zeigt sich darin, dass sie die Parteiroutine abtötet, den Konservatismus zerstört und die Frage der offenen Kraftprobe zwischen Proletariat und kapitalistischer Re-

31 In der Ausgabe von 1919 ist dieser Satz gesperrt.

aktion auf die Tagesordnung setzt. Der Kampf um das allgemeine Wahlrecht in Österreich, Sachsen und Preußen hat sich unter dem unmittelbaren Einfluss des Oktoberstreiks in Russland zugespitzt. Die Revolution im Osten wird das Proletariat im Westen mit revolutionärem Idealismus anstecken und bei ihm den Wunsch wecken, mit seinen Feinden »russisch« zu sprechen.

Sollte sich das russische Proletariat an der Macht befinden, wenn auch nur infolge eines zeitweiligen Aufschwungs unserer bürgerlichen Revolution, so wird es der organisierten Feindschaft seitens der Weltreaktion und der Bereitschaft zu organisierter Unterstützung seitens des Weltproletariats gegenüberstehen. Ihren eigenen Kräften überlassen, wird die Arbeiterklasse Russlands unvermeidlich in dem Augenblick von der Konterrevolution zerschlagen werden, in dem sich die Bauernschaft von ihr abwendet. Ihr wird nichts anderes übrigbleiben, als das Schicksal ihrer politischen Herrschaft und folglich das Schicksal der gesamten russischen Revolution mit dem Schicksal der sozialistischen Revolution in Europa zu verknüpfen. Die ungeheure staatlich-politische Macht, die ihr ein zeitweiliger Aufschwung der russischen bürgerlichen Revolution gibt, wird sie in die Waagschale des Klassenkampfes der gesamten kapitalistischen Welt werfen. Mit der Staatsmacht in Händen, mit der Konterrevolution im Rücken und der europäischen Reaktion vor sich, wird sie ihren Mitbrüdern in der ganzen Welt den alten Kampfruf zurufen, diesmal zum letzten Gefecht: *Proletarier aller Länder vereinigt euch!*

Anhang

Der Kampf um die Macht[32]

Vor uns liegt ein Flugblatt zu Fragen des Programms und der Taktik mit dem Titel »Die Aufgabe des russischen Proletariats. Brief an die Genossen in Russland«. Dieses Dokument ist unterzeichnet von P. Axelrod, Astrow, A. Martynow, L. Martow und S. Semkowski. Das Problem der Revolution wird in diesem »Brief« sehr allgemein gestellt, wobei Klarheit und Genauigkeit in dem Maße schwinden, in dem die Autoren von der Beschreibung der durch den Krieg geschaffenen Situation zu den politischen Perspektiven und taktischen Schlussfolgerungen übergehen; die Terminologie wird immer verschwommener, und die sozialen Definitionen werden doppeldeutig.

Im äußeren Zustand Russlands scheinen auf den ersten Blick zwei Stimmungen vorzuherrschen: erstens die Sorge um die nationale Verteidigung (von Romanow bis Plechanow) und zweitens eine allgemeine Unzufriedenheit – von der oppositionell-bürokratischen Fronde bis zum Ausbruch von Meutereien auf der Straße. Diese beiden vorherrschenden Stimmungen erzeugen auch die Illusion künftiger Freiheit des Volkes, die aus dem Werk der nationalen Verteidigung hervorgehen wird. Diese beiden Stimmungen aber sind weitgehend dafür verantwortlich, dass die Frage nach der »Volksrevolution« so unbestimmt gestellt wird, selbst wenn man sie der »nationalen Verteidigung« gegenüberstellt.

Der Krieg selbst hat mit seinen Niederlagen weder das Problem der Revolution noch irgendwelche revolutionäre Kräfte zu dessen Lösung hervorgebracht. Die Geschichte beginnt für uns keineswegs mit der Übergabe Warschaus an den bayerischen Prinzen. Die revolutionären Widersprüche wie die sozialen Kräfte sind dieselben, mit denen wir 1905 zum ersten Male zu tun hatten – ergänzt durch die sehr bedeutsamen Veränderungen, die das darauffolgende Jahrzehnt an ihnen vorgenommen hat. Der Krieg hat lediglich mit mechanischer Anschaulichkeit die objektive Unhaltbarkeit des Regimes enthüllt. Zugleich hat er im gesellschaftlichen Bewusstsein

32 Aus der Zeitung *Nasche Slowo (Unser Wort)*, Paris, 17. Oktober 1915.

Verwirrung gestiftet, die den Anschein erweckt, als sei »jedermann« mit dem Verlangen angesteckt, Hindenburg Widerstand zu leisten, und gleichzeitig mit Hass gegen das Regime des 3. Juni erfüllt.[33] Aber soweit die Organisation eines »Volkskrieges« schon bei ihren ersten Schritten auf die zaristische Polizei stößt und sich zeigt, dass das Russland des 3. Juni eine Tatsache und der »Volkskrieg« eine Fiktion ist, so stößt schon der erste Schritt »zu einer Volksrevolution« sofort auf die sozialistische Polizei Plechanows, den man freilich zusammen mit seiner ganzen Gefolgschaft als eine Fiktion betrachten könnte, stünden nicht hinter ihm Kerenski, Miljukow, Gutschkow und überhaupt die nichtrevolutionäre und antirevolutionäre Nationaldemokratie und der Nationalliberalismus.

Der »Brief« kann natürlich die Klassenspaltung der Nation nicht ignorieren, die sich durch eine Revolution vor den Folgen des Krieges und des gegenwärtigen Regimes retten soll. »Die Nationalisten und Oktobristen, die Fortschrittler und die Kadetten, die Industriellen und auch ein Teil (!) der radikalen Intelligenz schreien wie aus einem Munde von der Unfähigkeit der Bürokratie, das Land zu verteidigen, und fordern zugleich die Mobilisierung der gesellschaftlichen Kräfte für die Sache der Verteidigung ...« Der Brief zieht den ganz richtigen Schluss, dass diese Position, die den »Zusammenschluss mit den in Russland gegenwärtig Herrschenden – mit den Bürokraten, Adligen und Generalen für die Sache der Landesverteidigung« voraussetzt, einen anti-revolutionären Charakter trägt. Der Brief weist auch ganz richtig auf die anti-revolutionäre Position der »bürgerlichen Patrioten aller Schattierungen« hin und, können wir hinzufügen, der Sozialpatrioten, die der Brief überhaupt nicht erwähnt.

Daraus müssen wir schließen, dass die Sozialdemokratie nicht nur die konsequenteste Partei der Revolution, sondern die einzige revolutionäre Partei im Lande ist, dass die Gruppierungen neben ihr nicht nur in der Anwendung revolutionärer Methoden weniger entschieden sind, sondern nicht-revolutionäre Parteien darstellen. Mit anderen Worten: dass die Sozialdemokratie mit ihrer revolutionären Aufgabenstellung *in der politischen Arena* trotz der »allgemeinen Unzufriedenheit« gänzlich isoliert ist. Das

33 Am 3. (16.) Juni 1907 ließ Stolypin die zweite Duma auflösen.

ist die erste Schlussfolgerung, über die man sich ganz klar Rechenschaft ablegen muss. Parteien sind selbstverständlich noch keine Klassen. Zwischen der Position einer Partei und den Interessen der sozialen Schicht, auf die sie sich stützt, kann es Unstimmigkeiten geben, die sich später zu einem tiefen Widerspruch entwickeln können. Das Verhalten der Parteien kann sich unter dem Einfluss der Stimmung der Volksmassen verändern. Dies unterliegt keinem Zweifel. Umso nötiger ist es, dass wir aufhören, uns bei unseren Berechnungen auf weniger stabile und vertrauenswürdige Elemente zu verlassen, wie es die Losungen und taktischen Schritte der Parteien sind, und uns statt dessen auf zuverlässigere historische Faktoren beziehen: auf die soziale Struktur einer Nation, auf das Kräfteverhältnis der Klassen, auf die Entwicklungstendenzen.

Indessen lassen die Autoren des »Briefes« diese Probleme völlig außer Acht. Was bedeutet eine »Volksrevolution« im Russland des Jahres 1915? Sie erklären uns nur, dass sie vom Proletariat und der Demokratie gemacht werden »muss«. Wir wissen, was das Proletariat ist; aber was ist »die Demokratie«? Eine politische Partei? Nach dem oben Gesagten offensichtlich nicht. Dann die Volksmassen? Welche? Ganz offensichtlich das Kleinbürgertum in Handel und Industrie, die Intelligenz und die Bauernschaft – nur von ihnen kann die Rede sein.

In der Artikelserie »Die Krise des Krieges und die politischen Perspektiven« haben wir eine allgemeine Beurteilung der möglichen revolutionären Bedeutung dieser sozialen Kräfte gegeben. Ausgehend von den Erfahrungen der letzten Revolution haben wir untersucht, welche Korrekturen das letzte Jahrzehnt am Verhältnis der Kräfte von 1905 aufgebracht hat: *für* die (bürgerliche) Demokratie oder *gegen* sie? Das ist die zentrale historische Frage für die Beurteilung der Perspektiven der Revolution und der Taktik des Proletariats: Ist die bürgerliche Demokratie seit 1905 in Russland stärker geworden oder ist sie noch tiefer gefallen? Alle unsere Diskussionen gingen um die Frage nach dem Schicksal der bürgerlichen Demokratie, und wer auf diese Frage noch immer keine Antwort hat, tappt im Dunkeln. Wir haben eine Antwort auf diese Frage gegeben: *Eine nationale bürgerliche Revolution in Russland ist unmöglich, weil es dort keine wirklich revolutionäre bürgerliche Demokratie gibt.* Die Zeit der nationalen Revolutionen ist – zumindest in Europa – vorbei, ebenso wie die Zeit nationaler Kriege hinter uns liegt. Zwischen dem einen und dem anderen besteht ein tiefer innerer Zusammenhang. Wir leben in der Epoche des Imperialismus, der nicht nur durch ein System kolonialer Eroberungen, sondern auch durch ein bestimmtes inneres Regime gekennzeichnet ist. Er stellt nicht die bürgerliche Nation der alten Ordnung gegenüber, sondern das Proletariat der bürgerlichen Nation.

Die kleinbürgerlichen Handwerker und Händler spielten schon in der Revolution von 1905 eine unbedeutende Rolle. Ganz ohne Frage ist die soziale Bedeutung dieser Schicht während der letzten zehn Jahre noch weiter gesunken: Der Kapitalismus in Russland rechnet sehr viel härter und radikaler mit den Zwischenklassen ab als in den Ländern mit einer alten ökonomischen Kultur.

Die Intelligenz ist zweifellos zahlenmäßig gewachsen. Es wuchs auch ihre wirtschaftliche Rolle. Gleichzeitig ist aber ihre selbst früher scheinbare »Unabhängigkeit« vollständig geschwunden: Die soziale Bedeutung der Intelligenz ist gänzlich bestimmt durch ihre Rolle bei der Organisierung der kapitalistischen Wirtschaft und der bürgerlichen öffentlichen Meinung. Ihre materielle Bindung an den Kapitalismus hat sie durch und durch mit imperialistischen Tendenzen durchtränkt. Wie wir schon gehört haben, sagt der »Brief«: »Selbst ein Teil der radikalen Intelligenz ... fordert die Mobilisierung der gesellschaftlichen Kräfte für die Sache der Verteidigung.«

Das ist völlig falsch. Nicht ein Teil, sondern die gesamte radikale Intelligenz. Man müsste sagen: nicht nur die gesamte radikale, sondern ein beachtlicher Teil, wenn nicht die Mehrheit der sozialistischen Intelligenz. Wir werden die Kader der »Demokratie« schwerlich durch eine schönfärberische Darstellung des Charakters der Intelligenz vergrößern.

Die Industrie- und Handelsbourgeoisie ist noch weiter gesunken, die Intelligenz hat ihre revolutionären Positionen aufgegeben. Die städtische Demokratie kann nicht als revolutionärer Faktor angesprochen werden. Es bleibt nur die Bauernschaft. Aber soweit wir wissen, haben weder Axelrod noch Martow jemals übertriebene Hoffnungen in ihre revolutionäre Rolle gesetzt. Sind sie zu dem Schluss gelangt, dass die unaufhörliche Klassendifferenzierung unter den Bauern im Laufe der letzten zehn Jahre diese Rolle vergrößert hat? Eine solche Überlegung widerspräche allen theoretischen Überlegungen und allen historischen Erfahrungen.

Aber von welcher »Demokratie« redet denn der »Brief«? Und in welchem Sinne von »Volksrevolution«?

Die Losung einer konstituierenden Versammlung setzt eine revolutionäre Situation voraus. Ist diese gegeben? Ja, aber sie ist am allerwenigsten von der endlichen Geburt einer bürgerlichen Demokratie in Russland bestimmt, der man zuschreibt, sie sei jetzt bereit und in der Lage, mit dem Zarismus abzurechnen. Im Gegenteil: Wenn dieser Krieg etwas sehr deutlich werden lässt, so das Fehlen einer revolutionären Demokratie im Lande.

Der Versuch des Russlands vom 3. Juni, die inneren revolutionären Probleme auf dem Weg des Imperialismus zu lösen, hat offensichtlich zu einem Fiasko geführt. Das heißt nicht, dass die verantwortlichen oder halbverantwortlichen Parteien des 3. Juni sich nun für den Weg der Revolution entscheiden werden. Aber es bedeutet, dass das durch die militärische Katastrophe enthüllte revolutionäre Problem, das die Herrschenden noch weiter auf den Weg des Imperialismus treiben wird, jetzt die Bedeutung der einzigen revolutionären Klasse des Landes verdoppelt.

Der Block des 3. Juni ist erschüttert, heimgesucht von inneren Reibungen und Konflikten. Das heißt nicht, dass die Oktobristen und Kadetten sich mit dem revolutionären Problem der Macht auseinandersetzen und sich darauf vorbereiten, die Stellungen der Bürokratie und des vereinten Adels zu stürmen. Aber es heißt, dass die Widerstandskraft des Regimes gegenüber revolutionärem Druck unzweifelhaft für eine Weile geschwächt ist.

Monarchie und Bürokratie sind kompromittiert. Das bedeutet nicht, dass sie die Macht kampflos preisgeben. Mit der Auflösung der Duma und den letzten Ministerwechseln haben sie denen, auf die es ankommt, gezeigt, dass es bis dahin noch lange hin ist. Aber die Politik bürokratischer Instabilität, die sich nur noch verstärken wird, muss der Sozialdemokratie die revolutionäre Mobilisierung des Proletariats außerordentlich erleichtern.

Die unteren Volksschichten in den Städten und auf dem Lande werden immer erschöpfter, enttäuschter, unzufriedener und wütender. Das bedeutet nicht, dass neben dem Proletariat eine selbstständige Kraft revolutionärer Demokratie operieren wird. Hierfür gibt es weder das gesellschaftliche Material noch die führenden Personen. Aber es bedeutet ohne Frage, dass die Atmosphäre tiefer Unzufriedenheit bei den unteren Volksschichten den revolutionären Druck der Arbeiterklasse erleichtern muss. Je weniger das Proletariat auf das Erscheinen der bürgerlichen Demokratie wartet, je weniger es sich an die Passivität und Borniertheit des Kleinbürgertums und der

Bauernschaft anpasst, je entschlossener und unversöhnlicher sein Kampf und je offensichtlicher seine Bereitschaft sein wird, bis zum »Ende«, d. h. bis zur Eroberung der Macht zu gehen, desto größer werden seine Chancen sein, im entscheidenden Moment auch die nichtproletarischen Massen mitzureißen. Mit Losungen allein, wie Konfiskation des Bodens usw., kann man hier natürlich nichts machen. Das gilt noch weit mehr für die Armee, mit der die Staatsgewalt steht und fällt. Die Masse der Soldaten wird nur dann auf die Seite der revolutionären Klasse zu bringen sein, wenn sie sich davon überzeugt, dass diese nicht nur murrt und demonstriert, sondern um die Macht kämpft und Chancen hat, sie zu ergreifen.

Es gibt ein objektiv revolutionäres Problem im Lande, das vom Krieg und den Niederlagen klar verdeutlicht wurde – das Problem der Staatsgewalt. Die Herrschenden befinden sich in einem Zustand zunehmender Desorganisation. Die Unzufriedenheit der städtischen und ländlichen Massen wächst. Aber der revolutionäre Faktor, der sich diese Situation zunutze machen kann, ist allein das Proletariat – heute in unvergleichlich größerem Maße als im Jahre 1905.

Der »Brief« nähert sich in einem Satz irgendwie diesem zentralen Punkt der Sache. Er sagt, dass die sozialdemokratischen Arbeiter Russlands »sich an die Spitze dieses Volkskampfes für den Sturz der Monarchie des 3. Juni« stellen müssen. Was mit »Volks«-Kampf gemeint sein kann, haben wir gerade gesagt. Wenn aber »an der Spitze« nicht einfach in dem Sinne zu verstehen ist, dass die fortgeschrittenen Arbeiter großzügiger als alle anderen ihr Blut vergießen sollten, ohne sich deutlich Rechenschaft darüber abzulegen, was dabei eigentlich herauskommt, sondern in dem Sinne, dass die Arbeiter die *politische Führung* des gesamten Kampfes übernehmen müssen, der vor allem ein Kampf des Proletariats selbst sein wird, dann ist klar, dass *der Sieg in diesem Kampf die Macht dem übergeben muss, der den Kampf geleitet hat, d. h. dem sozialdemokratischen Proletariat.*

Es handelt sich also nicht einfach um eine »revolutionäre provisorische Regierung« (eine leere Form, die von dem historischen Prozess jeweils einen unbekannten Inhalt erhalten muss), *sondern um eine »revolutionäre Arbeiterregierung«, die Eroberung der Macht durch das russische Proletariat.*

Die allrussische konstituierende Versammlung, die Republik, der Achtstundentag, die Konfiskation des Bodens der Gutsbesitzer – das sind alles

Losungen, die gemeinsam mit den Losungen der sofortigen Beendigung des Krieges, des Selbstbestimmungsrechtes der Nationen und der Vereinigten Staaten von Europa eine ungeheure Rolle in der Agitationsarbeit der Sozialdemokratie spielen. Die Revolution aber ist zunächst und vor allem eine Frage der Macht – nicht eine Frage der Staats*form* (Verfassunggebende Versammlung, Republik, Vereinigte Staaten), sondern des *sozialen Inhalts* der Macht. Die Losung der Verfassunggebenden Versammlung oder der Konfiszierung des Bodens der Gutsbesitzer verlieren unter den gegenwärtigen Bedingungen alle unmittelbar revolutionäre Bedeutung ohne die direkte Bereitschaft des Proletariats, für die Eroberung der Macht zu kämpfen. Denn wenn nicht das Proletariat der Monarchie die Macht entreißt, wird dies niemand tun.

Die Geschwindigkeit des revolutionären Prozesses ist ein besonderes Problem. Sie hängt ab von einer Reihe militärischer, politischer, nationaler und internationaler Faktoren. Diese Faktoren können die Entwicklung verlangsamen oder beschleunigen, den revolutionären Sieg sicherstellen oder zu einer erneuten Niederlage führen. Aber unter all diesen Bedingungen muss das Proletariat klar seinen Weg vor Augen haben und ihn bewusst gehen. Vor allem muss es frei sein von Illusionen. Und die schlimmste Illusion des Proletariats ist in seiner ganzen Geschichte immer noch die Hoffnung auf Andere gewesen.

Die Permanente Revolution

Vorwort zur deutschen Ausgabe

Heute, während dieses Buch für den Druck in deutscher Sprache vorbereitet wird, lauscht der ganze denkende Teil der internationalen Arbeiterklasse, und in gewissem Sinne die gesamte »zivilisierte« Menschheit mit besonderer Spannung dem Widerhall jener wirtschaftlichen Umwälzung, die sich auf dem größten Teil des früheren Zaren-Reiches vollzieht. Die höchste Aufmerksamkeit erregt dabei das Problem der Kollektivierung der Bauernwirtschaften. Und dies mit Recht. Auf diesem Gebiet trägt der Bruch mit der Vergangenheit einen besonders ausgeprägten Charakter. Eine richtige Einschätzung der Kollektivierung ist aber ohne eine allgemeine Konzeption der sozialistischen Revolution undenkbar. Und dabei können wir uns erneut, und zwar auf einer höheren Stufe, davon überzeugen, dass es auf dem theoretischen Gebiet des Marxismus für das praktische Handeln nichts Gleichgültiges gibt. Die entlegensten und, wie es scheinen könnte, ganz »abstrakten« Meinungsverschiedenheiten, wenn sie bis zu Ende durchdacht werden, müssen sich früher oder später in der Praxis äußern, und diese lässt keinen einzigen theoretischen Fehler ungestraft.

Die Kollektivierung der Bauernwirtschaften ist selbstverständlich der notwendigste und fundamentalste Teil der sozialistischen Umwandlung der Gesellschaft. Jedoch werden Umfang und Tempo der Kollektivierung nicht allein von dem Willen der Regierung bestimmt, sondern letzten Endes von den ökonomischen Faktoren: von der Höhe des wirtschaftlichen Niveaus des Landes, von dem Verhältnis zwischen Industrie und Landwirtschaft, also folglich auch von den technischen Hilfsquellen der Landwirtschaft selbst.

Die Industrialisierung ist der treibende Faktor der gesamten neueren Kultur und damit die einzig denkbare Grundlage des Sozialismus. Bei den Verhältnissen in der Sowjetunion bedeutet die Industrialisierung vor allem die Festigung der Basis des Proletariats als der herrschenden Klasse. Gleichzeitig schafft sie die materiellen und technischen Voraussetzungen für die Kollektivierung der Landwirtschaft. Das Tempo dieser beiden Prozesse steht in einer inneren Abhängigkeit zueinander. Das Proletariat ist an dem höchsten Tempo dieser Prozesse insofern interessiert, als dadurch die neu aufzubauende Gesellschaft gegen die äußeren Gefahren am besten geschützt ist und gleichzeitig eine Quelle für die systematische Steigerung des materiellen Niveaus der werktätigen Massen geschaffen wird.

Das zu erreichende Tempo findet aber seine Einschränkung in der materiellen und kulturellen Gesamtlage des Landes, in den gegenseitigen Beziehungen zwischen Stadt und Land und in den dringendsten Bedürfnissen der Massen, die *nur bis zu einem bestimmten Grade* ihren heutigen Tag zugunsten des morgigen zu opfern imstande sind. Die besten und vorteilhaftesten Tempos sind jene, die nicht nur im gegenwärtigen Augenblick die schnellste Entwicklung der Industrie und der Kollektivierung ergeben, sondern die auch den nötigen Widerstand des gesellschaftlichen Regimes sichern, d. h. vor allem die Festigung des Bündnisses zwischen den Arbeitern und den Bauern, das allein die Möglichkeit der weiteren Erfolge vorbereitet.

Von diesem Standpunkt aus gesehen wird jenes historische Gesamtkriterium von entscheidender Bedeutung, das der Partei- und Staatsleitung für die Entwicklung der Wirtschaft als Planwirtschaft richtunggebend ist. Dabei sind zwei prinzipielle Variationen möglich: a) der oben charakterisierte Kurs auf die ökonomische Festigung der Diktatur des Proletariats in einem Lande bis zu den weiteren Siegen der internationalen proletarischen Revolution (Standpunkt der linken Opposition); b) der Kurs auf die Errichtung einer isolierten nationalen sozialistischen Gesellschaft, und zwar in »kürzester historischer Frist« (der heutige offizielle Standpunkt).

Das sind zwei verschiedene und letzten Endes einander entgegengesetzte theoretische Konzeptionen des Sozialismus. Aus ihnen folgen grundverschiedene Strategien und grundverschiedene Taktiken.

Wir können im Rahmen dieses Vorwortes die Frage des Aufbaus des Sozialismus in einem Lande nicht erneut untersuchen. Diesem Thema sind andere Arbeiten gewidmet, insbesondere die »Kritik des Programms der Komintern«.[1] Hier wollen wir uns auf die grundlegenden Elemente dieser Frage beschränken. Wir wollen zu allererst daran erinnern, dass die Theorie des Sozialismus in einem Lande zum ersten Male im Herbst 1924 von Stalin formuliert wurde, in völligem Gegensatz nicht nur zu den Traditionen des Marxismus und der Schule Lenins, sondern auch zu dem, was Stalin

1 Leo Trotzki, »Der Programmentwurf der Kommunistischen Internationale. Kritik der grundlegenden Thesen«, in: *Die Dritte Internationale nach Lenin*, Essen 1993. D. Hrsg.

selbst noch im Frühjahr des gleichen Jahres 1924 geschrieben hatte. Die Tiefe der Abkehr der stalinschen »Schule« vom Marxismus in Fragen des sozialistischen Aufbaues ist in prinzipieller Hinsicht nicht weniger bedeutend und radikal als zum Beispiel der Bruch der deutschen Sozialdemokratie mit dem Marxismus in Fragen des Krieges und des Patriotismus im August 1914, d.h. genau zehn Jahre vor der stalinschen Wendung. Diese Gegenüberstellung hat keinen zufälligen Charakter. Der »Irrtum« Stalins und der »Irrtum« der deutschen Sozialdemokratie bedeuten: *Nationalsozialismus*.

Der Marxismus geht von der Weltwirtschaft aus nicht als einer Summe nationaler Teile, sondern als einer gewaltigen, selbstständigen Realität, die durch internationale Arbeitsteilung und den Weltmarkt geschaffen wurde und in der gegenwärtigen Epoche über die nationalen Märkte herrscht. Die Produktivkräfte der kapitalistischen Gesellschaft sind längst über die nationalen Grenzen hinausgewachsen. Der imperialistische Krieg war eine der Äußerungen dieser Tatsache. Die sozialistische Gesellschaft muss in produktionstechnischer Hinsicht im Vergleich zu der kapitalistischen Gesellschaft ein höheres Stadium darstellen. Sich das Ziel zu stecken, eine *national isolierte* sozialistische Gesellschaft aufzubauen, bedeutet, trotz aller vorübergehenden Erfolge, die Produktivkräfte, sogar im Vergleich zum Kapitalismus, zurückzerren zu wollen. Der Versuch, unabhängig von den geografischen, kulturellen und historischen Bedingungen der Entwicklung des Landes, das einen Teil der Weltgesamtheit darstellt, eine in sich selbst abgeschlossene Proportionalität aller Wirtschaftszweige in nationalem Rahmen zu verwirklichen, bedeutet, einer reaktionären Utopie nachzujagen. Wenn die Verkünder und Anhänger dieser Theorie trotzdem an dem internationalen revolutionären Kampfe teilnehmen (mit welchem Erfolg ist eine andere Frage), so deshalb, weil sie als hoffnungslose Eklektiker den abstrakten Internationalismus mit dem reaktionären utopischen National-Sozialismus mechanisch vermengen. Den vollkommensten Ausdruck dieser Eklektik bietet das vom 6. Kongress angenommene Programm der »Kommunistischen Internationale« (Komintern).

Um in aller Anschaulichkeit einen der theoretischen Hauptfehler zu zeigen, der der national-sozialistischen Konzeption zugrunde liegt, können wir nichts Besseres tun, als die vor Kurzem veröffentlichte Rede Stalins zu zitieren, die den inneren Fragen des amerikanischen Kommunismus gewidmet ist.[2] »Es wäre falsch«, sagt Stalin, sich gegen eine kommunistische Fraktion wendend, »die spezifischen Besonderheiten des amerikanischen Kapitalismus unberücksichtigt zu lassen. Die Kommunistische Partei muss sie bei ihrer Arbeit in Betracht ziehen. Es wäre aber noch verfehlter, wollte man die Tätigkeit der Kommunistischen Partei auf diesen spezifischen Eigenschaften aufbauen, denn die Basis, auf die sich die Tätigkeit einer jeden kommunistischen Partei, darunter auch der amerikanischen, stützen muss, bilden die *allgemeinen* Eigenschaften des Kapitalismus, die im Wesentlichen *für alle Länder gleich* sind, nicht aber die spezifischen Eigenschaften *eines* Landes. *Darauf eben beruht der Internationalismus der kommunistischen Parteien*. Die spezifischen Eigenschaften sind nur *Ergänzungen* zu den allgemeinen Eigenschaften.« (»Bolschewik«, Nr. 1, 1930, unterstrichen von mir.)

Diese Zeilen lassen an Klarheit nichts zu wünschen übrig. Unter dem Schein einer ökonomischen Begründung des Internationalismus gibt Stalin in Wirklichkeit eine Begründung des National-Sozialismus. Es ist falsch, dass die Weltwirtschaft einfach die Summe gleichartiger nationaler Teile darstelle. Es ist falsch, dass die spezifischen Eigenschaften »*nur Ergänzungen zu den allgemeinen Eigenschaften*« seien, etwa wie eine Warze auf dem Gesicht. In Wirklichkeit bilden die nationalen Eigenschaften eine eigenartige Vermengung der wesentlichen Triebkräfte des Weltprozesses. Diese Eigenarten können während einer Reihe von Jahren für die revolutionäre Strategie von entscheidender Bedeutung sein. Es genügt an die Tatsache zu erinnern, dass das Proletariat eines zurückgebliebenen Landes viele Jahre vor dem Proletariat der fortgeschrittenen Länder an die Macht gelangt ist. Schon diese historische Lehre allein zeigt, dass es, entgegen der Behauptung Stalins, ganz falsch ist, die Tätigkeit der kommunistischen Parteien auf einige »allgemeine Eigenschaften«, d.h. auf einen abstrakten Typus des nationalen Kapitalismus zu stützen. Vom Grunde aus falsch ist die Behauptung, es beruhe darauf der »Internationalismus der kommunistischen Parteien«. In Wirklichkeit beruht er auf der Unhaltbarkeit des nationalen Staates, der sich längst überlebt hat und zum Hemmnis für die Entwicklung der Produktivkräfte geworden ist. Der nationale Kapitalismus kann nicht

2 Diese Rede, gehalten am 6. Mai 1929, ist erst Anfang 1930 veröffentlicht worden, und zwar unter Umständen, die ihr eine Art »programmatische« Bedeutung verleihen.

anders verstanden, geschweige anders umgestaltet werden, denn als ein Teil der Weltwirtschaft.

Die ökonomische Eigenart der verschiedenen Länder hat keinesfalls einen untergeordneten Charakter: Man braucht nur England und Indien, die Vereinigten Staaten und Brasilien zu vergleichen. Aber die spezifischen Eigenarten der Nationalwirtschaft, so groß diese auch sein mögen, gehen, und zwar in wachsendem Maße, als Bestandteile in jene höhere Realität ein, die sich Weltwirtschaft nennt, und auf der allein letzten Endes der Internationalismus der kommunistischen Parteien beruht.

Die stalinsche Charakteristik der nationalen Eigenart, als einer einfachen »Ergänzung« zu dem allgemeinen Typus, steht in schreiendem und doch nicht zufälligem Widerspruch zu dem stalinschen Verständnis (d. h. Unverständnis) für das Gesetz der ungleichmäßigen Entwicklung des Kapitalismus. Bekanntlich ist dieses Gesetz von Stalin als das grundlegendste, wichtigste, universellste proklamiert worden. Mithilfe des Gesetzes von der ungleichmäßigen Entwicklung, das er in eine Abstraktion verwandelt hat, versucht Stalin alle Rätsel des Seins zu lösen. Erstaunlich dabei ist, wie er es gar nicht bemerkt, dass *gerade die nationale Eigenart das allgemeinste Produkt der Ungleichmäßigkeit der historischen Entwicklung, ja sozusagen ihr Endergebnis ist.* Man muss diese Ungleichmäßigkeit nur richtig verstehen, sie in ihrem ganzen Umfange betrachten und auf die vorkapitalistische Vergangenheit ausdehnen. Die schnellere oder langsamere Entwicklung der Produktivkräfte; der breit entfaltete oder der zusammengedrängte Charakter ganzer historischer Epochen, zum Beispiel Mittelalter, Zunftordnung, aufgeklärter Absolutismus, Parlamentarismus; die ungleichmäßige Entwicklung verschiedener Wirtschaftszweige, verschiedener Klassen, verschiedener sozialer Institutionen, verschiedener Gebiete der Kultur – das alles bildet die Basis der nationalen »Eigenarten«. Die Eigenart des national-sozialen Typus ist die Kristallisierung der Ungleichmäßigkeiten seiner Bildung.

Die grandioseste aller Äußerungen der Ungleichmäßigkeit des historischen Prozesses ist die Verwirklichung der Oktoberrevolution. Die Theorie der permanenten Revolution, die die *Prognose* der Oktoberumwälzung gab, stützte sich allein damit auf das Gesetz der Ungleichmäßigkeit der historischen Entwicklung, aber nicht in dessen abstrakter Form, sondern in seiner materiellen Kristallisierung in der sozialen und politischen Eigenart Russlands.

Stalin hat das Gesetz von der Ungleichmäßigkeit der Entwicklung herangezogen, nicht um rechtzeitig die Machteroberung durch das Proletariat in einem zurückgebliebenen Lande vorauszusagen, sondern um später, post factum, im Jahre 1924, dem bereits siegreichen Proletariat die Aufgabe des Aufbaues einer nationalen sozialistischen Gesellschaft aufzudrängen. Aber gerade damit hat das Gesetz von der ungleichmäßigen Entwicklung nichts zu tun, denn es ersetzt nicht die Gesetze der Weltwirtschaft, noch schafft es sie ab, sondern, im Gegenteil, es unterwirft sich ihnen.

Indem er das Gesetz von der ungleichmäßigen Entwicklung zum Fetisch erhebt, proklamiert Stalin es als ausreichende Begründung des National-Sozialismus, aber nicht des typischen, für alle Länder gemeinsamen, sondern des eigenartigen, messianischen, rein russischen. Eine selbstständige sozialistische Gesellschaft aufzubauen ist nach Stalin nur in Russland möglich. Damit allein erhebt er die nationalen Besonderheiten Russlands nicht nur über die »allgemeinen Eigenschaften« jeder kapitalistischen Nation, sondern auch über die Weltwirtschaft in ihrer Gesamtheit. Hier beginnt eben der verhängnisvolle Riss in der ganzen stalinschen Konzeption. Die Eigenart der USSR [Union der Sozialistischen Sowjetrepubliken] sei so gewaltig, dass sie innerhalb ihrer Grenzen den Aufbau eines eigenen Sozialismus zulasse, unabhängig davon, was mit der übrigen Menschheit geschehe. Was die anderen Länder betrifft, die vom Stempel des Messianismus nicht gezeichnet sind, so stellt deren Eigenart nur eine »Ergänzung« zu den allgemeinen Eigenschaften dar, nur eine Warze auf dem Gesicht. »Es wäre falsch«, belehrt uns Stalin, »wollte man die Tätigkeit der kommunistischen Parteien auf diese spezifischen Eigenschaften aufbauen.« Diese Moral bezieht sich auf die amerikanische Kommunistische Partei, auf die englische, südafrikanische oder serbische, aber ... nicht auf die russische, deren Tätigkeit sich nicht auf die allgemeinen Eigenschaften, sondern auf die »Eigenarten« stützt. Daraus ergibt sich die durch und durch zwiespältige Strategie der Komintern: Während die USSR die »Klassen liquidiert« und den Sozialismus aufbaut, wird das Proletariat aller übrigen Länder, ganz unabhängig von den realen nationalen Bedingungen, zu kalendermäßig festgelegten, gleichförmigen Handlungen verpflichtet (1. August, 6. März usw.). Der messianische Nationalismus wird durch einen bürokratisch-abstrakten Internationalismus vervollständigt. Diese Zwiespältigkeit geht durch das ganze Programm der Komintern und raubt ihm jede prinzipielle Bedeutung.

Nimmt man England und Indien als die Gegenpole kapitalistischer Typen, so muss man feststellen, dass der Internationalismus des britischen und des indischen Proletariats sich keinesfalls auf die *Gleichartigkeit* der Bedingungen, Aufgaben und Methoden stützt, sondern auf ihre untrennbare *gegenseitige Abhängigkeit.* Erfolge der Freiheitsbewegung in Indien setzen die revolutionäre Bewegung in England voraus und umgekehrt. Weder in Indien noch in England ist die Errichtung einer *selbstständigen* sozialistischen Gesellschaft möglich. Beide werden als Teile in eine höhere Gesamtheit eingehen müssen. Darin und nur darin besteht das unerschütterliche Fundament des marxistischen Internationalismus.

Ganz vor Kurzem, am 8. März 1930, brachte die »Prawda« erneut eine Darstellung der unglückseligen Theorie Stalins in dem Sinne, dass der »Sozialismus als eine sozialökonomische Formation«, d. h. als eine bestimmte Form der Produktionsverhältnisse sich »in nationalem Maßstabe der USSR« absolut verwirklichen lasse. Anders sei es mit dem »*endgültigen* Siege des Sozialismus, im Sinne einer Garantie gegen Interventionen der kapitalistischen Umkreisung« bestellt – ein solcher endgültiger Sieg des Sozialismus »erfordert tatsächlich den Triumph der proletarischen Revolution in einigen fortgeschrittenen Ländern«. Welch tiefer Niedergang des theoretischen Denkens war erforderlich, um auf den Seiten des Zentralorgans der Partei Lenins diese klägliche Scholastik mit dem Schein der Gelehrsamkeit zu verzapfen! Lässt man einen Augenblick die Möglichkeit der Verwirklichung des Sozialismus als vollendetes Gesellschaftssystem im isolierten Rahmen der USSR zu, dann wäre das eben der »endgültige Sieg«, denn von welcher Intervention könnte dann überhaupt noch die Rede sein? Die sozialistische Gesellschaftsordnung setzt eine hohe Technik, eine hohe Kultur und eine hohe Solidarität der Bevölkerung voraus. Da es, wie man annehmen muss, zur Zeit der endgültigen Errichtung des Sozialismus in der USSR eine Bevölkerung von 200 bis 250 Millionen Menschen geben wird, so fragt es sich: Von welcher Intervention könnte da überhaupt noch die Rede sein? Welcher kapitalistische Staat oder welche Koalition würde es unter solchen Umständen wagen, an eine Intervention zu denken? Die einzig denkbare Intervention könnte nur von der USSR ausgehen. Läge eine Notwendigkeit vor? Wohl kaum. Das Beispiel eines zurückgebliebenen Landes, das aus eigenen Kräften mittels einiger »Fünfjahrespläne« eine mächtige sozialistische Gesellschaft errichtete, würde für den Weltkapitalismus den Todesstoß bedeuten und die Kosten der proletarischen Weltrevolution auf ein Minimum, wenn nicht auf Null herabsetzen. Und deshalb führt die ganze stalinsche Konzeption eigentlich zur Liquidierung der Kommunistischen Internationale. Welche historische Bedeutung könnte sie in der Tat noch haben, wenn das Schicksal des Sozialismus in letzter Instanz vom Gosplan[3] der USSR entschieden wird? Die Aufgabe der Komintern wäre in diesem Falle, gemeinsam mit der berüchtigten »Gesellschaft der Freunde der Sowjetunion« den Aufbau des Sozialismus gegen eine Intervention zu schützen, also im Wesentlichen hätte sie die Rolle einer Grenzwache zu spielen.

Der bereits oben erwähnte Aufsatz bekräftigt die Richtigkeit der stalinschen Konzeption durch die allerneuesten ökonomischen Argumente: »… gerade jetzt«, sagt die »Prawda«, »wo die Produktionsverhältnisse auf sozialistischer Basis außer in die Industrie auch immer mehr in die Landwirtschaft eindringen, durch das Wachsen der Sowchosen, durch die quantitativ und qualitativ gigantisch wachsende Kollektivierungsbewegung und durch die Liquidierung des Kulakentums als Klasse auf der Grundlage der durchgehenden Kollektivierung, wird der tägliche Bankrott der trotzkistisch-sinowjewschen Niederlagen-Theorie besonders klar, die ihrem Kern nach die ›menschewistische Ablehnung der Rechtmäßigkeit der Oktoberrevolution‹ (Stalin) bedeutet« (»Prawda« vom 8. März 1930).

Diese Zeilen sind wirklich bemerkenswert, und zwar nicht allein ihres ungezwungenen Tones wegen, der die völlige Gedankenverwirrung verschleiert. Gemeinsam mit Stalin beschuldigt der Autor die »trotzkistische« Konzeption der »Ablehnung der Rechtmäßigkeit der Oktoberrevolution«. Aber gerade aufgrund seiner Konzeption, d. h. der Theorie der permanenten Revolution, hat der Autor dieser Zeilen die *Unvermeidlichkeit der Oktoberrevolution* 13 Jahre vor ihrer Verwirklichung vorausgesagt. Und Stalin? Noch nach der Februarrevolution, d. h. 7 bis 8 Monate vor der Oktoberumwälzung, trat er als revolutionärer Vulgär-Demokrat auf. Es war die Ankunft Lenins in Petrograd (3. April 1917) und Lenins erbar-

3 Gosplan – Abkürzung für die Staatliche Plankommission.

mungsloser Kampf gegen die von ihm damals verlachten, stolz tuenden »alten Bolschewiki« erforderlich, damit Stalin vorsichtig und unauffällig von der demokratischen Position zur sozialistischen hinüberrutschte. Dieses innerliche »Hinauswachsen« Stalins, das übrigens niemals bis zu Ende ging, geschah jedenfalls nicht eher, als etwa zwölf Jahre nachdem die Rechtmäßigkeit der Eroberung der Macht durch das russische Proletariat vor dem Beginn der proletarischen Revolution im Westen nachgewiesen worden war.

Aber als wir die theoretische Prognose der Oktoberrevolution ausarbeiteten, meinten wir keinesfalls, dass das russische Proletariat durch die Eroberung der Staatsmacht das frühere zaristische Imperium aus dem Kreis der Weltwirtschaft ausschließen würde. Wir Marxisten kennen die Rolle und die Bedeutung der Staatsmacht. Sie ist keinesfalls ein passives Abbild der ökonomischen Prozesse, wie es die sozialdemokratischen Helfershelfer des bürgerlichen Staates fatalistisch schildern. Die Macht kann von gewaltiger, sowohl reaktionärer wie fortschrittlicher Bedeutung sein, je nachdem, welche Klasse die Macht innehat. Immerhin bleibt die Staatsmacht eine Waffe des Überbaus. Der Übergang der Macht aus den Händen des Zarismus und der Bourgeoisie in die Hände des Proletariats schafft weder die Prozesse noch die Gesetze der Weltwirtschaft ab. Es ist wahr, während einer gewissen Zeit nach der Oktoberrevolution waren die wirtschaftlichen Beziehungen zwischen der Sowjetunion und dem Weltmarkte schwächer geworden. Es wäre jedoch ein ungeheuerlicher Fehler, eine Erscheinung zu verallgemeinern, die nur eine kurze Etappe des dialektischen Prozesses darstellt. Die internationale Arbeitsteilung und der übernationale Charakter der gegenwärtigen Produktivkräfte behalten nicht nur ihre Bedeutung, sondern sie werden diese Bedeutung für die Sowjetunion mit deren ökonomischem Aufstieg verdoppeln und verzehnfachen.

Jedes zurückgebliebene Land, das sich dem Kapitalismus anschließt, macht verschiedene Stadien einer bald sinkenden, bald steigenden Abhängigkeit von den übrigen kapitalistischen Ländern durch, im Ganzen aber führt die Tendenz der kapitalistischen Entwicklung in die Richtung der kolossalen Zunahme der Weltverbindungen, was sich in dem wachsenden Umfange des Außenhandels äußert, einschließlich des Kapitalhandels. Die Abhängigkeit Englands von Indien trägt natürlicherweise qualitativ einen anderen Charakter als die Abhängigkeit Indiens von England. Dieser Unterschied wird im Wesentlichen durch den Unterschied des Entwicklungsgrades der Produktivkräfte, nicht aber durch den Grad ihrer wirtschaftlichen Selbstgenügsamkeit bestimmt. Indien ist Kolonie, England Metropole. Würde man jedoch heute über England die ökonomische Blockade verhängen, dann würde es eher zugrunde gehen als, unter einer gleichen Blockade, Indien. Das ist nebenbei gesagt die überzeugendste Illustration für die Realität der Weltwirtschaft.

Die kapitalistische Entwicklung – nicht im Sinne der abstrakten Formeln des zweiten Bandes des »Kapitals«, die ihre volle Bedeutung als eine *Etappe der Analyse* behalten, sondern im Sinne der historischen Wirklichkeit – vollzog sich durch die systematische Verbreiterung ihrer Basis, und konnte sich nicht anders vollziehen. Im Prozesse seiner Entwicklung, folglich im Kampfe mit seinen inneren Widersprüchen, wendet sich jeder nationale Kapitalismus in immer steigendem Maße an die Reserven des »Außenmarktes«, d.h. der Weltwirtschaft. Die unaufhaltsame Expansion, die aus den permanenten inneren Krisen des Kapitalismus erwächst, bildet eine fortschrittliche Kraft, bevor sie für den Kapitalismus tödlich wird.

Die Oktoberrevolution erbte von dem alten Russland neben den inneren Widersprüchen des Kapitalismus die nicht weniger tiefen Widersprüche zwischen dem Kapitalismus in seiner Gesamtheit und den vorkapitalistischen Formen der Produktion. Diese Widersprüche hatten (und haben noch heute) einen realen Charakter, d.h. sie sind in dem materiellen Verhältnis zwischen Stadt und Land, in den bestimmten Proportionen oder Disproportionen der verschiedenen Zweige der Industrie und der Volkswirtschaft usw. enthalten. Einige Wurzeln dieser Widersprüche liegen unmittelbar in den geografischen und demografischen Bedingungen des Landes, d.h. sie werden von dem Überfluss oder dem Mangel der einen oder der anderen natürlichen Hilfsquelle, durch die historisch entstandene Verteilung der Volksmassen usw. genährt. Die Stärke der Sowjetwirtschaft liegt in der Nationalisierung der Produktionsmittel und in deren planmäßiger Ausnutzung. Die Schwäche der Sowjetwirtschaft dagegen besteht außer in der von der Vergangenheit vererbten Rückständigkeit in ihrer heutigen, nachrevolutionären Isoliertheit, d.h. in der Unmöglichkeit, die Hilfsquellen der Weltwirtschaft, und zwar nicht nur auf sozialistische, sondern auch auf kapitalistische Art, sich nutzbar zu machen, d.h. in Form von internationalen Krediten und »Finanzierungen« überhaupt, die für zurückgebliebene Länder von entscheidender Bedeutung sind. Die Widersprüche zwischen der kapitalistischen und der vorkapitalistischen Vergangenheit verschwinden nicht nur nicht von selbst, sondern sie werden aus dem Dämmerzustand der Jahre des Verfalls und Niedergangs erweckt, verschärfen sich gleichzeitig mit dem Wachstum der Sowjetwirtschaft und fordern zu ihrer Überwindung oder auch nur Milderung auf Schritt und Tritt den Anschluss an die Hilfsquellen des Weltmarktes.

Um das zu begreifen, was gegenwärtig auf dem Riesenterritorium, das die Oktoberrevolution zu neuem Leben erweckt hat, vor sich geht, muss man sich klar vorstellen, dass sich zu den alten, heute durch die wirtschaftlichen Erfolge aufgelebten Widersprüchen, ein neuer gewaltiger Widerspruch hinzugesellt hat: zwischen dem konzentrierten Charakter der Sowjetindustrie, der ein ungeahntes Entwicklungstempo eröffnet, und der Isoliertheit der Sowjetwirtschaft, die die Möglichkeit einer normalen Ausnutzung der Reserven der Weltwirtschaft ausschließt. Drückend auf die alten Disharmonien führt dieser neue Widerspruch dazu, dass neben den ungeheuren Erfolgen qualvolle Schwierigkeiten erwachsen. Ihren unmittelbaren und stärksten Ausdruck, der von jedem Arbeiter und Bauern täglich empfunden wird, finden sie in der Tatsache, dass die Lage der werktätigen Massen mit dem allgemeinen Aufstieg der Wirtschaft sich nicht in gleichem Schritt bessert, sondern augenblicklich infolge der Verpflegungsschwierigkeiten sogar verschlechtert. Die scharfen Krisen der Sowjetwirtschaft mahnen: Die Produktivkräfte, die der Kapitalismus geschaffen hat, sind dem nationalen Rahmen nicht angepasst und können sozialistisch nur in internationalem Maßstabe in Übereinstimmung und Harmonie gebracht werden. Mit anderen Worten, die Krisen der Sowjetwirtschaft sind nicht Krankheitserscheinungen des Wachstums, sozusagen Kinderkrankheiten, sondern etwas unermesslich Bedeutsameres: ernste Zurechtweisungen seitens des Weltmarktes, jenes Weltmarktes, »dem wir – nach dem Worte Lenins – unterworfen sind und mit dem wir verbunden sind und von dem wir uns nicht lostrennen können«. (Auf dem 11. Parteitag, 27. März 1922.)

Daraus ergibt sich aber keinesfalls die Schlussfolgerung von der historischen »Unrechtmäßigkeit« der Oktoberrevolution, eine Schlussfolgerung, die nach schändlichem Philistertum riecht. Die Eroberung der Macht durch das internationale Proletariat kann niemals ein einziger, gleichzeitiger Akt sein. Der politische Überbau – und die Revolution gehört zum »Überbau« – besitzt seine eigene Dialektik, die gebieterisch in den ökonomischen Weltprozess eingreift, aber dessen tiefere Gesetzmäßigkeiten nicht abschafft. Die Oktoberrevolution ist »rechtmäßig« als die *erste Etappe der Weltrevolution*, die sich unvermeidlich auf Jahrzehnte erstreckt. Die Pause zwischen der ersten und der zweiten Etappe ist bedeutend länger geworden, als wir es erwartet hatten. Aber doch bleibt sie eine Pause, ohne sich in eine selbstgenügsame Epoche des Aufbaus einer nationalen sozialistischen Gesellschaft zu verwandeln.

Aus den zwei Konzeptionen der Revolution ergeben sich zwei leitende Linien in den Fragen der Wirtschaft. Die ersten schnellen ökonomischen Erfolge, die er gar nicht erwartet hatte, haben Stalin im Herbst 1924 den Gedanken des Sozialismus in einem Lande als die Krönung der praktischen Perspektive einer isolierten nationalen Wirtschaft eingegeben. Gerade in dieser Periode stellte Bucharin seine berühmte Formel auf: Geschützt durch das Außenhandelsmonopol vor der Weltwirtschaft, seien wir imstande, den Sozialismus aufzubauen, »wenn auch im Schneckentempo«. Das war die allgemeine Formel des Blocks der Zentristen (Stalin) mit den Rechten (Bucharin). Stalin versuchte schon damals unermüdlich nachzuweisen, dass das Tempo unserer Industrialisierung unsere »innere Angelegenheit« sei, die zur Weltwirtschaft in keiner Beziehung stehe. Diese nationale Selbstzufriedenheit konnte sich natürlicherweise auf die Dauer nicht halten, da sie ja nur die erste kurze Etappe der wirtschaftlichen Belebung widerspiegelte, die notwendigerweise auch unsere Abhängigkeit vom Weltmarkte belebte. Die ersten, den National-Sozialisten unerwartet gekommenen Stöße der internationalen Abhängigkeit, erzeugten eine Unruhe, die im nächsten Stadium in eine Panik überging. So schnell wie möglich mithilfe des höchsten Tempos der Industrialisierung und Kollektivierung die ökonomische »Unabhängigkeit« gewinnen! – das war die Wandlung in der Wirtschaftspolitik des National-Sozialismus in den letzten zwei Jahren. Die Zauderpolitik wurde auf der ganzen Linie durch das Abenteurertum abgelöst. Die theoretische Basis der beiden Erscheinungen ist die gleiche: die national-sozialistische Konzeption.

Die grundlegenden Schwierigkeiten ergeben sich, wie oben gezeigt, aus der objektiven Lage der Dinge, vor allem aus der Isoliertheit der Sowjetunion. Wir wollen hier nicht untersuchen, in welchem Maße diese objektive Lage als das Resultat der Fehler der Leitung zu betrachten ist (die falsche Politik im Jahre 1923 in Deutschland, 1924 in Bulgarien und Estland, 1926 in England und Polen, in den Jahren 1925–1927 in China, die gegenwärtige falsche Strategie der »dritten Periode« usw. usw.). Die akutesten wirtschaftlichen Zuckungen in der USSR werden jedoch dadurch erzeugt, dass die heutige Leitung sich bemüht, aus der Not eine Tugend zu machen und auf der politischen Isoliertheit des Arbeiterstaates das Programm einer ökonomisch isolierten sozialistischen Gesellschaft aufzubauen. Daraus entstand das neueste Programm der durchgehenden sozialistischen Kollektivierung der Bauernwirtschaften auf dem Fundament des vorkapitalistischen Inventars – das gefährlichste Abenteuer, das allein schon die Möglichkeit einer Zusammenarbeit von Proletariat und Bauernschaft zu untergraben droht.

Es ist bemerkenswert, dass gerade in dem Augenblick, als sich diese Gefahr in aller Schärfe anzuzeigen begann, Bucharin, der gestrige Theoretiker des »Schneckentempos«, einen pathetischen Hymnus auf den heutigen »rasenden Galopp« der Industrialisierung und Kollektivierung verfasste. Man muss befürchten, dass dieser Hymnus bald als die größte Ketzerei gebrandmarkt werden wird. Denn man vernimmt schon den Klang anderer Melodien. Unter dem Einfluss des Widerstandes der wirtschaftlichen Materie war Stalin gezwungen, Alarm zum Rückzug zu schlagen. Im Augenblick besteht die Gefahr darin, dass die gestrige, von Panik diktierte abenteuerliche Offensive sich heute in einen panischen Rückzug verwandelt. – Solches Wechseln der Etappen ergibt sich unvermeidlich aus der Natur des National-Sozialismus.

Das reale Programm eines isolierten Arbeiterstaates kann sich nicht die »Unabhängigkeit« von der Weltwirtschaft als Ziel stellen und noch weniger, »in kürzester Frist« eine national-sozialistische Gesellschaft aufzubauen. Die Aufgabe kann nicht darin bestehen, das abstrakt maximale Tempo zu erreichen, sondern das optimale, d. h. das beste Tempo, das sich sowohl aus den inneren wie aus den internationalen Wirtschaftsbedingungen ergibt, das die Position des Proletariats sichert, die nationalen Elemente für die künftige internationale sozialistische Gesellschaft vorbereitet und gleichzeitig und hauptsächlich das Lebensniveau des Proletariats systematisch verbessert und dessen Bündnis mit den nicht ausbeuterischen Massen des Dorfes festigt. Diese Perspektive muss in Kraft bleiben während der gesamten Vorbereitungsperiode, d. h. bis die siegreiche Revolution in den fortgeschrittenen Ländern die Sowjetunion aus ihrer heutigen isolierten Lage befreien wird.

Einige von den hier geäußerten Gedanken sind in anderen Arbeiten des Autors ausführlicher dargelegt, insbesondere in seiner »Kritik des Programms der Komintern«. Wir beabsichtigen in der nächsten Zeit eine Broschüre herauszugeben, die speziell der Analyse der heutigen Etappe der wirtschaftlichen Entwicklung der USSR gewidmet sein wird. Wir sind gezwungen, den Leser, der sich näher dafür interessiert, wie das Problem der permanenten Revolution *heute* gestellt wird, auf diese Arbeit zu verweisen. Aber auch die oben angeführten Erwägungen werden, wie wir hoffen, genügen, um die ganze Bedeutung des prinzipiellen Kampfes aufzudecken, der in den letzten Jahren um die zwei Theorien geführt wurde: *des Sozialismus in einem Lande und der permanenten Revolution*. Schon diese aktuelle Bedeutung der Frage rechtfertigt die Tatsache, dass wir den ausländischen Lesern hier ein Buch bieten, das zu einem großen Teile der kritischen Rekonstruierung der vorrevolutionären Prognosen und der theoretischen Auseinandersetzungen unter den russischen Marxisten gewidmet ist. Es wäre gewiss möglich gewesen, eine andere Form der Darstellung der uns interessierenden Fragen zu wählen. Die Form aber ist nicht vom Autor geschaffen und von ihm nicht freiwillig gewählt worden. Sie wurde ihm zum Teil durch den Willen des Gegners, zum Teil durch den Gang der politischen Entwicklung selbst aufgezwungen. Sogar die Wahrheiten der Mathematik, der abstraktesten aller Wissenschaften, werden am deutlichsten anschaulich in Verbindung mit der Geschichte ihrer Entdeckungen. Umso mehr gilt das für die konkreteren, d. h. historisch bedingten Wahrheiten der marxistischen Politik. Die Geschichte der Entstehung und der Entwicklung der Prognosen der Revolution unter den Bedingungen des vorrevolutionären Russlands führt, wie uns scheint, den Leser an das Wesen der revolutionären Aufgaben des Weltproletariats näher heran als eine schulmäßige und pedantische Darstellung der gleichen politischen Ideen, aber losgelöst von der Kampfsituation, die sie erzeugt hat.

Verschiedene Gruppierungen der deutschen Kommunistischen Partei sind zur Macht gekommen oder haben um die Macht gekämpft, indem sie ihre Tauglichkeit als Führer durch eine Kritik an der permanenten Revolution nachgewiesen haben. Doch hat sich diese ganze Literatur – Maslow,

Thalheimer usw. – auf einem so jämmerlichen Niveau bewegt, dass sie nicht einmal Anlass zu einer kritischen Antwort bietet. Die Thälmann, Remmele und die übrigen heutigen Führer auf Bestellung haben die Frage noch eine Stufe tiefer hinabgedrückt. Alle diese Kritiker haben nur gezeigt, dass sie nicht bis an die Schwelle des Problems heranzukommen vermochten. Ich habe sie deshalb ... hinter der Schwelle stehenlassen. Wer sich für die theoretische Kritik der Maslow, Thalheimer und der anderen interessieren sollte, der möge nach der Lektüre dieses Buches zu den Schriften der genannten Autoren greifen, um sich von deren Unbildung und Gewissenlosigkeit zu überzeugen. Dieses Resultat wird dem Leser der vorliegenden Arbeit sozusagen als Zugabe geboten.

29. März 1930
L. Trotzki

Einleitung

Das vorliegende Buch ist der Frage gewidmet, die mit der Geschichte der drei russischen Revolutionen eng verbunden ist. Aber nicht allein mit ihr. Diese Frage hat in den letzten Jahren im inneren Kampfe der Kommunistischen Partei der Sowjetunion eine ungeheure Rolle gespielt, sie wurde dann in die Kommunistische Internationale hineingetragen, spielte eine ausschlaggebende Rolle in der Entwicklung der chinesischen Revolution und bestimmte eine ganze Reihe wichtigster Beschlüsse, die mit dem revolutionären Kampf der Länder des Ostens verbunden sind. Es handelt sich um die Theorie der »permanenten Revolution«, die nach der Lehre der Epigonen des Leninismus (Sinowjew, Stalin, Bucharin usw.) die Erbsünde des »Trotzkismus« darstellt.

Die Frage der permanenten Revolution wurde nach einer längeren Pause scheinbar ganz unerwartet im Jahre 1924 wieder erhoben. Politische Gründe gab es dafür nicht: handelte es sich doch um Meinungsverschiedenheiten, die längst der Vergangenheit angehörten. Der psychologischen Gründe dagegen gab es viele. Die Gruppe der sogenannten »alten Bolschewiki«, die den Kampf gegen mich eröffnet hatte, stellte mir vor allem diesen ihren Titel entgegen. Ein großes Hindernis auf dem Wege dieser Gruppe war das Jahr 1917. So wichtig die vorangegangene Geschichte des geistigen Kampfes und der Vorbereitung in Bezug auf die Partei als Ganzes wie auch in Bezug auf einzelne Personen gewesen war, so hatte diese Periode ihre höchste und unwiderrufliche Nachprüfung in der Oktoberrevolution gefunden. *Nicht einer der Epigonen hat dieser Nachprüfung standgehalten*. Ausnahmslos hatten sie alle im Augenblick der Februarrevolution 1917 die vulgäre Position der demokratischen Linken eingenommen. Kein einziger von ihnen hat die Losung des Kampfes des Proletariats um die Macht aufgestellt. Sie alle hielten den Kurs auf eine sozialistische Revolution für absurd oder – noch schlimmer – für »Trotzkismus«. In diesem Geiste haben sie die Partei geleitet bis zur Ankunft Lenins aus dem Auslande und bis zum Erscheinen seiner berühmten Thesen vom 4. April. Danach versuchte Kamenew, bereits im direkten Kampfe gegen Lenin, offen einen demokratischen Flügel des Bolschewismus zu formieren. Später schloss sich ihm der zusammen mit Lenin angekommene Sinowjew an. Der durch seine sozialpatriotische Position schwer kompromittierte Stalin trat beiseite. Er ließ die Partei seine kläglichen Artikel und Reden aus den entscheidenden Wochen des März vergessen und rückte allmählich an den Standpunkt Lenins heran. Deshalb entstand gleichsam von selbst die Frage: Was hat einem jeden dieser führenden »alten Bolschewiki« der Leninismus gegeben, wenn *kein einziger* von ihnen sich als fähig erwiesen hat, im geschichtlich wichtigsten und verantwortungsvollsten Augenblick selbstständig die theoretischen und praktischen Erfahrungen der Partei anzuwenden? Man musste um jeden Preis von dieser Frage ablenken und sie durch eine andere ersetzen. Zu diesem Zwecke beschloss man, die permanente Revolution unter Feuer zu nehmen. Meine Widersacher sahen dabei selbstverständlich nicht voraus, dass sie durch die Schaffung einer künstlichen Kampfachse gezwungen sein würden, sich selbst um diese Achse zu drehen und sich eine neue Weltanschauung zu fabrizieren.

In ihren wesentlichen Zügen wurde die Theorie der permanenten Revolution von mir noch vor den entscheidenden Ereignissen des Jahres 1905 formuliert. Russland ging der bürgerlichen Revolution entgegen. Niemand aus den Reihen der russischen Sozialdemokratie (wir alle nannten uns damals Sozialdemokraten) zweifelte daran, dass wir einer *bürgerlichen* Revolution entgegengingen, d.h. einer Revolution, hervorgerufen durch die Widersprüche zwischen der Entwicklung der Produktivkräfte der kapitalistischen Gesellschaft und den überlebten ständischen und staatlichen Verhältnissen aus der Zeit der Leibeigenschaft und des Mittelalters. Im Kampfe gegen die Narodniki und Anarchisten musste ich in jener Zeit viele Reden und Artikel der marxistischen Analyse des bürgerlichen Charakters der bevorstehenden Revolution widmen.

Der bürgerliche Charakter der Revolution konnte aber nicht im Voraus die Frage beantworten, welche Klassen die Aufgaben der demokratischen Umwälzung lösen und wie die gegenseitigen Beziehungen dieser Klassen sein würden. Gerade bei diesem Punkte begannen die grundsätzlichen strategischen Probleme.

Plechanow, Axelrod, Sassulitsch, Martow und nach ihnen alle russischen Menschewiki gingen davon aus, dass der liberalen Bourgeoisie als dem natürlichen Anwärter auf die Macht die führende Rolle in der bürgerlichen Revolution zustehe. Nach diesem Schema fiel der Partei des Proletariats die Rolle des linken Flügels der demokratischen Front zu: Die Sozialdemokratie hatte die liberale Bourgeoisie gegen die Reaktion zu unterstützen und gleichzeitig die Interessen des Proletariats gegen die liberale Bourgeoisie zu verteidigen. Mit anderen Worten, die Menschewiki verstanden die bürgerliche Revolution hauptsächlich als eine liberal-konstitutionelle Reform.

Anders stellte Lenin die Frage. Die Befreiung der Produktivkräfte der bürgerlichen Gesellschaft aus den Fesseln der Leibeigenschaft bedeutete für Lenin vor allem eine radikale Lösung der Agrarfrage im Sinne der völligen Liquidierung der Gutsbesitzerklasse und der revolutionären Umschichtung des Bodenbesitzes. Damit untrennbar verbunden war die Abschaffung der Monarchie. An das Agrarproblem, das die Lebensinteressen der erdrückenden Mehrheit der Bevölkerung berührte und gleichzeitig das Grundproblem des kapitalistischen Marktes bildete, ging Lenin mit wahrhaft revolutionärer Kühnheit heran. Da die liberale Bourgeoisie, die den Arbeitern feindlich gegenübersteht, durch unzählige Fäden mit dem großen Landbesitz eng verbunden ist, kann die wahrhaft demokratische Befreiung der Bauernschaft nur durch die revolutionäre Gemeinschaft der Arbeiter und Bauern verwirklicht werden. Ihr gemeinsamer Aufstand gegen die alte Gesellschaft muss, nach Lenin, im Falle des Sieges zur Errichtung der »demokratischen Diktatur des Proletariats und der Bauernschaft« führen.

Diese letztere Formel wird jetzt in der Kommunistischen Internationale als eine Art überhistorisches Dogma wiederholt, ohne den Versuch einer Analyse der lebendigen historischen Erfahrung aus dem letzten Vierteljahrhundert, als wären wir nicht Zeugen und Teilnehmer der Revolution von 1905, der Februarrevolution von 1917 und schließlich der Oktoberumwälzung gewesen. Eine solche historische Analyse ist jedoch umso notwendiger, als es ein Regime der »demokratischen Diktatur des Proletariats und der Bauernschaft« in der Geschichte niemals gegeben hat.

Im Jahre 1905 hatte es sich bei Lenin um eine strategische Hypothese gehandelt, die durch den Gang des Klassenkampfes in der Wirklichkeit einer Nachprüfung bedurfte. Die Formel der demokratischen Diktatur des Proletariats und der Bauernschaft hatte zu einem großen Teil einen beabsichtigt algebraischen[4] Charakter. Lenin hat nicht im Voraus die Frage beantwortet, wie die politischen Beziehungen der beiden Teilnehmer an

4 Die Algebra rechnet mit allgemeinen Größen (a, b, c, ...) im Gegensatz zur Arithmetik, die stets bestimmte Größen (1–3, ...) verwendet.

der vermutlichen demokratischen Diktatur, d.h. der des Proletariats und der Bauernschaft sein würden. Er hat nicht die Möglichkeit ausgeschlossen, die Bauernschaft könnte in der Revolution durch eine selbstständige Partei vertreten sein, eine selbstständige in doppeltem Sinne: das heißt nicht nur in Bezug auf die Bourgeoisie, sondern auch in Bezug auf das Proletariat, und gleichzeitig fähig, im Bunde mit der Partei des Proletariats die demokratische Revolution im Kampfe gegen die liberale Bourgeoisie zu verwirklichen. Lenin rechnete sogar, wie wir bald sehen werden, mit der Möglichkeit, dass die revolutionäre Bauernpartei in der Regierung der demokratischen Diktatur die Mehrheit bilden könnte.

In der Frage der entscheidenden Bedeutung der Agrarumwälzung für das Schicksal unserer bürgerlichen Revolution war ich, mindestens seit dem Herbst 1902, d.h. seit dem Moment meiner ersten Flucht ins Ausland, ein Schüler Lenins. Dass die Agrarrevolution, also folglich auch die allgemeine demokratische Revolution, nur durch die vereinigten Kräfte der Arbeiter und Bauern im Kampfe gegen die liberale Bourgeoisie verwirklicht werden könne, stand für mich, im Gegensatz zu den sinnlosen Märchen der letzten Jahre, außer jedem Zweifel. Doch trat ich gegen die Formel: »demokratische Diktatur des Proletariats und der Bauernschaft« auf, weil ich ihren Mangel darin sah, dass sie die Frage offenließ, welcher Klasse die wirkliche Diktatur gehören würde. Ich versuchte zu beweisen, dass die Bauernschaft, trotz ihrem ungeheuren sozialen und revolutionären Gewicht, unfähig sei, eine wirklich selbstständige Partei zu schaffen, und noch unfähiger, in deren Händen die revolutionäre Macht zu konzentrieren. Wie die Bauernschaft in den alten Revolutionen seit der deutschen Reformation im 16. Jahrhundert und sogar schon früher durch ihre Aufstände eine der Fraktionen der städtischen Bourgeoisie unterstützte und dieser nicht selten den Sieg sicherte, so könnte sie auch in unserer verspäteten bürgerlichen Revolution bei dem höchsten Schwung des Kampfes dem Proletariat eine ähnliche Unterstützung erweisen und ihm helfen, die Macht zu erobern. Ich zog daraus die Schlussfolgerung, dass unsere bürgerliche Revolution nur in dem Falle ihre Aufgabe radikal lösen könnte, wenn das Proletariat mithilfe der Vielmillionen starken Bauernschaft fähig wäre, die revolutionäre Diktatur in seinen Händen zu konzentrieren.

Was würde der soziale Inhalt dieser Diktatur sein? Als erstes hätte sie die Agrarrevolution und die demokratische Umgestaltung des Staates restlos zu vollziehen. Mit anderen Worten, die Diktatur des Proletariats wäre ein Mittel, die Aufgaben der historisch verspäteten bürgerlichen Revolution zu lösen. Darauf aber könnte die Sache sich nicht beschränken. Zur Macht gelangt, würde das Proletariat gezwungen sein, immer tiefer einzugreifen in die Beziehungen des Privateigentums überhaupt, d. h. den Weg sozialistischer Maßnahmen zu beschreiten.

»Glauben Sie etwa«, erwiderten mir in den Jahren 1905 bis 1917 dutzende Male die Stalin, Rykow und alle sonstigen Molotows, »dass Russland für die sozialistische Revolution reif ist?« Darauf habe ich stets geantwortet: Nein, das glaube ich nicht. Aber die Weltwirtschaft als Ganzes und vor allem die europäische Wirtschaft ist für die sozialistische Revolution völlig reif. Ob die Diktatur des Proletariats in Russland zum Sozialismus führen wird oder nicht, und in welchem Tempo und über welche Etappen, das wird von dem weiteren Schicksal des europäischen und des internationalen Kapitalismus abhängen.

Dies waren die Grundzüge der Theorie der permanenten Revolution bei ihrem Entstehen in den ersten Monaten des Jahres 1905. Inzwischen haben sich drei Revolutionen vollzogen. Das russische Proletariat ist auf der mächtigen Welle des Bauernaufstandes zur Herrschaft aufgestiegen. Die Diktatur des Proletariats ist in Russland früher zur Tatsache geworden als in irgendeinem anderen der unermesslich entwickelteren Länder der Welt. Im Jahre 1924, d. h. sieben Jahre nachdem sich die historische Prognose der Theorie der permanenten Revolution mit seltener Kraft bestätigt hat, haben die Epigonen gegen diese Theorie eine wilde Attacke eröffnet, und einzelne Sätze und polemische Repliken aus meinen, bei mir selbst zu jener Zeit bereits gründlich in Vergessenheit geratenen alten Arbeiten herausgezupft.

Es ist angebracht, hier daran zu erinnern, dass die erste russische Revolution mehr als ein halbes Jahrhundert nach der Welle der bürgerlichen Revolutionen in Europa und 35 Jahre nach dem episodischen Aufstand der Pariser Kommune ausbrach. Europa hatte Zeit gehabt, sich von Revolutionen zu entwöhnen. Russland hatte sie überhaupt nicht gekannt. Alle Probleme der Revolution mussten neu gestellt werden. Es ist nicht schwer, zu begreifen, wie viele unbekannte und mutmaßliche Größen die zukünftige Revolution damals für uns barg. Die Parolen aller Gruppierungen beruhten gewissermaßen auf Hypothesen. Es ist schon völlige Unfähigkeit für historische Prognosen und vollständiges Unverständnis für deren Methoden erforderlich, um jetzt, nachträglich, Analysen und Bewertungen aus dem Jahre 1905 so zu betrachten, als seien sie gestern geschrieben worden. Ich habe oft mir selbst und meinen Freunden gesagt: Ich zweifle nicht daran, dass meine Prognosen von 1905 viele Lücken enthalten, die jetzt, nachträglich, nicht schwer aufzudecken sind. Haben aber meine Kritiker besser und weiter gesehen? Ich hatte die Lücken meiner alten Arbeiten, die ich lange nicht nachgelesen hatte, für ernster und wichtiger gehalten, als sie es in Wirklichkeit sind. Davon habe ich mich im Jahre 1928 überzeugt, als mir die aufgezwungene politische Muße in der Verbannung von Alma-Ata die Möglichkeit bot, mit einem Bleistift in der Hand die alten Arbeiten über die permanente Revolution nachzuprüfen. Ich hoffe, auch der Leser wird davon aus dem Nachfolgenden völlig überzeugt werden.

Es ist jedoch notwendig, im Rahmen dieser Einleitung eine möglichst genaue Charakteristik der Bestandteile der Theorie der permanenten Revolution und der wichtigsten Einwände gegen sie zu geben. Die Meinungsverschiedenheiten haben sich derart verbreitert und vertieft, dass sie heute eigentlich alle wichtigsten Fragen der revolutionären Weltbewegung umfassen.

Die permanente Revolution in dem Sinne, den Marx diesem Begriff gegeben hat, bedeutet eine Revolution, die sich mit keiner Form der Klassenherrschaft abfindet, die bei der demokratischen Etappe nicht haltmacht, zu sozialistischen Maßnahmen und zum Kriege gegen die Reaktion von außen übergeht, also eine Revolution, deren jede weitere Etappe in der vorangegangenen verankert ist und die nur enden kann mit der restlosen Liquidierung der Klassengesellschaft überhaupt.

Um jenes Chaos zu zerstreuen, das um die Theorie der permanenten Revolution geschaffen wurde, ist es nötig, drei Gedankenreihen zu unterscheiden, die sich in dieser Theorie vereinigen.

Erstens umfasst sie das Problem des Überganges der demokratischen Revolution in die sozialistische. Dies ist eigentlich die historische Entstehung der Theorie.

Der Begriff der permanenten Revolution ist aufgestellt worden von den großen Kommunisten der Mitte des 19. Jahrhunderts, von Marx und dessen Gesinnungsgenossen als Gegensatz zu jener demokratischen Ideologie, die bekanntlich darauf pocht, dass alle Fragen friedlich, auf reformistischem oder evolutionärem Wege gelöst werden könnten durch Errichtung des »vernünftigen« oder demokratischen Staates. Die bürgerliche Revolution von 1848 betrachtete Marx als die unmittelbare Einleitung zur proletarischen Revolution. Marx »irrte«. Doch sein Irrtum hatte einen faktischen, keinen methodologischen Charakter. Die Revolution von 1848 ist nicht in die sozialistische Revolution übergegangen. Aber eben deshalb hat sie die Demokratie auch nicht vollendet. Was die deutsche Revolution von 1918 betrifft, so ist sie keine demokratische Vollendung der bürgerlichen Revolution: Es ist eine von der Sozialdemokratie enthauptete proletarische Revolution – richtiger gesagt, es ist die bürgerliche *Konterrevolution*, die nach dem Siege über das Proletariat gezwungen ist, pseudodemokratische Formen zu bewahren.

Der vulgäre »Marxismus« hat ein Schema der historischen Entwicklung ausgearbeitet, wonach jede bürgerliche Gesellschaft sich früher oder später ein demokratisches Regime sichere und danach dann das Proletariat unter den Bedingungen der Demokratie allmählich für den Sozialismus organisiere und erziehe. Von dem Übergang zum Sozialismus selbst hatte man sich verschiedene Vorstellungen gemacht: Die offenen Reformisten dachten sich diesen Übergang als reformistische Anfüllung der Demokratie mit sozialistischem Inhalt (Jaurès). Die formalen Revolutionäre anerkannten die Unvermeidlichkeit der Anwendung der revolutionären Gewalt beim Übergang zum Sozialismus (Guèsde). Aber die einen wie die anderen betrachteten Demokratie und Sozialismus in Bezug auf alle Völker und Länder als zwei nicht nur durchaus getrennte, sondern auch voneinander weit entfernt liegende Etappen in der Entwicklung der Gesellschaft. Diese Ansicht war auch bei jenen russischen Marxisten vorherrschend, die in der Periode 1905 zum linken Flügel der Zweiten Internationale gehörten. Plechanow, der glänzende Stammvater des russischen Marxismus, hielt die Idee der Diktatur des Proletariats im zeitgenössischen Russland für einen Wahn. Den gleichen Standpunkt vertraten nicht nur die Menschewiki, sondern auch die erdrückende Mehrheit der führenden Bolschewiki, darunter ausnahmslos alle heutigen Parteiführer, die damals entschiedene revolutionäre Demokraten waren, für die aber das Problem der sozialistischen Revolution nicht nur im Jahre 1905, sondern auch am Vorabend des Jahres 1917 noch nebelhafte Musik einer fernen Zukunft bedeutete.

Diesen Ideen und Stimmungen erklärte die im Jahre 1905 neu erwachte Theorie der permanenten Revolution den Krieg. Sie zeigte, dass die demokratischen Aufgaben der zurückgebliebenen bürgerlichen Nationen in unserer Epoche zur Diktatur des Proletariats führen und dass die Diktatur des Proletariats die sozialistischen Aufgaben auf die Tagesordnung stellt. Darin bestand die zentrale Idee der Theorie. Lautete die traditionelle Meinung, dass der Weg zur Diktatur des Proletariats über eine lange Periode der Demokratie führe, so stellte die Theorie der permanenten Revolution fest, dass für die zurückgebliebenen Länder der Weg zur Demokratie über die Diktatur des Proletariats gehe. Dadurch allein wird die Demokratie kein in sich selbst auf Jahrzehnte hin verankertes Regime, sondern eine unmittelbare Einleitung zur sozialistischen Revolution. Beide werden miteinander durch eine ununterbrochene Kette verbunden. Zwischen der demokratischen Umwälzung und der sozialistischen Umgestaltung der Gesellschaft entsteht auf diese Weise eine Permanenz der revolutionären Entwicklung.

Der zweite Aspekt der »permanenten« Theorie charakterisiert bereits die sozialistische Revolution als solche. Während einer unbestimmt langen Zeit und im ständigen inneren Kampfe werden alle sozialen Beziehungen umgestaltet. Die Gesellschaft mausert sich. Eine Wandlungsetappe ergibt sich aus der anderen. Der Prozess bewahrt notwendigerweise einen politischen Charakter, d. h. er entwickelt sich durch Zusammenstöße verschiedener Gruppen der sich umgestaltenden Gesellschaft. Ausbrüche von Bürgerkriegen und äußeren Kriegen wechseln ab mit Perioden »friedlicher« Reformen. Revolutionen der Wirtschaft, der Technik, der Wissenschaft, der Familie, der Sitten und Gebräuche entwickeln sich in komplizierten Wechselwirkungen und lassen die Gesellschaft nicht ins Gleichgewicht kommen. Darin besteht der permanente Charakter der sozialistischen Revolution als solcher.

Der internationale Charakter der sozialistischen Revolution, der den dritten Aspekt der Theorie der permanenten Revolution bildet, ergibt sich aus dem heutigen Zustande der Ökonomik und der sozialen Struktur der Menschheit. Der Internationalismus ist kein abstraktes Prinzip, sondern ein theoretisches und politisches Abbild des Charakters der Weltwirtschaft, der Weltentwicklung der Produktivkräfte und des Weltmaßstabes des Klassenkampfes. Die sozialistische Revolution beginnt auf nationalem

Boden. Sie kann aber nicht auf diesem Boden vollendet werden. Die Aufrechterhaltung der proletarischen Revolution in nationalem Rahmen kann nur ein provisorischer Zustand sein, wenn auch, wie die Erfahrung der Sowjetunion zeigt, einer von langer Dauer. Bei einer isolierten proletarischen Diktatur wachsen die inneren und äußeren Widersprüche unvermeidlich zusammen mit den wachsenden Erfolgen. Isoliert bleibend, muss der proletarische Staat schließlich ein Opfer dieser Widersprüche werden. Der Ausweg besteht für ihn nur in dem Siege des Proletariats der fortgeschrittenen Länder. Von diesem Standpunkte aus gesehen, ist eine nationale Revolution kein in sich selbst verankertes Ganzes: Sie ist nur ein Glied einer internationalen Kette. Die internationale Revolution stellt einen permanenten Prozess dar, trotz aller zeitlichen Auf- und Abstiege.

Der Kampf der Epigonen richtet sich, wenn auch nicht immer mit gleicher Deutlichkeit, gegen alle drei Aspekte der Theorie der permanenten Revolution. Anders könnte es auch nicht sein, handelt es sich doch um drei untrennbar verbundene Teile eines Ganzen. Die Epigonen machen eine mechanische Trennung zwischen der *demokratischen* Diktatur und der *sozialistischen*. Sie trennen die *nationale* sozialistische Revolution von der *internationalen*. Die Eroberung der Macht in nationalem Rahmen betrachten sie im Wesentlichen nicht als den Anfangsakt, sondern als den Schlussakt der Revolution: Danach folgt die *Periode der Reformen*, die zur nationalen sozialistischen Gesellschaft führt.

Im Jahre 1905 haben sie nicht einmal den Gedanken zugelassen, das Proletariat könne in Russland die Macht früher erobern als in Westeuropa. Im Jahre 1917 haben sie die selbstständige demokratische Revolution in Russland gepredigt und die Diktatur des Proletariats verworfen. In den Jahren 1925–1927 haben sie den Kurs gehalten auf die nationale Revolution in China unter der Führung der nationalen Bourgeoisie. Danach haben sie für China die Losung der demokratischen Diktatur der Arbeiter und Bauern aufgestellt – im Gegensatz zur Diktatur des Proletariats. Sie verkündeten die Möglichkeit des Aufbaus einer isolierten und selbstständigen sozialistischen Gesellschaft in der Sowjetunion. Die Weltrevolution wurde für sie aus einer unumgänglichen Vorbedingung des Sieges nur zu einem günstigen Umstand. Zu diesem tiefen Bruch mit dem Marxismus kamen die Epigonen im Prozess des permanenten Kampfes gegen die Theorie der permanenten Revolution.

Der Kampf, der mit einer künstlichen Belebung historischer Erinnerungen und Fälschung der fernen Vergangenheit begann, führte zur völligen Umgestaltung der Weltanschauung der regierenden Schicht der Revolution. Wir haben bereits wiederholt auseinandergesetzt, dass sich diese Umwertung der Werte unter dem Einfluss der sozialen Bedürfnisse der Sowjetbürokratie vollzog, die immer konservativer wurde, nach nationaler Ordnung strebte und schließlich forderte, dass die bereits vollzogene Revolution, die der Bürokratie die privilegierten Positionen gesichert hatte, nun als ausreichend zu gelten habe für den friedlichen Aufbau des Sozialismus. Wir wollen hier zu diesem Thema nicht zurückkehren. Es sei nur bemerkt, dass die Bürokratie sich tief bewusst ist des innigen Zusammenhanges ihrer materiellen und geistigen Positionen mit der Theorie des nationalen Sozialismus. Das äußert sich am krassesten gerade jetzt, obwohl der stalinsche Apparat unter dem Druck der Widersprüche, die er nicht vorausgesehen hat, mit aller Kraft nach links drängt und seinen gestrigen rechten Inspiratoren recht schmerzhafte Schläge zufügt. Die Feindschaft der Bürokraten gegen die marxistische Opposition, der sie in aller Eile ihre Parolen und Argumente entliehen haben, nimmt bekanntlich nicht im Mindesten ab. Von den Oppositionellen, die die Frage nach ihrer Wiederaufnahme in die Partei zum Zwecke der Unterstützung des Kurses auf Industrialisierung usw. erheben, fordert man vor allem die Verurteilung der Theorie der permanenten Revolution und eine wenn auch nur indirekte Anerkennung der Theorie des Sozialismus in einem Lande. Damit enthüllt die stalinsche Bürokratie den rein *taktischen* Charakter ihrer Linksschwenkung unter Beibehaltung der nationalreformistischen *strategischen* Grundlagen. Es ist überflüssig auseinanderzusetzen, was das bedeutet; in der Politik wie im Kriegshandwerk ist die Taktik letzten Endes der Strategie unterworfen.

Die Frage ist längst über die eigentliche Sphäre des Kampfes gegen den »Trotzkismus« hinausgewachsen. Allmählich sich ausdehnend, hat sie heute buchstäblich alle Probleme der revolutionären Weltanschauung erfasst. Permanente Revolution *oder* Sozialismus in einem Lande – diese Alternative betrifft in gleicher Weise die inneren Probleme der Sowjetunion wie die Perspektiven der Revolution im Osten und schließlich das Schicksal der gesamten Kommunistischen Internationale.

Die vorliegende Arbeit untersucht diese Frage nicht von *allen* Seiten: Es ist nicht notwendig, das zu wiederholen, was in anderen Arbeiten bereits gesagt wurde. In der »Kritik des Programms der Komintern« habe ich versucht, die ökonomische und politische Unhaltbarkeit des National-Sozialismus theoretisch aufzudecken. Die Theoretiker der Komintern schwiegen dazu, als hätten sie den Mund voll Wasser. Das ist vielleicht das Einzige, was ihnen zu tun übrigblieb. In diesem Büchlein stelle ich vor allem die Theorie der permanenten Revolution so wieder her, wie sie im Jahre 1905 in Bezug auf die inneren Probleme der russischen Revolution formuliert wurde. Ich zeige, worin sich meine Position von der leninschen tatsächlich unterschied, und wie und weshalb sie sich in allen entscheidenden Situationen mit der Position Lenins deckte. Schließlich versuche ich die entscheidende Bedeutung der uns hier interessierenden Frage für das Proletariat der zurückgebliebenen Länder und damit für die gesamte Kommunistische Internationale aufzuzeigen.

Welche Anklagen sind von den Epigonen gegen die Theorie der permanenten Revolution erhoben worden? Lässt man die zahllosen Widersprüche meiner Kritiker unbeachtet, dann kann man ihre gesamte, wahrhaft unermessliche Literatur in folgenden Sätzen wiedergeben:

1. Trotzki ignorierte den Unterschied zwischen der bürgerlichen Revolution und der sozialistischen; er vertrat schon 1905 die Ansicht, dass das Proletariat Russlands vor den Aufgaben der unmittelbaren sozialistischen Umwälzung stehe.
2. Trotzki ignorierte völlig die Agrarfrage. Die Bauernschaft existierte für ihn nicht. Er hat die Revolution wie einen Zweikampf zwischen Proletariat und Zarismus geschildert.
3. Trotzki glaubte nicht, dass die Weltbourgeoisie ein einigermaßen längeres Bestehen der Diktatur des russischen Proletariats dulden werde, und betrachtete deren Untergang als unvermeidlich, falls das Proletariat des Westens nicht in kürzester Frist die Macht ergreifen und Hilfe leisten würde. Somit hat Trotzki den Druck des westeuropäischen Proletariats auf dessen eigene Bourgeoisie unterschätzt.
4. Trotzki glaubt überhaupt nicht an die Kraft des russischen Proletariats, nicht an dessen Fähigkeit, selbstständig den Sozialismus aufzubauen, und darum übertrug und überträgt er alle seine Hoffnungen auf die internationale Revolution.

Diese Motive gehen nicht nur durch die zahllosen Schriften und Reden Sinowjews, Stalins, Bucharins und anderer, sie sind auch in den allerautoritärsten Resolutionen der Russischen Kommunistischen Partei und der Kommunistischen Internationale enthalten. Und trotzdem ist man gezwungen, auszusprechen, dass sie auf einem Gemisch von Unbildung und Gewissenlosigkeit beruhen.

Die ersten zwei Behauptungen der Kritiker sind, wie später gezeigt werden wird, von Grund auf falsch. Nein, ich ging gerade von dem bürgerlich-demokratischen Charakter der Revolution aus und gelangte zu der Schlussfolgerung, dass die Tiefe der Agrarkrise das Proletariat des rückständigen Russlands an die Macht heben kann. Ja, eben diesen Gedanken habe ich am Vorabend der Revolution von 1905 verteidigt. Eben diesen Gedanken hat allein schon die Bezeichnung der Revolution als einer »permanenten« ausgedrückt, d. h. einer ununterbrochenen, d. h. einer Revolution, die aus dem bürgerlichen Stadium unmittelbar in das sozialistische übergeht. Um den gleichen Gedanken auszudrücken, hat Lenin später den vorzüglichen Ausdruck gebraucht von dem »*Hineinwachsen*« der bürgerlichen Revolution in die sozialistische. Den Begriff des Hineinwachsens hat Stalin nachträglich (im Jahre 1924) der permanenten Revolution als einem direkten Sprung aus dem Reiche des Selbstherrschertums in das Reich des Sozialismus entgegengestellt. Der unglückselige »Theoretiker« hat sich nicht mal die Mühe gemacht, darüber nachzudenken, wenn es einfach um einen *Sprung* geht, was denn dann die *Permanenz* der Revolution bedeutet!

Was die dritte Anklage betrifft, so wurde sie diktiert von dem kurzfristigen Glauben der Epigonen an die Möglichkeit, die imperialistische Bourgeoisie mithilfe des »vernünftigen« organisierten Drucks des Proletariats auf unbeschränkte Zeit *zu neutralisieren*. In den Jahren 1924–1927 war das die zentrale Idee von Stalin. Als ihre Frucht entstand dann das anglo-russische Komitee. Die Enttäuschung an der Möglichkeit, mithilfe der Purcell, Raditsch, La Folette und Chiang Kai-shek die Weltbourgeoisie an Händen und Füßen zu fesseln, führte zu einem akuten Angstparoxysmus vor der unmittelbaren Kriegsgefahr. Diese Periode macht die Komintern noch heute durch.

Der vierte Einwand gegen die Theorie der permanenten Revolution läuft einfach darauf hinaus, ich hätte im Jahre 1905 nicht den Standpunkt der Theorie des Sozialismus in einem Lande vertreten, den Stalin erst im

Jahre 1924 für die Sowjetbürokratie fabriziert hat. Diese Anklage ist nur als eine historische Kuriosität zu bewerten. Man könnte in der Tat glauben, dass meine Kritiker, soweit sie im Jahre 1905 überhaupt etwas gedacht haben, damals der Ansicht waren, Russland sei für eine selbstständige sozialistische Revolution vorbereitet. Tatsächlich jedoch beschuldigten sie mich in der Zeit von 1905 bis 1917 unermüdlich des Utopismus, weil ich mit der Wahrscheinlichkeit rechnete, das russische Proletariat könne eher zur Macht kommen als das Proletariat Westeuropas. Kamenew und Rykow klagten im April 1917 Lenin des Utopismus an, wobei sie ihm populär auseinandersetzten, dass die sozialistische Revolution sich zuerst in England und in den anderen fortgeschrittenen Ländern vollziehen müsse, bevor die Reihe an Russland kommen könne. Denselben Standpunkt vertrat bis zum 4. April 1917 auch Stalin. Erst allmählich und mühevoll eignete er sich die leninsche Formel der Diktatur des Proletariats im Gegensatz zur demokratischen Diktatur an. Noch im Frühling 1924 wiederholte Stalin, was ihm die anderen vorgesagt hatten: Isoliert sei Russland für den Aufbau der sozialistischen Gesellschaft nicht reif. Im Herbst 1924 machte Stalin im Kampfe gegen die Theorie der permanenten Revolution zum ersten Male die Entdeckung der Möglichkeit des Aufbaus des isolierten Sozialismus in Russland. Erst danach haben die roten Professoren Zitate für Stalin zusammengesucht, die Trotzki überführen, dass er im Jahre 1905 – hu, schrecklich! – geglaubt habe, Russland könne nur mithilfe des westeuropäischen Proletariats zum Sozialismus kommen.

Nimmt man die Geschichte eines geistigen Kampfes eines Vierteljahrhunderts, zerschneidet man sie mit einer Schere in kleine Stücke, mischt man sie in einem Mörser durcheinander und beauftragt dann einen Blinden, diese Stücke wieder zusammenzukleben, so kann wohl kaum ein größerer theoretischer und historischer Galimathias entstehen als der, mit dem die Epigonen ihre Leser und Hörer füttern.

Damit die Verbindung der gestrigen Probleme mit den heutigen sichtbarer hervortrete, muss man hier, wenn auch nur ganz im Allgemeinen, daran erinnern, was die Leitung der Komintern, d.h. Stalin und Bucharin, in China alles vollführt hat.

Unter dem Vorwand, China stehe vor einer nationalen Revolution, wurde im Jahre 1924 der chinesischen Bourgeoisie die führende Rolle zugesprochen. Die Partei der nationalen Bourgeoisie, die Guomindang, wurde offiziell als die führende Partei anerkannt. Soweit sind 1905 nicht einmal die russischen Menschewiki gegangen in Bezug auf die Kadetten (die Partei der liberalen Bourgeoisie).

Die Führung der Komintern blieb aber dabei nicht stehen. Sie verpflichtete die chinesische Kommunistische Partei, in die Guomindang hineinzugehen und sich deren Disziplin zu unterwerfen. Durch besondere Telegramme Stalins wurde den chinesischen Kommunisten anempfohlen, die Agrarbewegung einzudämmen. Den aufständischen Arbeitern und Bauern wurde verboten, eigene Sowjets zu bilden, um Chiang Kai-shek nicht abzustoßen, den Stalin in einer Parteiversammlung in Moskau Anfang April 1927, d. h. einige Tage vor dem konterrevolutionären Streich in Shanghai, den Oppositionellen gegenüber als einen »zuverlässigen Verbündeten« verteidigte.

Die offizielle Unterwerfung der Kommunistischen Partei unter die bürgerliche Führung und das offizielle Verbot, Sowjets zu bilden (Stalin und Bucharin lehrten, die Guomindang »ersetze« die Sowjets), war ein gröberer und schreienderer Verrat am Marxismus als alle Taten der Menschewiki in den Jahren 1905 bis 1917.

Nach dem Staatsstreich Chiang Kai-sheks im April 1927 spaltete sich ein linker Flügel unter der Führung von Wang Jingwei vorübergehend von der Guomindang ab. Wang Jingwei wurde in der »Prawda« sofort als zuverlässiger Verbündeter erklärt. Im Wesentlichen verhielt sich Wang Jingwei zu Chiang Kai-shek wie Kerenski zu Miljukow, mit dem Unterschied, dass in China Miljukow und Kornilow sich in der Person Chiang Kai-sheks vereinigten.

Nach dem April 1927 wurde der chinesischen Kommunistischen Partei befohlen, in die »linke« Guomindang hineinzugehen und sich der Disziplin des chinesischen Kerenski zu unterwerfen, statt den offenen Krieg gegen ihn vorzubereiten. Der »zuverlässige« Wang Jingwei hat die Kommunistische Partei zusammen mit der Arbeiter- und Bauernbewegung nicht weniger verbrecherisch niedergeschlagen als Chiang Kai-shek, den Stalin als seinen zuverlässigen Verbündeten erklärt hatte.

Wenn die Menschewiki im Jahre 1905 und später Miljukow unterstützten, so traten sie doch immerhin nicht in die Liberale Partei ein. Wenn die Menschewiki im Jahre 1917 Hand in Hand mit Kerenski gingen, so behielten sie doch ihre eigene Organisation bei. Die Politik Stalins in China war eine böse Karikatur sogar auf den Menschewismus. So sah die erste und wichtigste Periode aus.

Nachdem sich ihre unvermeidlichen Früchte gezeigt hatten: völliger Niedergang der Arbeiter- und Bauernbewegung, Demoralisierung und Zerfall der Kommunistischen Partei, gab die Leitung der Komintern das Kommando »Linksum kehrt!« und verlangte den sofortigen bewaffneten Aufstand der Arbeiter und Bauern. Auf diese Weise wurde der jungen, unterdrückten und verstümmelten Kommunistischen Partei, die noch gestern das fünfte Rad am Wagen Chiang Kai-sheks und Wang Jingweis gewesen war, und folglich nicht die geringste eigene politische Erfahrung besaß, der Befehl erteilt, die Arbeiter und Bauern – die die Komintern bis zum gestrigen Tage im Zeichen der Guomindang zurückgehalten hatte – in den bewaffneten Aufstand gegen diese selbe Guomindang zu führen, die inzwischen Zeit gefunden hatte, die Macht und die Armee in ihren Händen zu konzentrieren. Im Laufe von 24 Stunden wurde in Kanton ein fiktiver Sowjet improvisiert. Der bewaffnete Aufstand, im Voraus dem Termin der Eröffnung des 15. Parteitages der Kommunistischen Partei der Sowjetunion angepasst, bildete gleichzeitig einen Ausdruck des Heroismus der Avantgarde des chinesischen Proletariats wie des Verbrechens der Komintern. Kleine Abenteuer gingen dem Kantoner Aufstand voran und folgten ihm. So sah das zweite Kapitel der chinesischen Strategie der Komintern aus, einer Strategie, die man als die böseste Karikatur auf den Bolschewismus bezeichnen kann.

Das liberal-opportunistische Kapitel, wie das der Abenteuer, fügten der chinesischen Kommunistischen Partei einen Schlag zu, von dem sie sich selbst bei einer richtigen Politik erst nach einer langen Zeit wird erholen können.

Der 6. Kongress der Komintern hat das Fazit dieser Arbeit gezogen. Er hat sie durchaus gutgeheißen, was nicht weiter verwunderlich ist: Er war ja zu diesem Zwecke zusammengerufen worden. Für die Zukunft hat der Kongress die Losung »Demokratische Diktatur der Arbeiter und Bauern« aufgestellt. Wodurch sich diese Diktatur von der rechten und linken Guomindang einerseits und von der Diktatur des Proletariats andererseits unterscheiden soll, hat man den chinesischen Kommunisten nicht erklärt. Das zu erklären ist auch nicht möglich.

Die Parole der demokratischen Diktatur ausgebend, hat der 6. Kongress gleichzeitig die Parolen der Demokratie als unzulässig erklärt (Konstituierende Versammlung, allgemeines Wahlrecht, Presse- und Versammlungsfreiheit usw. usw.) und damit die chinesische Kommunistische Partei angesichts der Diktatur der Militär-Oligarchie gänzlich entwaffnet. Die russischen Bolschewiki haben während einer langen Reihe von Jahren die Arbeiter und Bauern um die Parole der Demokratie mobilisiert. Die Parolen der Demokratie spielten auch im Jahre 1917 eine große Rolle. Erst nachdem die bereits real existierende Sowjetmacht vor den Augen des ganzen Volkes in einen unversöhnlichen politischen Gegensatz zu der Konstituierenden Versammlung geraten war, hat unsere Partei zugunsten der realen Sowjetdemokratie, d.h. der proletarischen Demokratie, die Institutionen und Parolen der formalen, d.h. der bürgerlichen Demokratie, liquidiert.

Der 6. Kongress der Komintern unter Leitung Stalins und Bucharins hat das alles auf den Kopf gestellt. Während er der Partei einerseits die »demokratische« und nicht die »proletarische« Diktatur vorschrieb, untersagte er ihr gleichzeitig demokratische Parolen zur Vorbereitung dieser Diktatur. Die chinesische Kommunistische Partei ist nicht nur entwaffnet, sondern nackt ausgezogen worden. Dafür aber hat man ihr als Trost schließlich, in der Periode der uneingeschränkten Herrschaft der Konterrevolution, die Parole der Sowjets freigegeben, die zur Zeit des revolutionären Aufstiegs unter Verbot stand. Ein sehr populärer Held eines russischen Volksmärchens singt Hochzeitslieder bei Begräbnissen und Trauerlieder bei Hochzeiten. Er bekommt hier wie dort seine Tracht Prügel. Würde sich die Sache auf eine Tracht Prügel für die heutigen Führer der Komintern beschränken, man könnte sich damit abfinden. Doch der Einsatz ist größer. Es geht um das Schicksal des Proletariats. Die Taktik der Komintern war eine unbewusste, aber umso sicherer organisierte Sabotage der chinesischen Revolution. Diese Sabotage vollzog sich ohne alle Störungen, denn die rechtsmenschewistische Politik der Komintern in den Jahren 1924–1927 wurde von der ganzen Autorität des Bolschewismus gedeckt und von der Sowjetmacht durch die gewaltige Maschinerie der Repressalien gegen die Kritik der linken Opposition geschützt.

Im Resultat erhielten wir ein vollendetes Experiment der stalinschen Strategie, die von Anfang bis zum Ende im Zeichen des Kampfes gegen die permanente Revolution stand. Es ist deshalb ganz in der Ordnung, wenn der stalinsche Haupttheoretiker der Unterwerfung der chinesischen Kommunistischen Partei unter die nationalbürgerliche Guomindang Martynow war, also jener menschewistische Hauptkritiker der Theorie der permanenten Revolution von 1905 bis zum Jahre 1923, wo er seine historische Mission bereits in den Reihen des Bolschewismus zu erfüllen begann.

Das Nötigste darüber, wie die vorliegende Arbeit entstand, ist in dem ersten Kapitel gesagt. In Alma-Ata bereitete ich in aller Ruhe ein theoretisch polemisches Buch gegen die Epigonen vor. Einen großen Platz in dem Buche sollte die Theorie der permanenten Revolution einnehmen. Während der Arbeit erhielt ich ein Manuskript Radeks, das sich damit beschäftigte, der permanenten Revolution die strategische Linie Lenins entgegenzustellen. Radek hatte diesen scheinbar plötzlichen Ausfall aus dem Grunde nötig, weil er selbst bis über den Kopf in der chinesischen Politik Stalins steckte: Die Unterwerfung der Kommunistischen Partei unter die Guomindang hatte Radek (zusammen mit Sinowjew) nicht nur vor dem Streich Chiang Kai-sheks gepredigt, sondern auch später.

Zur Begründung der Versklavung des Proletariats an die Bourgeoisie berief sich Radek selbstverständlich auf die Notwendigkeit eines Bündnisses mit der Bauernschaft und auf die »Unterschätzung« dieser Notwendigkeit durch mich. Nach Stalin verteidigte auch er mit der bolschewistischen Phraseologie die menschewistische Politik. Mit der Formel der demokratischen Diktatur des Proletariats und der Bauernschaft bemäntelte Radek, darin Stalin folgend, die Ablenkung des chinesischen Proletariats, an der Spitze der Bauernmassen den selbstständigen Kampf um die Macht zu führen. Als ich diese geistige Maskerade entlarvte, entstand in Radek das dringende Bedürfnis, geschminkt mit Zitaten aus Lenin, nachzuweisen, mein Kampf gegen den Opportunismus ergäbe sich in Wirklichkeit aus dem Gegensatz zwischen der Theorie der permanenten Revolution und dem Leninismus. Die advokatenhafte Verteidigung seines eigenen Sündenfalls verwandelte Radek in eine Staatsanwaltrede gegen die permanente Revolution. Dieses Auftreten war für ihn nur eine Brücke zur Kapitulation. Ich durfte das mit umso größerem Recht vermuten, als Radek in den vorangegangenen Jahren eine Broschüre zur Verteidigung der permanenten Revolution zu schreiben vorgehabt hatte. Aber ich beeilte mich noch immer nicht, über Radek ein Kreuz zu machen. Ich unternahm den Versuch, seinen Artikel mit aller Offenheit und Entschiedenheit zu beantworten, ohne jedoch Radek den Weg zu einem Rückzug abzuschneiden. Ich drucke meine Antwort an Radek so, wie sie geschrieben wurde, und beschränke mich auf einige erklärende Ergänzungen und stilistische Korrekturen.

Radeks Aufsatz ist in der Presse nicht veröffentlicht worden, und ich glaube, er wird auch nicht veröffentlicht werden, denn in der Form, wie er im Jahre 1928 geschrieben wurde, könnte er das Sieb der stalinschen Zensur nicht passieren. Aber auch für Radek selbst wäre dieser Aufsatz heute geradezu vernichtend, denn er würde ein grelles Bild von Radeks geistiger Evolution geben, die sehr stark an die »Evolution« eines Menschen erinnert, der aus der sechsten Etage hinunterstürzt.

Die Entstehung dieser Schrift erklärt zur Genüge, weshalb Radek darin vielleicht einen größeren Platz einnimmt als den, auf den Anspruch zu erheben er ein Recht hat. Radek selbst hat kein einziges Argument gegen die Theorie der permanenten Revolution ausgedacht. Er tritt nur als Epigone der Epigonen auf. Es wird dem Leser deshalb empfohlen, in Radek nicht einfach Radek zu sehen, sondern den Vertreter einer gewissen Kollektivfirma, deren nicht vollberechtigte Mitgliedschaft Radek sich um den Preis der Lossagung vom Marxismus erkauft hat. Sollte trotzdem Radek persönlich die Empfindung haben, es seien auf seinen Teil zu viele Rippenstöße entfallen, so darf er sie nach eigenem Ermessen an die richtigen Adressen weitergeben. Das ist nun eine innere Angelegenheit der Firma. Ich meinerseits mache keine Einwände.

Prinkipo, 30. November 1929
L. T.

1. Der erzwungene Charakter dieser Arbeit und ihr Ziel

Der theoretische Bedarf der Partei, die vom rechtszentristischen Block geleitet wird, wurde sechs Jahre nacheinander durch den Antitrotzkismus gedeckt: das einzige Erzeugnis, das in unbeschränktem Maße vorhanden ist und gratis zur Verteilung kommt. Stalin schloss sich einer »Theorie« zum ersten Mal im Jahre 1924 an, mit seinen unsterblichen Artikeln gegen die permanente Revolution. Sogar Molotow wurde in diesem Becken zum »Führer« getauft. Die Fälschung ist in vollem Gange. Ich sah vor wenigen Tagen zufällig eine Ankündigung der Herausgabe der leninschen Arbeiten aus dem Jahre 1917 in deutscher Sprache. Das ist ein unschätzbares Geschenk an die fortgeschrittene deutsche Arbeiterschaft. Man kann sich jedoch von vornherein denken, wie viele Fälschungen es dort im Text und besonders in den Anmerkungen geben wird. Es genügt, darauf zu verweisen, dass im Inhaltsverzeichnis an erster Stelle die Briefe Lenins an die Kollontai (nach New York) angegeben sind. Weshalb? Weil diese Briefe schroffe Äußerungen über mich enthalten, beruhend auf völlig *falschen Informationen* der Kollontai, die in jener Zeit ihrem organischen Menschewismus eine hysterisch ultralinke Impfung gab. In der russischen Ausgabe waren die Epigonen gezwungen, wenigstens zweideutig darauf hinzuweisen, dass Lenin falsch informiert gewesen war. Man kann ohne Weiteres annehmen, dass die deutsche Ausgabe auch diesen ausweichenden Vorbehalt nicht bringen wird. Man muss noch hinzufügen, dass in den gleichen Briefen Lenins an die Kollontai wütende Angriffe auf Bucharin enthalten sind, mit dem sich die Kollontai damals solidarisierte. Dieser Teil der Briefe ist allerdings vorläufig unterschlagen worden. Er wird erst im Moment der offenen Kampagne gegen Bucharin auftauchen. Man wird nicht lange darauf zu warten haben.[5] Andererseits bleiben wertvolle Dokumente, Artikel und Reden Lenins sowie Protokolle, Briefe usw. nur deshalb verheimlicht, weil sie gegen Stalin und Co. gerichtet sind und die Legende vom Trotzkismus untergraben. An der Geschichte der drei russischen Revolutionen, wie auch an der Geschichte der Partei ist buchstäblich kein heiler Fleck mehr

5 Diese Prophezeiung hat sich inzwischen erfüllt.

übriggeblieben: Theorie, Tatsachen, Traditionen, das Erbe Lenins, alles ist dem »Kampf gegen den Trotzkismus« zum Opfer gebracht worden, der seit der Erkrankung Lenins als persönlicher Kampf gegen Trotzki erfunden und organisiert wurde und sich zu einem Kampf gegen den Marxismus entwickelte.

Es hat sich wieder bestätigt, dass die, wie es scheinen könnte, nutzloseste Aufwühlung längst verklungener Streitigkeiten in der Regel irgendein unbewusstes gesellschaftliches Bedürfnis des Tages befriedigt, ein Bedürfnis, das an sich nicht in der Linie der alten Streitigkeiten liegt. Die Kampagne gegen den »alten Trotzkismus« war in Wirklichkeit die Kampagne gegen die Oktobertraditionen, die von der neuen Bürokratie als hemmend und unerträglich empfunden werden. Als »Trotzkismus« begann man alles zu bezeichnen, wovon man sich befreien wollte. So wurde der Kampf gegen den Trotzkismus allmählich der Ausdruck der theoretischen und politischen *Reaktion* in den breitesten unproletarischen und teilweise auch in den proletarischen Kreisen, sowie der Ausdruck dieser Reaktion in der Partei. Eine besonders karikaturenhafte, historisch verfälschte Gegenüberstellung der permanenten Revolution und der leninschen Linie in Bezug auf das »Bündnis mit dem Bauern« entstand, zusammen mit der Periode der allgemeinen Reaktion wie der internen Parteireaktion, im Jahre 1923, als der vollendetste Ausdruck und die organisierteste Lossagung des Bürokraten und des Kleinbürgers von der internationalen Revolution mit ihren »permanenten« Erschütterungen, als Ausdruck der kleinbürgerlichen und bürokratischen Neigung zu Ruhe und Ordnung. Die bösartige Hetze gegen die permanente Revolution erschien wiederum nur als die Vorbereitung des Bodens für die Theorie der Revolution in einem Lande, das heißt für den National-Sozialismus neuester Formation. Es ist selbstverständlich, dass diese neuen sozialen Wurzeln des Kampfes gegen den »Trotzkismus« an und für sich weder etwas gegen noch für die Richtigkeit der Theorie der permanenten Revolution beweisen. Jedoch ohne Verständnis für diese verborgenen Wurzeln muss der Kampf stets einen akademisch unfruchtbaren Charakter tragen.

Ich war nicht in der Lage, mich in den letzten Jahren dazu zu zwingen, die neuen Aufgaben beiseite zu lassen und mich den alten Fragen zuzuwenden, die mit der Periode der Revolution von 1905 verbunden sind, hauptsächlich soweit sie meine Vergangenheit betreffen und künstlich gegen diese gerichtet wurden. Eine Analyse der alten Meinungsverschiedenheiten, unter anderem meiner alten Fehler im Zusammenhang mit den Verhältnissen, aus denen sie entstanden waren, eine derart gründliche Analyse, dass sie der jungen Generation verständlich wird, von den in politische Kindheit verfallenen Alten zu schweigen, ist nur im Rahmen eines umfangreicheren Buches möglich. Es schien mir ungeheuerlich, eigene und fremde Zeit darauf zu vergeuden, wo dauernd neue Aufgaben von gigantischer Größe erstanden: die Aufgaben der deutschen Revolution, die Frage nach dem weiteren Schicksal Englands, die Frage der gegenseitigen Beziehungen von Amerika und Europa, die Probleme, die durch die Streiks des britischen Proletariats akut wurden, die Aufgaben der chinesischen Revolution und schließlich und hauptsächlich unsere inneren wirtschaftlichen und sozial-politischen Gegensätze und Aufgaben – das alles rechtfertigt, glaube ich, hinreichend die Zurückstellung meiner historisch-polemischen Arbeit über die permanente Revolution. Aber das gesellschaftliche Bewusstsein duldet keine Lücke. Während der letzten Jahre wurde diese theoretische Lücke, wie gesagt, mit dem Kehricht des Antitrotzkismus ausgefüllt. Die Epigonen, Philosophen und Handlanger der Parteireaktion rutschten immer tiefer hinab, gingen zu dem stumpfsinnigen Menschewiken Martynow in die Lehre, traten Lenin mit Füßen, zappelten im Sumpfe herum und nannten das alles Kampf gegen den Trotzkismus. Sie haben es in all diesen Jahren nicht vermocht, auch nur eine irgendwie ernste oder bedeutsame Arbeit zustande zu bringen, die man ohne Scham laut nennen könnte, eine politische Untersuchung von bleibender Bedeutung, eine Prognose, die sich bestätigt, eine selbstständige Parole, die uns geistig vorwärts gebracht hätte. Überall nur Verfall und Albernheiten.

Die stalinschen »Fragen des Leninismus« bilden eine Kodifikation geistigen Ausschusses, ein offizielles Lehrbuch der Engstirnigkeit, eine Kollektion nummerierter Banalitäten (ich bemühe mich, die gemäßigten Bezeichnungen zu finden). Der »Leninismus« von Sinowjew ist ... sinowjewscher Leninismus, nicht mehr und nicht weniger. Sein Credo ist fast das des Luther: »Hier stehe ich, aber ... ich kann auch anders.« Die Befassung mit all diesen theoretischen Früchten des Epigonentums ist gleich unerträglich, mit dem einen Unterschiede: Bei der Lektüre des sinowjewschen »Leninismus« ist es einem, als ersticke man an ungepresster Watte, während die stalinschen »Fragen« das physische Gefühl erwecken, als habe man den Hals voll zerhackter Borsten. Diese zwei Bücher sind, jedes in seiner Art, Abbild und Krönung der Epoche der geistigen Reaktion.

Alle Fragen – ob von rechts, von links, von oben, von unten, von vorne oder von hinten – auf den Trotzkismus anwendend, haben die Epigonen es schließlich verstanden, alle Weltereignisse in direkte oder indirekte Abhängigkeit davon zu bringen, wie die permanente Revolution bei Trotzki im Jahre 1905 ausgesehen hat. Die von Fälschungen vollgestopfte Legende vom »Trotzkismus« wurde gewissermaßen zu einem Faktor zeitgenössischer Geschichte. Und obwohl die rechtszentristische Linie der letzten Jahre sich in allen Weltteilen durch eine Reihe von Bankrotten in historischem Ausmaße kompromittiert hat, ist der Kampf mit der zentristischen Ideologie der Komintern heute bereits undenkbar oder mindestens sehr erschwert ohne die richtige Bewertung der alten Streitfragen und Prognosen, die ihren Ursprung im Anfange des Jahres 1905 haben.

Die Auferstehung des marxistischen, folglich leninistischen Gedankens in der Partei ist undenkbar ohne eine polemische Vernichtung der Makulatur der Epigonen, ohne theoretisch erbarmungslose Exekution an den Apparat-Exekutoren. Ein solches Buch zu schreiben ist eigentlich nicht schwer. Alle seine Bestandteile sind gegeben. Dennoch ist es schwer, ein solches Buch zu schreiben, weil man dabei, nach dem Ausdruck des großen Satirikers Saltykow, in das Gebiet der »Abc-Ausdünstungen« hinabsteigen und längere Zeit in dieser wenig ambrosischen Atmosphäre verweilen muss. Aber die Arbeit ist absolut unaufschiebbar, denn gerade auf dem Kampfe gegen die permanente Revolution ist unmittelbar die Verteidigung der opportunistischen Linie in den Fragen des Ostens, d. h. der größten Hälfte der Menschheit, aufgebaut.

Schon war ich dabei, an die wenig verlockende Arbeit einer theoretischen Polemik mit Sinowjew und Stalin heranzugehen und die Bücher unserer Klassiker für die Erholungsstunden zurückzulegen (auch die Taucher müssen ab und zu nach oben steigen, um einen Schluck frischer Luft zu atmen), als, für mich ganz unerwartet, ein Artikel Radeks erschien und zu kursieren begann, der der »tieferen« Gegenüberstellung der Theorie der permanenten Revolution mit den Ansichten Lenins über diese Frage gewidmet ist. Anfangs wollte ich die Arbeit Radeks unbeachtet lassen, um der mir vom Schicksal zugedachten Portion ungepresster Watte und gehackter Borsten nicht auszuweichen. Doch eine Reihe freundschaftlicher

Briefe veranlasste mich, die radeksche Arbeit aufmerksamer zu lesen, und ich kam zu folgendem Schluss: Für einen engeren Kreis von Menschen, der selbstständig, nicht auf Befehl, zu denken fähig ist und der den Marxismus gewissenhaft studiert, ist die Arbeit Radeks gefährlicher als die offizielle Literatur – so wie Opportunismus in der Politik umso gefährlicher ist, je verschleierter er auftritt und je größeres persönliches Ansehen ihn deckt. Radek ist einer meiner nächsten politischen Freunde. Das ist durch die Ereignisse der jüngsten Periode genügend besiegelt worden. In den letzten Monaten jedoch haben verschiedene Genossen mit Besorgnis Radeks Entwicklung verfolgt, die ihn vom äußersten linken Flügel der Opposition auf ihren rechtesten Flügel geschoben hat. Wir, die nächsten Freunde Radeks, wissen, dass seine glänzenden politischen und literarischen Fähigkeiten, die sich mit einer seltenen Impulsivität und Sensibilität vereinigen, Eigenschaften sind, die unter Bedingungen kollektiver Arbeit sicher eine wertvolle Quelle für Initiative und Kritik darstellen, unter den Bedingungen der Isoliertheit aber auch ganz andere Früchte tragen können. Die jüngste Arbeit Radeks – in Verbindung mit seinen ihr vorangegangenen Handlungen – führt zu der Erkenntnis, dass Radek den Kompass verloren hat, oder aber, dass sein Kompass sich unter der Einwirkung einer anhaltenden magnetischen Störung befindet. Radeks Arbeit ist keinesfalls eine episodische Exkursion in die Vergangenheit; nein, es ist eine nicht genügend durchdachte, aber darum nicht weniger schädliche Unterstützung des offiziellen Kurses, mit all seiner theoretischen Mythologie.

Die oben charakterisierte politische Funktion des heutigen Kampfes gegen den »Trotzkismus« bedeutet selbstverständlich keinesfalls, dass nun innerhalb der Opposition, die sich als marxistischer Stützpunkt gegen die geistig-politische Reaktion herausgebildet hat, eine Kritik unzulässig sei, insbesondere eine Kritik an meinen alten Meinungsverschiedenheiten mit Lenin. Im Gegenteil, eine solche Arbeit der Klärung könnte nur segensreich sein. Hierbei aber wäre eine sorgfältige Wahrung der historischen Perspektive, eine ernste Untersuchung der Quellen und eine Beleuchtung der vergangenen Differenzen im Lichte des heutigen Kampfes unbedingt erforderlich. Von alledem findet sich bei Radek keine Spur. Sich ahnungslos stellend, schließt er sich der gegen den »Trotzkismus« kämpfenden Kette an, wobei er nicht nur die einseitig ausgewählten Zitate, sondern auch ihre in der Wurzel falschen offiziellen Auslegungen benutzt. Dort, wo er sich scheinbar gegen die offizielle Kampagne abgrenzt, tut er es derart zweideutig, dass er ihr in Wirklichkeit die doppelte Hilfe des »unparteiischen« Zeugen leistet. Wie es stets bei einem geistigen Verfall geschieht, enthält die letzte Arbeit Radeks keine Spuren seines politischen Scharfsinns und seiner literarischen Meisterschaft. Es ist eine Arbeit ohne Perspektiven, ohne die drei Dimensionen, eine Arbeit in der Fläche der Zitate und darum – eine *flache* Arbeit.

Aus welchem politischen Bedürfnis heraus wurde sie geboren? Aus den Meinungsverschiedenheiten, die bei Radek mit der überwiegenden Mehrheit der Opposition in den Fragen der chinesischen Revolution entstanden sind. Man vernimmt zwar einzelne Stimmen, die chinesischen Meinungsverschiedenheiten seien jetzt »nicht aktuell« (Preobraschenski). Aber diese Stimmen verdienen nicht einmal ernstliche Beachtung. Der ganze Bolschewismus ist gewachsen und endgültig erstarkt an der Kritik und der Verarbeitung der Erfahrungen des Jahres 1905, in all ihrer Frische, als diese Erfahrungen noch ein *unmittelbares Erlebnis* der ersten Generation der Bolschewiki waren. Wie auch anders, an welchem anderen Ereignis könnten die neuen Generationen der proletarischen Revolutionäre lernen, wenn nicht an den frischen, warmen, vom Blute noch dampfenden Erfahrungen der chinesischen Revolution? Nur leblose Pedanten sind imstande, die Fragen der chinesischen Revolution zu »vertagen«, um sie später, in Mußestunden, in aller Ruhe zu »studieren«. Bolschewiken-Leninisten kleidet dies umso weniger, als die Revolutionen in den Ländern des Ostens noch keinesfalls von der Tagesordnung abgesetzt und deren Fristen noch niemandem bekannt sind.

Eine falsche Position in den Fragen der chinesischen Revolution einnehmend, versucht Radek nachträglich durch eine einseitige und schiefe Darstellung meiner alten Meinungsverschiedenheiten mit Lenin diese Position zu begründen. Und hier ist nun Radek gezwungen, seine Waffen dem fremden Arsenal zu entnehmen und kompasslos in fremdem Fahrwasser zu schwimmen.

Radek ist mein Freund, aber die Wahrheit ist mir teurer. Ich fühle mich verpflichtet, die umfangreichere Arbeit über die Fragen der Revolution beiseite zu legen, um Radek eine Zurückweisung zu erteilen. Es geht um zu große und in äußerster Schärfe gestellte Fragen. Ich habe dabei eine dreifache Schwierigkeit zu überwinden: die Menge und Mannigfaltigkeit der

Irrtümer in Radeks Arbeit; der Überfluss literarischer und historischer Tatsachen aus 23 Jahren (1905 bis 1928), die Radek widerlegen; und drittens die Kürze der Zeit, die ich dieser Arbeit widmen kann, denn es drängen sich wirtschaftliche Probleme der USSR in den Vordergrund.

Diese Umstände bestimmen Charakter und Umfang der vorliegenden Arbeit. Sie erschöpft die Frage nicht. Vieles bleibt darin unausgesprochen – teils allerdings auch deshalb, weil sie sich den vorangegangenen Arbeiten, vor allem der »Kritik des Programms der Kommunistischen Internationale« anschließt. Berge von Tatsachenmaterial, die ich über diese Frage gesammelt habe, bleiben unausgenutzt – bis zur Niederschrift des geplanten Buches gegen die Epigonen, das heißt gegen die Ideologie der Reaktionsperiode.

Die Arbeit Radeks über die permanente Revolution gipfelt in der Schlussfolgerung:

Dem neuen Teil der Partei (Opposition) droht die Gefahr der Entstehung von Tendenzen, welche in der Folge die proletarische Revolution von ihrem Verbündeten – der Bauernschaft – losreißen.

Es verblüfft auf den ersten Blick, dass diese Schlussfolgerung in Bezug auf den »neuen« Teil der Partei in der zweiten Hälfte des Jahres 1928 als eine *neue* Schlussfolgerung ausgegeben wird. Wir vernehmen es ununterbrochen seit dem Herbst 1923. Wie aber begründet Radek seine Wendung zur offiziellen Hauptthese? Wiederum nicht auf neuen Wegen: Er kehrt zur Theorie der permanenten Revolution zurück. In den Jahren 1924/25 hatte Radek mehrfach die Absicht gehabt, eine Broschüre zu schreiben, die dem Gedanken gewidmet sein sollte, zu beweisen, dass die Theorie der permanenten Revolution und die leninsche Parole von der demokratischen Diktatur des Proletariats und der Bauernschaft, im historischen Maßstabe gesehen, d. h. im Lichte der von uns durchlebten drei Revolutionen, keinesfalls einander gegenübergestellt werden könnten, sondern, im Gegenteil, sich im Wesentlichen decken. Jetzt, nachdem er die Frage – wie er einem seiner Freunde schreibt – »aufs Neue« durchgearbeitet hat, ist Radek zu der Schlussfolgerung gekommen, dass die alte permanente Theorie den »neuen« Teil der Partei mit nicht mehr und nicht weniger als mit der Gefahr der Lostrennung von der Bauernschaft bedrohe.

Wie aber hat Radek diese Frage durchgearbeitet? Er gibt uns darüber einige Mitteilungen:

> Wir haben die Formulierungen nicht bei der Hand, die Trotzki im Jahre 1905 in einer Vorrede zu Marx' »Bürgerkrieg in Frankreich« und im Jahre 1905 in »Unsere Revolution« gegeben hat.

Die Jahre sind hier zwar nicht ganz richtig angegeben, doch es lohnt nicht, dabei zu verweilen. Es handelt sich darum, dass die einzige Arbeit, in der ich in jener Zeit meine Ansichten über die Entwicklung der Revolution mehr oder weniger systematisch dargelegt habe, ein größerer Aufsatz ist: »Ergebnisse und Perspektiven« (Seite 224–286 des Buches »Unsere Revolution«, Petersburg 1906). Der Aufsatz in dem polnischen Organ von Rosa Luxemburg und Tyschko[6] (1909), auf den Radek verweist, den er aber leider im Sinne Kamenews auslegt, erhebt keine Ansprüche auf Vollständigkeit und Geschlossenheit. Theoretisch stützte sich diese Arbeit auf das oben genannte Buch »Unsere Revolution«. Niemand ist verpflichtet, dieses Buch jetzt zu lesen. Danach sind derart große Ereignisse geschehen, und von diesen Ereignissen haben wir so viel gelernt, dass mich, offen gestanden, die Manier der Epigonen anwidert, neue historische Probleme nicht im Lichte der lebendigen Erfahrungen der von uns bereits vollzogenen Revolutionen zu betrachten, sondern hauptsächlich im Lichte der Zitate, die sich auf unsere Prognose über *künftige* Revolutionen beziehen. Ich will damit selbstverständlich Radek nicht das Recht absprechen, an die Frage auch von der historisch-literarischen Seite heranzugehen. Dann aber muss es in richtiger Weise geschehen. Radek unternimmt den Versuch, das Schicksal der Theorie der permanenten Revolution im Verlauf eines Vierteljahrhunderts zu beleuchten, und bemerkt nebenbei, er habe gerade jene Arbeiten »nicht bei der Hand«, in denen ich diese Theorie darlege.

Ich will hier gleich darauf hinweisen, dass Lenin, wie mir jetzt beim Lesen seiner alten Arbeiten besonders klar wurde, den oben erwähnten grundlegenden Artikel nicht gelesen hatte. Das lässt sich wahrscheinlich nicht allein damit erklären, dass »Unsere Revolution«, das im Jahre 1906 erschien, bald konfisziert wurde, und dass wir in die Emigration gerieten, sondern auch damit, dass zwei Drittel dieses Buches aus Nachdrucken alter Beiträge bestanden. Ich habe später von vielen Genossen gehört, dass sie

6 Leo Jogiches. D. Hrsg.

dieses Buch nicht gelesen hätten, weil sie der Meinung waren, es bestehe ausschließlich aus Nachdrucken alter Arbeiten. Jedenfalls beruhen die wenigen zerstreuten polemischen Bemerkungen Lenins gegen die permanente Revolution ausschließlich auf dem Vorwort von Parvus zu meiner Broschüre »Bis zum 9. Januar«, ferner auf Parvus' mir völlig unbekannt gebliebene Proklamation »Ohne Zaren« und auf innerparteilichen Differenzen Lenins mit Bucharin und anderen. Niemals hat Lenin irgendwo, sei es auch nur nebenbei, die »Ergebnisse und Perspektiven« analysiert, und einige sich offensichtlich auf mich beziehende Erwiderungen Lenins gegen die permanente Revolution beweisen direkt, dass er diese Arbeit nicht gelesen hatte.[7]

7 Im Jahre 1909 zitierte Lenin allerdings meine »Ergebnisse und Perspektiven«, und zwar in einem Artikel, der einer Polemik gegen Martow galt. Es wäre jedoch nicht schwer, nachzuweisen, dass Lenin die Zitate aus zweiter Hand, d. h. in diesem Falle von Martow übernommen hatte. Nur so lassen sich einige seiner gegen mich gerichteten Erwiderungen erklären, die auf offenen Missverständnissen beruhen.
Im Jahre 1919 veröffentlichte der Staatsverlag meine »Ergebnisse und Perspektiven« als Sonderbroschüre. Ungefähr auf die gleiche Zeit bezieht sich jene Anmerkung zu der Gesamtausgabe der Werke Lenins, die besagt, dass die Theorie der permanenten Revolution »jetzt«, nach der Oktoberrevolution, besonders bemerkenswert sei. Hat Lenin meine »Ergebnisse und Perspektiven« im Jahre 1919 gelesen oder auch nur durchgeblättert? Darüber kann ich nichts Bestimmtes aussagen. Ich war damals stets auf Reisen, kam nach Moskau nur vorübergehend, und während meiner Zusammenkünfte mit Lenin in jener Periode – auf der Höhe des Bürgerkrieges – stand uns beiden der Sinn nicht nach fraktionellen theoretischen Erinnerungen. Aber A. A. Joffe hatte gerade in jener Zeit eine Unterhaltung mit Lenin über die Theorie der permanenten Revolution. Von dieser Unterhaltung berichtet Joffe in dem Abschiedsbrief, den er mir vor seinem Tode schrieb. (Siehe »Mein Leben«, Berlin 1930, S. 521/522. – Vollständig in: Nadeschda A. Joffe, *Rückblende*, Essen 1997, S. 76–85, d. Hrsg.) Kann man die Aussage A. A. Joffes so deuten, dass Lenin im Jahre 1919 zum *ersten Mal* die »Ergebnisse und Perspektiven« kennen gelernt und die Richtigkeit der darin enthaltenen historischen Prognose bestätigt hat? Ich kann hierzu nichts außer psychologischen Vermutungen äußern. Die Überzeugungskraft dieser Vermutungen hängt von der Einschätzung des Kernes der Streitfrage selbst ab. Die Worte A. A. Joffes, dass Lenin meine Prognose als richtig bestätigt habe, müssen einem Menschen, der mit der theoretischen Margarine der nachleninschen Epoche aufgezogen wurde, unverständlich erscheinen. Wer dagegen über die Entwicklung der Gedanken Lenins in Verbindung mit der Entwicklung der Revolution selbst nachdenkt, wird begreifen, dass Lenin im Jahre 1919 über die Theorie der permanenten Revolution ein neues Urteil abgeben musste, ein anderes Urteil als jenes, das er zu verschiedenen Zeiten vor der Oktoberrevolution flüchtig, nebenbei, manchmal sich offen widersprechend, aufgrund

Es wäre jedoch irrig zu glauben, Lenins »Leninismus« bestehe gerade darin. Dies scheint aber die Ansicht Radeks zu sein. Jedenfalls beweist Radeks von mir hier zu untersuchender Artikel nicht nur, dass er meine grundlegenden Arbeiten »nicht bei der Hand«, sondern auch, dass er sie wohl niemals gelesen, und wenn er sie gelesen haben sollte, so vor langer Zeit, vor der Oktoberumwälzung, und dass er jedenfalls nicht viel davon im Gedächtnis behalten hat.

Darauf aber beschränkt sich die Sache nicht. Wenn es auch in den Jahren 1905 oder 1909 zulässig und sogar unvermeidlich war, über einzelne damals aktuelle Artikel und sogar über einzelne Sätze der einzelnen Artikel miteinander zu polemisieren, besonders unter den Verhältnissen der Spaltung, so muss sich heute ein revolutionärer Marxist, will er Rückschau halten über eine gewaltige historische Periode, doch die Frage stellen: Wie wurden die betreffenden Formeln in der Praxis angewandt, wie wurden sie bei der Anwendung gedeutet? Wie war die *Taktik*? Wenn Radek sich die Mühe gemacht haben würde, auch nur die zwei Bücher »Unsere erste Revolution« (»Gesammelte Werke«) durchzublättern, er hätte den Mut nicht gefunden, seine heutige Arbeit zu schreiben, jedenfalls würde er eine ganze Reihe seiner schwungvollen Behauptungen gestrichen haben. Ich möchte es mindestens hoffen.

einzelner Zitate gefällt hatte, ohne auch nur ein einziges Mal meine Position im Ganzen zu untersuchen.

Um im Jahre 1919 meine Prognose als richtig zu bestätigen, hatte Lenin nicht nötig, meine Position der seinen entgegenzuhalten. Es genügte, beide Positionen in ihrer historischen Entwicklung zu betrachten. Man braucht hier nicht zu wiederholen, dass jener konkrete Inhalt, den Lenin jedes Mal seiner Formel »demokratische Diktatur« verlieh und der sich weniger aus einer hypothetischen Formel als aus der Analyse der realen Veränderungen des Kräfteverhältnisses der Klassen ergab, – dass dieser taktische und organisatorische Inhalt ein für alle Mal in das Inventar der Geschichte eingegangen ist als ein klassisches Beispiel von revolutionärem Realismus. Fast in allen Fällen, jedenfalls in allen wichtigen Fällen, wo ich mich taktisch oder organisatorisch in Widerspruch zu Lenin gestellt hatte, war das Recht auf seiner Seite. Gerade deshalb hatte es mich nicht interessiert, für meine alte historische Prognose einzutreten, solange es scheinen konnte, es handele sich nur um historische Reminiszenzen. Zu dieser Frage zurückzukehren sah ich mich erst in dem Augenblick gezwungen, als die Kritik der Epigonen an der Theorie der permanenten Revolution nicht nur die theoretische Reaktion der gesamten Internationale zu füttern begann, sondern sich auch in ein Mittel der direkten Sabotage der chinesischen Revolution verwandelte.

Radek würde aus diesen zwei Büchern in erster Linie erfahren haben, dass die permanente Revolution für mich in meiner politischen Tätigkeit keinesfalls ein Überspringen der demokratischen Etappe der Revolution oder deren besonderer Stufen bedeutet hat. Er hätte sich davon überzeugen können, dass ich, wiewohl das ganze Jahr 1905 illegal, ohne Verbindung mit der Emigration, in Russland weilend, die einander folgenden Etappen der Revolution in gleicher Weise wie Lenin formuliert habe; er hätte erfahren können, dass die grundsätzlichen Aufrufe an die Bauern, die von der Zentral-Druckerei der Bolschewiki im Jahre 1905 herausgegeben wurden, von mir geschrieben waren; dass die von Lenin redigierte »Nowaja Schisn« (»Neues Leben«) in einer redaktionellen Notiz meinen im »Natschalo« (»Anfang«) erschienenen Artikel über die permanente Revolution entschieden in Schutz genommen hat; dass die leninsche »Nowaja Schisn« und mitunter Lenin selbst jene politischen Beschlüsse des Sowjets der Deputierten unterstützte und verteidigte, deren Autor ich war, und die ich in neun von zehn Fällen als Berichterstatter vertrat; dass ich, nach der Zertrümmerung vom Dezember, im Gefängnis eine taktische Broschüre schrieb, in der ich die Verbindung des proletarischen Angriffs mit der Agrarrevolution der Bauern als das zentrale strategische Problem zeigte; dass Lenin diese Broschüre in dem bolschewistischen Verlag »Nowaja Wolna« (»Neue Welle«) druckte und mir durch Knunianz seine starke Zustimmung aussprechen ließ; dass Lenin auf dem Londoner Kongress von 1907 von meiner »Solidarität« mit dem Bolschewismus in den Ansichten über Bauernschaft und liberale Bourgeoisie gesprochen hat. Das alles existiert für Radek nicht: Wahrscheinlich hatte er auch das nicht »bei der Hand« gehabt.

Wie verhält sich bei Radek die Sache mit den Arbeiten von Lenin? Nicht besser oder nicht viel besser. Radek beschränkt sich auf jene Zitate, die Lenin zwar gegen mich gerichtet, aber häufig gegen andere gemeint hat (z. B. gegen Bucharin und Radek: ein offener Hinweis darauf befindet sich bei Radek selbst). Nicht ein einziges neues Zitat hat Radek anzuführen gewusst: Er hat einfach das fertige Zitatenmaterial verwendet, das jetzt fast jeder Bürger der USSR »bei der Hand« hat. Radek hat nur einige Zitate hinzugefügt, in denen Lenin den Anarchisten und den Sozialrevolutionären die Anfangswahrheiten über den Unterschied zwischen bürgerlicher Republik und Sozialismus auseinandersetzte, wobei es bei Radek so aussieht, als seien diese Sätze gegen mich gerichtet gewesen. Kaum glaubhaft, aber es ist so!

Radek umgeht völlig jene alten Erklärungen, in denen Lenin sehr zurückhaltend und sehr karg, aber mit umso größerem Nachdruck meine Solidarität mit dem Bolschewismus in den grundsätzlichen revolutionären Fragen feststellt. Man darf hierbei keinen Augenblick vergessen, dass Lenin das zu einer Zeit tat, als ich der bolschewistischen Fraktion nicht angehörte, und dass Lenin mich erbarmungslos (und mit Recht) wegen meines Versöhnlertums angriff – nicht wegen der permanenten Revolution, wo er sich nur auf gelegentliche Erwiderungen beschränkte –, sondern wegen meines Versöhnlertums, wegen meiner Bereitwilligkeit, auf die Entwicklung der Menschewiki nach links zu hoffen. Lenin war um den Kampf mit dem Versöhnlertum viel besorgter als um die »Berechtigung« einzelner polemischer Schläge gegen den »Versöhnler« Trotzki.

Im Jahre 1924, Sinowjews Verhalten im Oktober 1917 vor mir verteidigend, schrieb Stalin:

> Trotzki versteht jedoch nicht die Briefe Lenins [über Sinowjew, L. T.], ihre Bedeutung und ihren Zweck. Lenin greift in seinen Briefen mitunter absichtlich vor, rückt Fehler, die möglicherweise begangen werden könnten, in den Vordergrund und kritisiert sie im Voraus, mit dem Ziel, die Partei zu warnen und sie gegen Fehler zu sichern, oder aber er bauscht mit demselben pädagogischen Ziel mitunter eine »Kleinigkeit« auf und macht »aus der Mücke einen Elefanten« ... Aus solchen Briefen Lenins aber (und solche Briefe gibt es bei ihm nicht wenige) auf »tragische« Meinungsverschiedenheiten schließen und aus diesem Anlass ins Horn blasen heißt die Briefe Lenins nicht verstehen, Lenin nicht kennen.[8]

Ist die Formulierung auch tölpelhaft: »Der Stil ist der Mensch«, so sind die Gedanken im Wesentlichen doch richtig, wenn sie auch am allerwenigsten gerade auf die Meinungsverschiedenheiten über den Oktober 1917 passen, die einer »Mücke« nicht ganz ähnlich sind. Wenn aber Lenin zu »pädagogischen« Übertreibungen und zur Präventivpolitik gegen die

8 Josef W. Stalin, »Trotzkismus oder Leninismus«, in: *Werke*, Bd. 6, Berlin 1952, S. 304.

nächsten Mitglieder der eigenen Fraktion zu greifen pflegte, dann sicher umso mehr gegenüber einem Menschen, der damals außerhalb der bolschewistischen Fraktion stand und das Versöhnlertum predigte. Radek kam es gar nicht in den Sinn, diesen korrigierenden Koeffizienten in den alten Zitaten zu berücksichtigen.

Im Jahre 1922 schrieb ich in dem Vorwort zu meinem Buch »1905«, dass meine Prognose, die Diktatur des Proletariats sei in Russland früher als in den fortgeschrittenen Ländern wahrscheinlich und möglich, sich in der Tat nach zwölf Jahren bestätigt habe. Radek, einem nicht sehr verführerischen Beispiel folgend, schildert es so, als hätte ich diese Prognose der strategischen Linie Lenins *entgegengehalten*. Aus dem »Vorwort« ist jedoch klar zu ersehen, dass ich die Prognose der permanenten Revolution in jenen ihren Grundzügen betrachtete, in denen sie sich mit der strategischen Linie des Bolschewismus *deckt*. Wenn ich in einer Anmerkung von der »Umbewaffnung« der Partei zu Beginn des Jahres 1917 spreche, so doch gewiss nicht in dem Sinne, als habe Lenin den früheren Weg der Partei als »irrig« erkannt, sondern, dass Lenin, wenn auch mit einer Verspätung, so doch zum Glück für die Revolution rechtzeitig genug, nach Russland gekommen war, um die Partei zu lehren, sich von der überlebten Parole »demokratischer Diktatur« *zu befreien*, an die sich die Stalin, Kamenew, Rykows, Molotow usw. noch immer klammerten. Wenn die Kamenews sich über die Erwähnung der »Umbewaffnung« entrüsteten, so ist es begreiflich, denn sie wurde gegen sie unternommen. Aber Radek? Er begann erst im Jahre 1928 sich zu entrüsten, das heißt, erst nachdem er selbst sich der notwendigen »Umbewaffnung« der chinesischen Kommunistischen Partei zu widersetzen begonnen hatte.

Wir wollen Radek daran erinnern, dass meine Bücher »1905« (mit dem inkriminierten »Vorwort«) und die »Oktoberrevolution« zu Lenins Lebzeiten die Rolle der grundlegenden historischen Lehrbücher der beiden Revolutionen spielten. Sie haben damals unzählige Auflagen erlebt sowohl in der russischen wie in den fremden Sprachen. Niemals hat mir jemand gesagt, dass meine Bücher die Gegenüberstellung zweier Linien enthalten, weil damals, vor dem revisionistischen Kurswechsel durch die Epigonen, jedes normal denkende Parteimitglied die Oktober-Erfahrungen nicht im Lichte der alten Zitate betrachtete, sondern die alten Zitate im Lichte der Oktoberrevolution.

Damit in Verbindung steht noch ein anderes Moment, das Radek auf unerlaubte Weise missbraucht: Trotzki habe doch anerkannt – sagt er –, dass Lenin gegen ihn recht behalten habe. Gewiss, das hat er anerkannt. Und in dieser Anerkennung war kein Jota von Diplomatie. Ich aber meinte den gesamten historischen Weg Lenins, seine ganze theoretische Einstellung, seine Strategie, seinen Parteiaufbau. Das betrifft jedoch nicht jedes polemische Zitat, das heute überdies missbraucht wird für Zwecke, die dem Leninismus feindlich sind. Im Jahre 1926, in der Periode des Blocks mit Sinowjew, warnte mich Radek: Sinowjew brauche meine Erklärung, dass Lenin recht gehabt habe, um sein, Sinowjews, Unrecht gegen mich ein wenig zu entschuldigen. Ich hatte das natürlich gut begriffen. Und deshalb sagte ich auf dem 7. Plenum des Exekutivkomitees der Kommunistischen Internationale (EKKI), dass ich das historische Recht Lenins und seiner Partei gemeint, keinesfalls aber das Recht meiner heutigen Kritiker, die bemüht sind, sich mit bei Lenin herausgezupften Zitaten zu decken.

Heute bin ich leider gezwungen, diese Worte auf Radek auszudehnen. In Bezug auf die permanente Revolution habe ich nur von den *Lücken* der Theorie gesprochen, die insofern unvermeidlich waren, als es sich um eine *Prognose* handelte. Bucharin hat auf dem 7. Plenum des EKKI mit Recht betont, dass Trotzki sich von der Konzeption in ihrer Gesamtheit nicht lossage. Über die »Lücken« werde ich in einer anderen, umfangreicheren Arbeit sprechen, in der ich versuchen will, die Erfahrung der drei Revolutionen und deren Anwendung für den weiteren Weg der Komintern, besonders im Osten, darzustellen. Um aber keinen Platz für Zweideutigkeiten zu lassen, will ich hier kurz sagen: Trotz aller ihrer Lücken ist die Theorie der permanenten Revolution, selbst in der Darstellung meiner frühesten Arbeiten, vor allem in den »Ergebnissen und Perspektiven« (1906) in unvergleichlich größerem Maße vom Geiste des Marxismus durchdrungen und steht folglich der historischen Linie Lenins und der Bolschewistischen Partei unvergleichlich näher, nicht nur als die heutigen stalinschen und bucharinschen rückschauenden Weisheiten, sondern auch als die letzte Arbeit Radeks. Damit will ich aber keineswegs sagen, dass die Konzeption der Revolution in allen meinen Schriften die gleiche unverrückbare Linie darstelle. Ich habe mich nicht mit der Sammlung alter Zitate beschäftigt – dazu zwingt mich jetzt die Periode der Parteireaktion und des Epigonentums –, sondern ich habe schlecht und recht versucht, die realen Lebensprozesse zu analysieren. Aus den zwölf Jahren (1905–1917) meiner revolutionären journalistischen Tätigkeit gibt es auch solche Artikel, in denen die Konjunkturverhältnisse, und sogar die im Kampfe unvermeidlichen konjunkturpolemischen Übertreibungen unter Verletzung der strategischen Linie hervorstechen. So kann man zum Beispiel Artikel finden, in denen ich über die zukünftige revolutionäre Rolle der gesamten Bauernschaft als eines *Standes* Zweifel äußerte und in Verbindung damit es ablehnte, besonders während des imperialistischen Krieges, die zukünftige russische Revolution als eine »nationale« zu bezeichnen, da ich diese Bezeichnung als zweideutig empfand. Man darf aber dabei nicht vergessen, dass die uns interessierenden, historischen Prozesse, auch die in der Bauernschaft, jetzt bedeutend klarer zutage liegen, nachdem sie sich vollzogen haben, als in jener Zeit, wo sie sich erst entwickelten. Ich will nebenbei bemerken, dass Lenin – der die Bauernfrage in ihrem ganzen gigantischen historischen Ausmaße keinen Augenblick außer Acht gelassen hat, und von dem wir alle dies gelernt haben –, sogar noch nach der Februarrevolution es als ungewiss betrachtete, ob es gelingen würde, die Bauernschaft von der Bourgeoisie loszureißen und dem Proletariat anzugliedern. Ich möchte übrigens den strengen Kritikern ganz allgemein sagen, dass es viel leichter ist, aus einem Vierteljahrhundert fremder Zeitungsartikel innerhalb einer Stunde die formalen Widersprüche herauszufinden, als selber auch nur ein Jahr lang die Einheit der grundsätzlichen Linie zu wahren.

Es bleibt noch übrig, in diesen einführenden Zeilen eine ganz besonders bemerkenswerte Ergänzung zu erwähnen: Wenn die Theorie der permanenten Revolution richtig gewesen wäre – sagt Radek –, würde Trotzki auf dieser Basis eine große Fraktion versammelt haben. Das sei aber nicht geschehen. Folglich ... war die Theorie falsch.

Das Argument Radeks als Ganzes genommen riecht nicht eine Spur nach Dialektik. Aus ihm könnte man folgern, dass der Standpunkt der Opposition in der Frage der chinesischen Revolution, oder dass die Stellung von Marx in der britischen Angelegenheit falsch war; dass die Stellung der Komintern in Bezug auf die Reformisten in Amerika, in Österreich, und wenn man will – in allen Ländern falsch ist. Nimmt man das Argument Radeks nicht in seiner allgemein »historisch-philosophischen« Form, sondern nur angewandt auf die uns interessierende Frage, dann schlägt es Radek selbst: Das Argument könnte irgendeinen Sinn haben, wenn ich der Meinung wäre, oder, was noch wichtiger ist, wenn die Ereignisse gezeigt hätten, dass die Linie der permanenten Revolution der strategischen Linie des Bolschewismus *widerspricht*, zu ihr *im Gegensatz steht* und sich von ihr immer weiter entfernt: Nur dann wäre der Boden für zwei Fraktionen gegeben. Das aber will Radek gerade beweisen. Ich aber beweise dagegen, dass, trotz allen fraktionell-polemischen Übertreibungen und konjunkturmäßigen Zuspitzungen der Frage, die strategische Grundlinie die gleiche war. Woher sollte dann eine zweite Fraktion gekommen sein? In Wirklichkeit war es so, dass ich in der ersten Revolution Hand in Hand mit den Bolschewiki arbeitete und später in der internationalen Presse diese gemeinsame Arbeit gegen die Renegatenkritik der Menschewiki verteidigte. In der Revolution 1917 habe ich gemeinsam mit Lenin gegen den demokratischen Opportunismus jener »alten Bolschewiki« gekämpft, die heute von der reaktionären Welle emporgehoben und auf die Hetzjagd gegen die permanente Revolution geschickt wurden.

Schließlich hatte ich niemals versucht, auf der Basis der Theorie der permanenten Revolution eine Gruppierung zu schaffen. Meine innerparteiliche Stellung war eine *versöhnlichere*, und wenn ich in gewissen Augenblicken Gruppierungen anstrebte, so eben auf dieser Basis. Mein Versöhnlertum entstammte einem gewissen sozialrevolutionären Fatalismus. Ich glaubte, die Logik des Klassenkampfes werde beide Fraktionen zwingen, die gleiche revolutionäre Linie zu verfolgen. Mir war damals der große historische Sinn der Haltung Lenins noch unklar, seiner Politik der unversöhnlichen geistigen Abgrenzung und, wenn nötig, Spaltung zum Zwecke der Vereinigung und Stählung des Rückgrates der wahrhaft proletarischen Partei. 1911 schrieb Lenin darüber:

> Das Versöhnlertum ist eine Summe von Stimmungen, Bestrebungen und Auffassungen, die mit dem eigentlichen *Wesen* der historischen Aufgabe, vor die die SDAPR [Sozialdemokratische Arbeiter-Partei Russlands] in der Epoche der Konterrevolution der Jahre 1908 bis 1911 gestellt ist, *unlösbar* verknüpft sind. Deshalb »verfiel« in dieser Periode eine ganze Reihe von Sozialdemokraten, *von den verschiedensten Voraussetzungen ausgehend*, dem Versöhnlertum. Am konsequentesten hat

> Trotzki das Versöhnlertum zum Ausdruck gebracht; er versuchte fast als Einziger, dieser Richtung ein theoretisches Fundament zu geben.[9]

Indem ich die Einheit um jeden Preis anstrebte, musste ich unwillkürlich und unvermeidlich die zentristischen Tendenzen im Menschewismus idealisieren. Trotz der dreifachen episodischen Versuche kam ich zu keiner gemeinsamen Arbeit mit den Menschewiki und konnte auch nicht dazu kommen. Gleichzeitig jedoch brachte mich die versöhnlichere Linie in eine umso schroffere Stellung zum Bolschewismus, als Lenin, im Gegensatze zu den Menschewiki, das Versöhnlertum unbarmherzig zurückwies, und es auch nicht anders tun konnte. Es ist selbstverständlich, dass sich auf der Plattform des Versöhnlertums keine Fraktion schaffen ließ. Daraus ergibt sich die Lehre: Es ist unzulässig und schädlich, eine politische Linie zugunsten des vulgären Versöhnlertums umzubiegen oder zu schwächen; es ist unzulässig, den Zentrismus, der nach links zickzackt, zu beschönigen; es ist unzulässig, auf der Jagd nach den Irrlichtern des Zentrismus Meinungsverschiedenheiten mit wirklich revolutionären Gesinnungsgenossen zu übertreiben. Das sind die wahren Lehren aus den Fehlern Trotzkis. Diese Lehren sind sehr bedeutsam. Sie behalten auch jetzt ihre ganze Kraft, und gerade Radek sollte darüber gut nachdenken.

Mit dem Zynismus, der ihn auszeichnet, hat Stalin einmal gesagt:

> Trotzki muss es wissen, dass Lenin bis ans Ende seines Lebens gegen die Theorie der permanenten Revolution gekämpft hat. Aber das beunruhigt ihn nicht. (»Prawda« Nr. 262, 12.11.1926.)

Das ist eine plumpe, illoyale, das heißt rein stalinsche Karikatur auf die Wirklichkeit. In einem Appell an die ausländischen Kommunisten erklärte Lenin, dass Meinungsverschiedenheiten innerhalb der Kommunisten etwas ganz anderes sind als Meinungsverschiedenheiten mit den Sozialdemokraten. Solche Meinungsverschiedenheiten, schrieb er, hätte der Bolschewismus auch früher schon durchgemacht. Aber

9 Wladimir I. Lenin, »Über die neue Fraktion der Versöhnler oder der Tugendhaften«, in: *Werke*, Bd. 17, Berlin 1978, S. 246.

> im Augenblick der Eroberung der Macht und der Schaffung der Sowjetrepublik war der Bolschewismus einig und hat die besten der ihm nächsten Strömungen des sozialistischen Gedankens herangezogen. (Bd. 16, S. 333.)

Welche nächsten Strömungen des sozialistischen Gedankens hatte Lenin gemeint, als er diese Zeilen schrieb? Martynow und Kuusinen? Oder Cachin, Thälmann und Smeral? Schienen etwa sie ihm als die »besten« aus den nächsten Strömungen? Welche andere Richtung war dem Bolschewismus näher als die, die ich in allen grundsätzlichen Fragen, auch in der Bauernfrage, vertrat? Sogar Rosa Luxemburg ist im ersten Augenblick vor der Agrarpolitik der bolschewistischen Regierung zurückgeschreckt. Für mich aber gab es hier überhaupt keine Frage. Wir waren zu zweien am Tische, als Lenin mit einem Bleistift den Entwurf seines Agrargesetzes niederschrieb.

Und der Meinungsaustausch bestand aus kaum mehr als einem Dutzend kurzer Repliken, deren Sinn etwa der folgende war: ein widerspruchsvoller, aber historisch gänzlich unvermeidlicher Schritt; unter dem Regime der proletarischen Diktatur und im Ausmaße der Weltrevolution werden sich die Widersprüche ausgleichen – man braucht nur Zeit. Wenn wirklich in der Bauernfrage zwischen der Theorie der permanenten Revolution und der leninschen Dialektik ein diametraler Gegensatz bestand, wie will dann Radek die Tatsache erklären, dass ich, ohne auf meine grundlegenden Ansichten über den Entwicklungsgang der Revolution zu verzichten, im Jahre 1917 nicht im Geringsten über die Bauernfrage gestolpert bin, wie die Mehrzahl der damaligen bolschewistischen Spitzen? Wie erklärt Radek die Tatsache, dass die heutigen Theoretiker und Politiker des Antitrotzkismus – die Sinowjew, Kamenew, Stalin, Rykow, Molotow usw. usw. – nach der Februarrevolution alle bis auf den letzten Mann die vulgärdemokratische, nicht aber die proletarische Position eingenommen hatten? Und noch einmal: Von wem und wovon konnte Lenin überhaupt gesprochen haben, als er auf die Verschmelzung des Bolschewismus mit den besten Elementen der ihm nächsten marxistischen Strömungen verwies? Und beweist nicht Lenins *abschließendes* Urteil über die vergangenen Meinungsverschiedenheiten, dass er jedenfalls keine zwei unversöhnlichen strategischen Linien sah?

Noch bemerkenswerter in dieser Hinsicht ist die Rede Lenins in der Sitzung des Petrograder Komitees vom 1./14. November 1917.[10] Dort wurde die Frage nach einer Verständigung mit Menschewiki und Sozialrevolutionären behandelt. Die damaligen Anhänger der Koalition versuchten auch dort, allerdings sehr zaghaft, auf den »Trotzkismus« anzuspielen. Was hat Lenin geantwortet?

> ... Verständigung? Ich kann darüber nicht einmal ernsthaft sprechen. Trotzki hat längst gesagt, dass eine Einigung unmöglich ist. Trotzki hat das begriffen – seitdem hat es keinen besseren Bolschewiken gegeben.

Nicht die permanente Revolution, sondern das Versöhnlertum war es, was mich, nach der Ansicht Lenins, vom Bolschewismus getrennt hatte. Um der »beste Bolschewik« zu werden, hatte ich, wie wir hören, nur nötig, die Unmöglichkeit einer Verständigung mit den Menschewiki zu begreifen.

Wie aber ist der schroffe Charakter der Wendung Radeks gerade in der Frage der permanenten Revolution zu erklären? Ein Element der Erklärung glaube ich zu besitzen. Radek war im Jahre 1916, wie wir aus seinem Artikel erfahren, mit der permanenten Revolution einverstanden, aber in der bucharinschen Deutung, nach der die bürgerliche Revolution in Russland beendet sei – nicht nur die revolutionäre Rolle der Bourgeoisie und nicht einmal die historische Rolle der Parole »demokratische Diktatur«, sondern die bürgerliche Revolution an sich –, und dass deshalb das Proletariat unter rein sozialistischem Banner zur Machteroberung schreiten müsse. Offenbar hatte Radek auch meine damalige Position auf bucharinsche Art gedeutet: Andernfalls hätte er sich doch nicht gleichzeitig mit Bucharin und mit mir solidarisieren können. Dieses erklärt übrigens auch, weshalb Lenin gegen Bucharin und Radek, mit denen er ja gemeinsam arbeitete, polemisierte, wobei er sie unter dem Pseudonym Trotzki auftreten ließ. (Radek gesteht in seinem Artikel auch dies.) Ich erinnere mich, dass auch M.N. Pokrowski, ein Gesinnungsgenosse von Bucharin und ein unermüdlicher Konstrukteur historischer, mit großem Geschick marxistisch

10 Wie bekannt, ist das umfangreiche Protokoll dieser historischen Sitzung auf einen besonderen Befehl Stalins aus dem Jubiläumsbuch herausgerissen worden und wird bis jetzt vor der Partei verheimlicht.

gefärbter Schemen, mich in Paris bei Gesprächen über diese Frage mit seiner problematischen »Solidarität« ängstigte. (In der Politik war und blieb Pokrowski ein Anti-Kadett, was er aufrichtig für Bolschewismus hält.)

In den Jahren 1924/25 hat Radek offensichtlich noch immer von geistigen Erinnerungen an die bucharinsche Position von 1916 gelebt, die er mit der meinen zu identifizieren fortfuhr. Aufgrund eines flüchtigen Studiums der Schriften Lenins mit Recht von der Hoffnungslosigkeit seiner Position enttäuscht, beschrieb Radek wohl, wie es in solchen Fällen häufig zu geschehen pflegt, um meinen Kopf einen Bogen von 180 Grad. Das ist sehr wahrscheinlich, weil es typisch ist. So unterschiebt mir Bucharin, der sich in den Jahren 1923–1925 selbst vollständig umkrempelte, d. h. sich aus einem Ultralinken in einen Opportunisten verwandelte, dauernd seine eigene geistige Vergangenheit, die er für »Trotzkismus« ausgibt. In der ersten Periode der Kampagne gegen mich, als ich es manchmal noch fertig brachte, die Artikel Bucharins anzusehen, pflegte ich mich häufig zu fragen: Woher hat er das? – aber bald erriet ich es, er hatte in sein gestriges Tagebuch geblickt. Und nun denke ich, ob nicht der Verwandlung Radeks aus einem Paulus der permanenten Revolution in deren Saulus das gleiche psychologische Fundament zugrunde liegt? Ich wage nicht, auf dieser Hypothese zu bestehen. Aber eine andere Erklärung kann ich nicht finden.

So oder so, nach einem französischen Ausdruck: Die Flasche ist entkorkt, der Wein muss getrunken werden. Wir sind gezwungen, eine größere Exkursion in das Gebiet der alten Zitate zu unternehmen. Soweit es anging, habe ich ihre Zahl vermindert. Doch sind ihrer noch viele. Als Rechtfertigung möge die Tatsache dienen, dass ich mich die ganze Zeit bemühe, von dem mir aufgezwungenen Wühlen in alten Zitaten Fäden zu finden zu den brennenden Fragen der Gegenwart.

2. Die permanente Revolution ist nicht ein »Sprung« des Proletariats, sondern die Umgestaltung der Nation unter der Leitung des Proletariats

Radek schreibt:

> Das wesentliche Merkmal, das den Gedankenkreis, den man Theorie und Taktik [man beachte: auch die *Taktik*. L. T.] der »permanenten Revolution« nennt, von der leninschen Theorie unterscheidet, besteht in der *Vermengung der Etappe der bürgerlichen Revolution mit der Etappe der sozialistischen Revolution.*

Mit diesem grundsätzlichen Vorwurf eng verbunden sind, oder aus ihm ergeben sich, andere, nicht weniger schwerwiegende Anklagen: Trotzki habe nicht begriffen, dass »unter den russischen Verhältnissen eine sozialistische Revolution unmöglich ist, die nicht aus der demokratischen Revolution erwächst«. Woraus sich das »Überspringen der Stufe der demokratischen Diktatur« von selbst ergibt. Trotzki »leugnete« die Rolle der Bauernschaft, worin »die Gemeinsamkeit der Ansichten Trotzkis mit denen der Menschewiki« bestand. Wie gesagt, das alles soll nach dem System der indirekten Indizien die Unrichtigkeit meiner Position in den grundlegenden Fragen der chinesischen Revolution beweisen.

Gewiss, in formal-literarischer Hinsicht kann sich Radek hie und da auf Lenin berufen. Das tut er auch: *Diesen* Teil der Zitate hat jeder »bei der Hand«. Wie ich aber bald nachweisen werde, hatten diese Behauptungen Lenins in Bezug auf mich einen rein episodischen Charakter und waren unrichtig, d. h. sie charakterisierten in keiner Weise meine wirkliche Position im Jahre 1905. Bei Lenin selbst gibt es ganz andere, direkt entgegengesetzte und viel begründetere Äußerungen über meine Stellung in den grundsätzlichen Fragen der Revolution. Radek hat nicht einmal den Versuch gemacht, die verschiedenen und direkt entgegengesetzten Äußerungen Lenins zu vereinen, und diese polemischen Widersprüche durch eine Gegenüberstellung mit meinen tatsächlichen Ansichten zu erläutern.[11]

11 Ich erinnere daran, dass ich Bucharin auf dem 8. Plenum des EKKI, als er dieselben Zitate anführte, wie heute Radek, zurief: »Aber es gibt bei Lenin auch direkt entgegengesetzte

Im Jahre 1906 gab Lenin mit einem eigenen Vorwort einen Artikel Kautskys über die bewegenden Kräfte der russischen Revolution heraus. Ohne davon etwas zu wissen, übersetzte ich im Gefängnis den Artikel Kautskys ebenfalls, versah ihn mit einem Vorwort und nahm ihn in mein Buch »Zur Verteidigung der Partei« auf. Sowohl Lenin wie ich äußerten unsere völlige Zustimmung zu der Analyse Kautskys. Auf die Frage Plechanows: Ist unsere Revolution eine bürgerliche oder eine sozialistische? hatte Kautsky geantwortet, sie sei schon keine bürgerliche mehr, aber auch noch keine sozialistische, d.h. sie bilde die Übergangsform von der einen zur anderen. Lenin schrieb dazu in seinem Vorwort:

> Haben wir es, nach dem allgemeinen Charakter der Revolution zu urteilen, mit einer bürgerlichen oder einer sozialistischen Revolution zu tun? ... Das ist eine alte Schablone, sagt Kautsky. Man darf die Frage nicht so stellen. Das ist nicht marxistisch. Die Revolution in Russland ist keine bürgerliche, denn die Bourgeoisie gehört nicht zu den Triebkräften der heutigen revolutionären Bewegung Russlands. Die Revolution in Russland ist aber auch keine sozialistische.[12]

Man kann allerdings nicht wenige Stellen bei Lenin finden, geschrieben vor und nach diesem Vorwort, wo er die russische Revolution kategorisch eine bürgerliche nennt. Ist das ein Widerspruch? Wenn man mit den Methoden der heutigen Kritiker des »Trotzkismus« an Lenin herangeht, so kann man bei ihm Dutzende und Hunderte solcher »Widersprüche« finden, die sich für einen ernsten und gewissenhaften Leser mit der Verschiedenheit der Fragestellung zu verschiedenen Zeitpunkten erklären, was keinesfalls die Einheit der leninschen Konzeption verletzt.

Andererseits habe ich niemals den *bürgerlichen* Charakter der Revolution im Sinne ihrer aktuellen historischen Aufgaben, sondern nur im Sinne der sie bewegenden Kräfte und ihrer Perspektiven bestritten. Mit folgenden

Zitate.« Nach einer kurzen Verwirrung antwortete Bucharin: »Ich weiß es, ich weiß es, ich nehme jedoch, was ich brauche, nicht was Sie brauchen.« So sieht die Schlagfertigkeit dieses Theoretikers aus!

12 Wladimir I. Lenin, »Vorwort zur russischen Ausgabe der Broschüre: K. Kautsky, ›Triebkräfte und Aussichten der russischen Revolution‹«, in: *Werke*, Bd. 11, S. 411 f.

Sätzen beginnt meine grundlegende Arbeit aus jener Zeit (aus den Jahren 1905 bis 1906) über die permanente Revolution:

> Die Revolution in Russland kam allen unerwartet, außer der Sozialdemokratie. Der Marxismus hat die Unvermeidlichkeit der russischen Revolution längst vorausgesagt, die als Folge des Zusammenstoßes der Kräfte der kapitalistischen Entwicklung mit den Kräften des starren Absolutismus kommen musste. Indem er sie als eine bürgerliche bezeichnete, zeigte er damit, dass die *unmittelbaren objektiven* Aufgaben der Revolution in der Schaffung »normaler« Bedingungen für die Entwicklung der bürgerlichen Gesellschaft in ihrer Gesamtheit bestanden. Der *Marxismus hatte recht.* – Dies kann man heute nicht mehr bestreiten, noch braucht man es zu beweisen. Vor den Marxisten steht eine ganz andere Aufgabe: durch die Analyse der inneren Mechanik der sich entwickelnden Revolution ihre »Möglichkeiten« aufzudecken ... Die russische Revolution besitzt einen ganz eigenartigen Charakter, der die Folge der Eigenarten unserer gesamten gesellschaftlich-historischen Entwicklung ist und der seinerseits ganz neue historische Perspektiven eröffnet.[13]
>
> Die allgemeine soziologische Bezeichnung *bürgerliche Revolution* löst keinesfalls jene politisch-taktischen Aufgaben, Widersprüche und Schwierigkeiten, die von dieser *gegebenen* bürgerlichen Revolution gestellt werden.[14]

Auf diese Weise habe ich den bürgerlichen Charakter der auf der Tagesordnung stehenden Revolution nicht bestritten und Demokratie und Sozialismus nicht vermischt. Aber ich versuchte zu beweisen, dass bei uns die Klassendialektik der bürgerlichen Revolution das Proletariat zur Macht bringen werde, und dass ohne seine Diktatur auch die demokratischen Aufgaben nicht gelöst werden könnten. In dem gleichen Artikel wird (1905/06) gesagt:

13 »Ergebnisse und Perspektiven«, S. 25 in diesem Band.

14 Ebd., S. 55.

> Das Proletariat wächst und festigt sich mit dem Wachstum des Kapitalismus. In diesem Sinne bedeutet die Entwicklung des Kapitalismus die Entwicklung des Proletariats zur Diktatur. Aber Tag und Stunde, wann die Macht in die Hände der Arbeiterklasse übergehen wird, hängen *unmittelbar* nicht vom Stande der Produktivkräfte ab, sondern von den Verhältnissen des Klassenkampfes, von der internationalen Situation und schließlich von einer Reihe subjektiver Momente: der Tradition, der Initiative, der Kampfbereitschaft.
>
> In einem ökonomisch zurückgebliebenen Lande kann das Proletariat eher an die Macht kommen als in den kapitalistisch fortgeschritteneren Ländern ... Die Vorstellung von irgendeiner automatischen Abhängigkeit der proletarischen Diktatur von den technischen Kräften und Mitteln des Landes bildet ein Vorurteil des bis zum äußersten versimpelten »ökonomischen« Materialismus. Mit Marxismus hat diese Ansicht nichts gemein.
>
> Die russische Revolution schafft unserer Ansicht nach solche Bedingungen, unter denen die Macht an das Proletariat übergehen kann (und bei einer siegreichen Revolution übergehen *muss*), *bevor* noch die Politik des bürgerlichen Liberalismus die Möglichkeit erhalten wird, dessen Staatsgenie zur vollen Entfaltung zu bringen.[15]

Diese Zeilen enthalten eine Polemik gegen jenen vulgären »Marxismus«, der nicht nur in den Jahren 1905/06 geherrscht hat, sondern auch tonangebend war bei der Beratung der Bolschewiki vom März 1917, vor Lenins Ankunft, und der in der April-Konferenz den krassesten Ausdruck in Rykow fand. Auf dem 6. Kongress der Komintern bildete dieser Pseudomarxismus, d.h. der durch Scholastik verdorbene »gesunde Menschenverstand« des Philisters, die »wissenschaftliche« Basis der Reden von Kuusinen und vieler anderer. Und dies zehn Jahre nach der Oktoberrevolution!

Da ich nicht die Möglichkeit habe, hier den ganzen Gedankengang der »Ergebnisse und Perspektiven« darzulegen, will ich noch ein übersichtliches Zitat aus meinem Artikel im »Natschalo« (»Anfang« 1905) anführen:

15 Ebd., S. 50.

> Unsere liberale Bourgeoisie tritt konterrevolutionär auf noch vor dem revolutionären Höhepunkt. Unsere intellektuelle Demokratie demonstriert in jedem kritischen Moment nur ihre Ohnmacht. Die Bauernschaft stellt in ihrer Gesamtheit eine elementare Rebellion dar. Sie kann in den Dienst der Revolution gestellt werden nur von der Macht, die die Staatsmacht übernehmen wird. Die Vorpostenstellung der Arbeiterklasse in der Revolution, die unmittelbare Verbindung zwischen ihr und dem revolutionären Dorfe; der Zauber, durch den sie sich die Armee unterwirft – das alles stößt sie unabwendbar zur Macht. Der volle Sieg der Revolution bedeutet den Sieg des Proletariats. Dieser wiederum bedeutet das weitere ununterbrochene Fortschreiten der Revolution. (»Unsere Revolution«, S. 172.)

Die Perspektive der Diktatur des Proletariats erwächst hier folglich gerade aus der bürgerlich-demokratischen Revolution – im Gegensatz zu alldem, was Radek schreibt. Eben deshalb heißt die Revolution – die permanente (ununterbrochene). Aber die Diktatur des Proletariats kommt nicht *nach* der Vollendung der demokratischen Revolution, wie es sich bei Radek ergibt – in diesem Falle wäre sie in Russland einfach unmöglich, denn in einem zurückgebliebenen Lande kann das zahlenmäßig schwache Proletariat nicht zur Macht gelangen, wenn die Aufgaben der Bauernschaft während der vorangegangenen Etappe gelöst worden sind. Nein, die Diktatur des Proletariats erschien gerade deshalb wahrscheinlich und sogar unvermeidlich auf der Basis der bürgerlichen Revolution, weil es keine andere Macht und keine anderen Wege zur Lösung der Aufgaben der Agrarrevolution gab. Das allein aber öffnet die Perspektive des Hineinwachsens der demokratischen Revolution in eine sozialistische.

> Eintretend in die Regierung nicht als ohnmächtige Geiseln, sondern als eine führende Macht, zerstören die Vertreter des Proletariats schon damit allein die Grenze zwischen Minimum- und Maximum-Programm, d. h. sie *stellen den Kollektivismus auf die Tagesordnung*. An welchem Punkte das Proletariat auf diesem Wege aufgehalten werden wird, das hängt von dem Kräfteverhältnis ab, nicht aber von den ursprünglichen Absichten der Partei des Proletariats. Deshalb kann auch keine Rede sein von irgendeiner *besonderen* Form der proletarischen Diktatur in der

> bürgerlichen Revolution, nämlich von der *demokratischen* Diktatur des Proletariats (oder des Proletariats und der Bauernschaft). Die Arbeiterklasse kann den demokratischen Charakter ihrer Diktatur nicht sichern, ohne die Grenzen ihres demokratischen Programms zu überschreiten … Wenn die Partei des Proletariats die Macht übernehmen wird, wird sie für diese Macht bis zu Ende kämpfen. Wenn eins der Mittel dieses Kampfes um die Erhaltung und Festigung der Macht Agitation und Organisation, besonders im Dorf, sein wird, so wird das andere Mittel im kollektivistischen Programm bestehen. Der Kollektivismus wird nicht nur die unvermeidliche Folgerung sein aus der Tatsache, dass die Partei an der Macht ist, sondern auch das Mittel, diese Situation, gestützt auf das Proletariat, zu sichern.[16]

Gehen wir weiter:

> Wir kennen das klassische Beispiel einer Revolution – schrieb ich im Jahre 1908 gegen den Menschewiken Tscherewanin –, bei der die Bedingungen für die Herrschaft der kapitalistischen Bourgeoisie durch die terroristische Diktatur der siegreichen Sansculotten vorbereitet wurden. Das war in einer Epoche, da die Hauptmasse der Bevölkerung aus dem Kleinbürgertum der Handwerker und Kleinhändler bestand. Die Jakobiner hatten diese hinter sich. Die Hauptmasse der Bevölkerung der russischen Städte bildet in der gegenwärtigen Zeit das industrielle Proletariat. Schon diese Analogie allein lässt Raum für die Annahme der Möglichkeit einer solchen historischen Situation, wo der Sieg der »bürgerlichen« Revolution nur dann erreichbar wird, wenn das Proletariat die revolutionäre Macht an sich reißt. Hört denn die Revolution deshalb auf, bürgerlich zu sein? Ja und nein. Das hängt nicht von der formalen Definition, sondern von der weiteren Entwicklung der Ereignisse ab. Wenn das Proletariat durch die Koalition der bürgerlichen Klassen, darunter auch der von ihm freigemachten Bauernschaft, gestürzt wird, dann wird die Revolution ihren beschränkt bürgerlichen Charakter bewahren. Wenn aber das Proletariat können und verstehen

16 Ebd., S. 65 f.

> wird, alle Mittel seiner politischen Herrschaft wirken zu lassen, um die Beschränkung der Revolution auf Russland zu sprengen, so kann diese Letztere der Prolog einer sozialistischen Weltumwälzung werden. Die Frage, bis zu welcher *Etappe* die russische Revolution gelangen werde, lässt natürlich nur eine bedingte Lösung zu. Aber eines steht unzweifelhaft und unbedingt fest: Die nackte Definition der russischen Revolution als einer *bürgerlichen* besagt nicht das Geringste über den Typus ihrer inneren Entwicklung und bedeutet nicht im Entferntesten, dass das Proletariat verpflichtet ist, seine Taktik dem Verhalten der bürgerlichen Demokratie, als des einzigen gesetzlichen Prätendenten auf die Staatsgewalt anzupassen.[17]

Aus demselben Artikel:

> Bürgerlich nach den unmittelbaren Aufgaben, die sie erzeugt haben, kennt unsere Revolution infolge der äußerst weit getriebenen Klassendifferenzierung der industriellen Bevölkerung keine bürgerliche Klasse, die sich an die Spitze der Volksmassen stellen könnte, indem sie ihr soziales Schwergewicht und ihre politische Erfahrung mit der revolutionären Energie jener vereinte. Sich selbst überlassen, müssen *die unterdrückten Arbeiter- und Bauernmassen* Russlands in der rauen Schule der rauen Zusammenstöße und schweren Niederlagen die *für ihren Sieg notwendigen politischen und organisatorischen Voraussetzungen hervorbringen*. Einen anderen Weg gibt es für sie nicht.[18]

Es muss hier noch ein Zitat aus »Ergebnisse und Perspektiven« über den am heftigsten angegriffenen Punkt – über die Bauernschaft – angeführt werden. In dem besonderen Kapitel: »Das Proletariat an der Macht und die Bauernschaft« wird dort Folgendes gesagt:

> Das Proletariat wird seine Macht nicht sichern können, ohne die Basis seiner Revolution zu erweitern.

17 Leo Trotzki, »Das Proletariat und die russische Revolution«, in: *Die Russische Revolution. 1905*, Berlin 1972, S. 214.

18 Ebd., S. 217 f.

Viele Schichten der werktätigen Massen, besonders im Dorfe, werden zum ersten Mal in die Revolution hineingezogen und von einer politischen Organisation erfasst werden, erst nachdem die Avantgarde der Revolution, das Stadtproletariat, sich an das Steuer der Staatsmacht gestellt hat. Die revolutionäre Agitation und die Organisierung werden mithilfe der Staatsmittel durchgeführt. Schließlich wird die gesetzgebende Macht selbst ein mächtiges Werkzeug zur Revolutionierung der Volksmassen werden ...

Das Schicksal der elementarsten revolutionären Interessen der Bauernschaft – selbst der *Gesamtbauernschaft* als eines *Standes* – verknüpft sich mit dem Schicksal der Revolution, d. h. mit dem Schicksal des Proletariats.

Das Proletariat an der Macht wird der Bauernschaft als Befreierklasse erscheinen.

Die Herrschaft des Proletariats wird nicht nur bedeuten: demokratische Gleichheit, freie Selbstverwaltung, Übertragung der Steuerlast auf die besitzenden Klassen, Umwandlung des stehenden Heeres in bewaffnetes Volk, Abschaffung der Zwangssteuern der Kirche, sondern auch Anerkennung aller von den Bauern vorgenommenen revolutionären Umschichtungen (Aneignungen) des Bodenbesitzes. Diese Umschichtungen wird das Proletariat zum Ausgangspunkt weiterer staatlicher Maßnahmen auf dem Gebiete der Landwirtschaft machen. Unter diesen Bedingungen wird die russische Bauernschaft in der ersten schwierigsten Periode an der Unterstützung des proletarischen Regimes nicht weniger interessiert sein, als die französische Bauernschaft an der Unterstützung des Militärregimes Napoleon Bonapartes interessiert war, welches den neuen Besitzern die Unantastbarkeit ihrer Landstriche kraft der Bajonette garantierte ...

Vielleicht aber wird die Bauernschaft das Proletariat verdrängen und dessen Platz selbst einnehmen?

Das ist unmöglich. Die gesamte historische Erfahrung protestiert gegen solche Annahme. Diese Erfahrung beweist, dass die Bauernschaft zu einer *selbstständigen* politischen Rolle völlig unfähig ist.[19]

19 »Ergebnisse und Perspektiven«, S. 57 f. in diesem Buch.

Das alles ist nicht 1929 und auch nicht 1924, sondern 1905 geschrieben worden. Ähnelt das einer »Ignorierung der Bauernschaft«, möchte ich wissen? Wo ist hier das »Hinüberspringen« über die Agrarfrage? Wäre es nicht an der Zeit, Freunde, etwas mehr Anstandsgefühl zu zeigen?

Sehen wir nun zu, wie ist es mit diesem »Anstandsgefühl« bei Stalin bestellt? Bezüglich meiner New Yorker Artikel über die Februarrevolution 1917, die in allem Wesentlichen mit den Genfer Artikeln Lenins übereinstimmen, schreibt der Theoretiker der Parteireaktion:

> Aber erstens sind die Briefe Trotzkis ihrem Geiste und ihren Schlussfolgerungen nach den Briefen Lenins »überhaupt nicht ähnlich«, denn sie widerspiegeln voll und ganz die antibolschewistische Losung Trotzkis »Weg mit dem Zaren, her mit der Arbeiterregierung«, eine Losung, die eine Revolution ohne die Bauernschaft bedeutet.[20]

Herrlich klingen diese Worte von der »antibolschewistischen Parole« (angeblich Trotzkis): »Weg mit dem Zaren, her mit der Arbeiterregierung«. Nach Stalin hätte die bolschewistische Parole lauten müssen: »Ohne Arbeiterregierung, aber mit dem Zaren«. Von der angeblichen »Parole« Trotzkis soll noch die Rede sein. Jetzt wollen wir erst mal eine andere Größe des zurzeit herrschenden Geistes hören, eine vielleicht weniger ungebildete, die aber vom theoretischen Gewissen für immer Abschied genommen hat: Ich spreche von Lunatscharski.

> Lew Dawidowitsch Trotzki neigte im Jahre 1905 dem Gedanken zu: *Das Proletariat müsse isoliert bleiben* (!) und dürfe die Bourgeoisie nicht unterstützen, da dies Opportunismus sei; für das Proletariat allein wäre es jedoch sehr schwer, die Revolution durchzuführen, da das Proletariat zu jener Zeit nur 7–8 % der Gesamtbevölkerung ausmachte und man mit solch kleinem Kader keinen großen Krieg führen könnte. So beschloss Lew Dawidowitsch, dass das Proletariat in Russland die permanente Revolution unterstützen, d. h. um möglichst große Erfolge kämpfen müsse, bis die glühenden Scheite dieses Brandes die Pulverlager der

20 Josef W. Stalin, »Trotzkismus oder Leninismus«, in: ebd., S. 299.

> Welt in die Luft sprengen würden. (»Die Macht der Sowjets« Nr. 7, »Zur Charakteristik der Oktoberrevolution«, A. Lunatscharski, S. 10.)

Das Proletariat »muss isoliert bleiben«, bis die glühenden Scheite die Pulverlager sprengen werden ... Schön schreiben manche Volkskommissare, die vorläufig noch nicht »isoliert« sind, trotz der bedrohten Lage ihres eigenen Gedankenpulvers. Wir wollen aber gegen Lunatscharski nicht so streng sein: Jeder tut, was er kann. Seine schlampigen Sinnlosigkeiten sind nicht sinnloser als die vieler anderer.

Wie aber muss, nach Trotzki, das »Proletariat isoliert bleiben«? Es sei hier ein Zitat aus meiner Streitschrift gegen Struve angeführt (1906). Übrigens hatte Lunatscharski dieser Schrift seinerzeit maßlose Lobhymnen gesungen. Während die bürgerlichen Parteien – es ist vom Sowjet der Deputierten die Rede – von den erwachenden Massen »völlig abseits blieben«,

> konzentrierte sich das politische Leben um den Arbeitersowjet. Das Verhalten der städtischen Masse zum Sowjet (1905) war offensichtlich ein sympathisierendes, wenn auch kein klares. Alle Unterdrückten und Beleidigten suchten bei ihm Schutz. Die Popularität des Sowjets wuchs weit über die Stadt hinaus. Er erhielt »Bittschriften« von Bauern, denen Unrecht zugefügt war, dem Sowjet strömten Bauernresolutionen zu, es kamen zu ihm Delegierte von Dorfgemeinden. Hier, gerade hier konzentrierten sich die Gedanken und Sympathien der Nation, der echten, nicht der falsifizierten demokratischen Nation. (»Unsere Revolution«, S. 199.)

In all diesen Zitaten – ihre Zahl kann leicht verdoppelt, verdreifacht und verzehnfacht werden – wird die permanente Revolution als eine solche Revolution dargestellt, die die unterdrückten Massen aus Stadt und Dorf um das in Sowjets organisierte Proletariat zusammenschweißt; als eine nationale Revolution, die das Proletariat zur Macht erhebt und dadurch allein die Möglichkeit gibt des Hinauswachsens der demokratischen Revolution in eine sozialistische Revolution.

Die permanente Revolution ist kein isolierter Sprung des Proletariats, sondern sie ist der Neuaufbau der ganzen Nation unter Führung des Proletariats. So hatte ich mir, seit 1905, die Perspektive der permanenten Revolution vorgestellt und so sie gedeutet.

Auch in Bezug auf Parvus,[21] dessen Ansichten über die russische Revolution im Jahre 1905 sich mit den meinen eng berührten, ohne jedoch mit ihnen identisch zu sein, hat Radek unrecht, wenn er den Klischeesatz über Parvus' »Sprung« von der zaristischen zu der sozialdemokratischen Regierung wiederholt. Radek widerlegt sich eigentlich selbst, wenn er an einer anderen Stelle seines Artikels nebenbei, aber ganz richtig, darauf hinweist, *worin* sich eigentlich meine Ansichten über die Revolution von denen des Parvus unterschieden. Parvus war nicht der Meinung, dass die Arbeiterregierung in Russland einen Ausweg in die Richtung zur sozialistischen Revolution besitzt, d. h., dass sie im Prozess der Erfüllung der Aufgaben der Demokratie in die sozialistische Diktatur hinauswachsen kann. Wie das von Radek selbst angeführte Zitat aus dem Jahre 1905 beweist, beschränkte Parvus die Aufgaben der Arbeiterregierung auf die Aufgaben der *Demokratie*. Wo bleibt dann der Sprung zum *Sozialismus*? Parvus schwebte schon damals als Resultat der revolutionären Umwälzung die Errichtung eines Arbeiterregimes nach »australischem« Muster vor. Den Vergleich zwischen Russland und Australien machte Parvus auch nach der Oktoberrevolution, als er selbst schon längst auf dem äußersten rechten Flügel des Sozialreformismus stand. Bucharin sagte dazu, Parvus habe Australien nachträglich »erfunden«, um seine alten Sünden in Bezug auf die permanente Revolution zuzudecken. Das stimmt aber nicht. Im Jahre 1905 hat Parvus in der Eroberung der Macht durch das Proletariat den Weg zur Demokratie und nicht zum Sozialismus gesehen, d. h. er wies dem Proletariat nur jene Rolle zu, die es bei uns in den ersten 8–10 Monaten der Oktoberrevolution tatsächlich gespielt hat. Als auf eine weitere Perspektive verwies Parvus auch damals auf die australische Demokratie jener Zeit, d. h. auf ein Regime, bei dem die Arbeiterpartei zwar regiert, aber nicht herrscht und ihre reformistischen Forderungen nur als Ergänzung zum Programm der Bourgeoisie durchführt. Ironie des Schicksals: Die grundlegende Tendenz des rechtszentristischen Blocks 1923–1928 bestand gerade darin, die Diktatur des Proletariats der Arbeiterdemokratie nach australischem Muster

21 Man muss sich dessen erinnern, dass Parvus in jenem Zeitabschnitt auf dem äußersten linken Flügel des internationalen Marxismus stand.

anzunähern, d.h. der Prognose von Parvus. Das wird umso klarer, wenn man sich erinnert, dass die russischen spießbürgerlichen »Sozialisten« vor zwei bis drei Jahrzehnten in der russischen Presse dauernd Australien als ein Arbeiter- und Bauernland schilderten, das, durch hohe Zölle gegen die Außenwelt abgesperrt, »sozialistische« Gesetzgebung entwickle und auf diese Weise den Sozialismus in einem Lande baue. Radek würde richtig gehandelt haben, wenn er *diese* Seite der Frage in den Vordergrund geschoben hätte, anstatt die Märchen nachzusprechen vom fantastischen Sprung über die Demokratie hinweg.

3. Drei Elemente der »demokratischen Diktatur«: Klassen, Aufgaben und politische Mechanik

Der Unterschied zwischen dem »permanenten« Standpunkte und dem leninschen hatte sich politisch geäußert in der Gegenüberstellung der Parole der Diktatur des *Proletariats*, das sich auf die Bauernschaft stützt, und der Parole der *demokratischen* Diktatur des Proletariats und der Bauernschaft. Der Streit ging gar nicht darum, ob man über das bürgerlich-demokratische Stadium hinüberspringen könne und ob ein Bündnis zwischen den Arbeitern und den Bauern notwendig sei – der Streit ging um die *politische Mechanik* der Zusammenarbeit des Proletariats und der Bauernschaft in der demokratischen Revolution.

Viel zu überheblich, um nicht zu sagen leichtfertig, ist die Behauptung Radeks, dass nur Menschen, »die die Kompliziertheit der Methoden des Marxismus und des Leninismus nicht zu Ende gedacht haben«, die Frage nach dem *parteipolitischen Ausdruck* der demokratischen Diktatur in den Vordergrund schieben konnten, während Lenin die ganze Frage nur in der Zusammenarbeit der zwei Klassen an den objektiven historischen Aufgaben sah. Nein, so war es nicht.

Verlässt man den subjektiven Faktor der Revolution, die Parteien und ihre Programme, in diesem Falle die politische und organisatorische Form der Zusammenarbeit von Proletariat und Bauernschaft, so verschwinden alle Meinungsverschiedenheiten, nicht nur zwischen mir und Lenin, die zwei Schattierungen des gleichen revolutionären Flügels kennzeichneten, sondern, was allerdings schlimmer ist, es verschwinden auch die Meinungsverschiedenheiten zwischen Bolschewismus und Menschewismus, es verschwindet schließlich der Unterschied zwischen der russischen Revolution von 1905 und den Revolutionen von 1848 und sogar von 1789, insofern man in Bezug auf diese letztere von Proletariat überhaupt sprechen kann. *Alle* bürgerlichen Revolutionen beruhten auf der Mitarbeit der unterdrückten Klassen in Stadt und Land. Das gerade verlieh den Revolutionen in kleinerem oder größerem Grade den nationalen, d. h. den das gesamte Volk umfassenden Charakter.

Der theoretische wie der politische Streit ging bei uns nicht um die Zusammenarbeit der Arbeiter und Bauern an sich, sondern um das Programm dieser Zusammenarbeit, um ihre Parteiformen und politischen

Methoden. In den alten Revolutionen haben Arbeiter und Bauern »zusammen gearbeitet« unter Führung der liberalen Bourgeoisie oder ihres kleinbürgerlich demokratischen Flügels. Die Kommunistische Internationale hat das Experiment der *alten* Revolutionen in einer *neuen* historischen Situation wiederholt, indem sie alles getan hat, um die chinesischen Arbeiter und Bauern der politischen Führung des nationalliberalen Chiang Kai-shek und später des »Demokraten« Wang Jingwei zu unterwerfen. Lenin stellte die Frage eines Bündnisses der Arbeiter und Bauern im unversöhnlichen *Gegensatz* zur liberalen Bourgeoisie. Ein solches Bündnis hatte es in der früheren Geschichte noch nicht gegeben. Es handelte sich um ein seinen Methoden nach neues Experiment einer Zusammenarbeit der unterdrückten Klassen in Stadt und Dorf. Damit wurde die Frage nach den politischen Formen der Zusammenarbeit zum ersten Mal gestellt. Radek hat das einfach übersehen. Deshalb führt er uns nicht nur von der Formel der permanenten Revolution, sondern auch von der leninschen »demokratischen Diktatur« in den leeren Raum historischer Abstraktionen zurück. Ja, Lenin hatte sich während einer Reihe von Jahren geweigert, die Frage im *Voraus zu beantworten*, wie die politisch-parteimäßige und staatliche Organisation der demokratischen Diktatur des Proletariats und der Bauernschaft aussehen werde, und er schob als Gegensatz zu der Koalition mit der liberalen Bourgeoisie die Zusammenarbeit dieser zwei Klassen in den Vordergrund. Lenin sagte: Aus der gesamten objektiven Situation ergibt sich an einer bestimmten historischen Etappe unvermeidlich das revolutionäre Bündnis der Arbeiterklasse mit der Bauernschaft zur Lösung der Aufgaben der demokratischen Umwälzung. Ob die Bauernschaft Zeit haben und es verstehen wird, eine eigene Partei zu schaffen, ob diese Partei in der Regierung der Diktatur in der Mehrheit oder in der Minderheit und wie das spezifische Gewicht der Vertreter des Proletariats in der revolutionären Regierung sein wird – all diese Fragen lassen keine allgemeingültige Antwort zu. »Die Erfahrung wird es zeigen!« Wenn auch die Formel der demokratischen Diktatur die Frage nach der politischen Mechanik des Bündnisses der Arbeiter und Bauern offenließ, so blieb sie dennoch, ohne sich in eine blaue Abstraktion von Radek zu verwandeln, bis zu einem bestimmten Zeitpunkte eine algebraische Formel, die für die Zukunft sehr weit auseinandergehende politische Deutungen zuließ.

Lenin selbst war dabei keinesfalls der Ansicht, dass die Frage durch die Klassenbasis der Diktatur und ihre objektiven historischen Ziele erschöpft wäre. Die Bedeutung des subjektiven Faktors: des Zieles, der bewussten Methode, der Partei – hatte Lenin gut begriffen und uns das alles gelehrt. Und darum verzichtete er in den Kommentaren zu seiner Parole auch nicht auf eine hypothetische Beantwortung der Frage: welche politischen Formen das in der Geschichte erste selbstständige Bündnis der Arbeiter und Bauern annehmen könne. Lenin ist jedoch an diese Frage zu verschiedenen Zeiten verschieden herangegangen. Man muss den leninschen Gedanken nicht dogmatisch, sondern historisch betrachten. Lenin hat keine fertigen Gebote vom Sinai gebracht, sondern er schmiedete Gedanken und Parolen im Schmelzofen des Klassenkampfes. Er passte diese Parolen der Wirklichkeit an, konkretisierte und präzisierte sie und füllte sie zu verschiedenen Perioden mit verschiedenen Inhalten. Aber *diese* Seite der Frage, die später entscheidenden Charakter gewann und die bolschewistische Partei zu Beginn des Jahres 1917 dicht an die Grenze der Spaltung brachte, hat Radek nicht studiert; er ist an ihr einfach vorbeigegangen.

Es ist jedoch Tatsache, dass Lenin nicht immer in gleicher Weise den wahrscheinlichen parteipolitischen Ausdruck und die Regierungsform des Bündnisses der zwei Klassen charakterisierte, und dass er sich davor zurückhielt, durch hypothetische Deutungen die Partei zu binden. Wo sind die Gründe für eine solche Vorsicht? Die Gründe sind darin zu suchen, dass ein Bestandteil dieser algebraischen Formel eine ihrer Bedeutung nach gigantische, aber politisch äußerst unbestimmte Größe bildete: die Bauernschaft.

Ich will nur einige Beispiele leninscher Deutung der demokratischen Diktatur anführen, wobei ich bemerken möchte, dass eine zusammenhängende Charakteristik der *Evolution* des leninschen Gedankens in dieser Frage eine selbstständige Arbeit erfordern würde.

Den Gedanken entwickelnd, dass das Proletariat und die Bauernschaft die Basis der Diktatur sein würden, schrieb Lenin im März 1905:

> Eine solche Zusammensetzung der sozialen Basis einer möglichen und wünschenswerten revolutionär-demokratischen Diktatur wird sich natürlich auch in der Zusammensetzung der revolutionären Regierung widerspiegeln, sie wird *die Beteiligung der buntscheckigsten Vertreter der*

> *revolutionären Demokratie an dieser Regierung oder sogar ihr Übergewicht in dieser Regierung unvermeidlich machen.* [Kursiviert von mir.][22]

In diesen Worten zeigt Lenin nicht nur die Klassenbasis, sondern auch eine bestimmte Regierungsform der Diktatur, mit einem möglichen Übergewicht der Vertreter der kleinbürgerlichen Demokratie.

Im Jahre 1907 schrieb Lenin:

> Die »bäuerliche Agrarrevolution«, von der ihr sprecht, meine Herren, muss, um zu siegen, als solche, als Bauernrevolution zur Zentralgewalt des ganzen Staates werden.[23]

Diese Formel geht noch weiter. Man kann sie in dem Sinne verstehen, dass die revolutionäre Macht unmittelbar in den Händen der Bauernschaft konzentriert werden müsse. Diese Formel umfasst jedoch, bei einer weitergehenden Deutung, wie sie ihr der Verlauf der Entwicklung gegeben hat, auch die Oktoberumwälzung, welche das Proletariat als »Agenten« der Bauernrevolution an die Macht gebracht hat. Das sind die äußersten Pole der zulässigen Deutungen der Formel der demokratischen Diktatur des Proletariats und der Bauernschaft. Es ist wahrscheinlich, dass in dieser ihrer algebraischen Unbeständigkeit – bis zu einem gewissen Moment – ihre Stärke lag, aber darin lagen auch ihre Gefahren, die sich bei uns nach dem Februar krass genug gezeigt und die in China zur Katastrophe geführt haben.

Im Juli 1905 schreibt Lenin:

> Von der Machtergreifung durch die Partei spricht niemand – es wird nur von der Beteiligung, von einer *nach Möglichkeit* führenden Beteiligung in der Revolution gesprochen … (Bd. 6, S. 278.)

Im Dezember 1906 hält es Lenin für möglich, in der Frage der Machtergreifung durch die Partei Kautsky beizupflichten:

22 Wladimir I. Lenin, »Sozialdemokratie und provisorische revolutionäre Regierung«, in: *Werke*, Bd. 8, Berlin 1975, S. 284.

23 Wladimir I. Lenin, »Das Agrarprogramm der Sozialdemokratie in der ersten russischen Revolution von 1905 bis 1907«, in: *Werke*, Bd. 13, Berlin 1974, S. 334.

> Kautsky zeigt, dass im Fortgang der Revolution der Sieg sehr wohl der Sozialdemokratischen Partei zufallen kann und dass diese Partei ihre Anhänger mit Siegeszuversicht erfüllen muss ... »Man kann nicht erfolgreich kämpfen, wenn man von vornherein auf den Sieg verzichtet.«[24]

Zwischen diesen beiden, von Lenin selbst gegebenen Deutungen ist die Entfernung nicht kleiner als zwischen den Formulierungen von Lenin und von mir. Das werden wir später noch deutlicher sehen. Hier wollen wir die Frage stellen: Was bedeuten diese Widersprüche bei Lenin? Sie spiegeln das nämliche »große Unbekannte« in der politischen Formel der Revolution wider: die *Bauernschaft*. Nicht umsonst nannte die radikale Sprache ehemals den Bauern die Sphinx der russischen Geschichte. Die Frage nach der Natur der revolutionären Diktatur ist – ob Radek es nun will oder nicht – untrennbar von der Frage nach der Möglichkeit einer der liberalen Bourgeoisie feindlichen und vom Proletariat unabhängigen revolutionär-bäuerlichen Partei. Die entscheidende Bedeutung dieser Frage ist nicht schwer zu begreifen. Wenn die Bauernschaft fähig wäre, in der Epoche der demokratischen Revolution eine *selbstständige* Partei zu schaffen, so könnte die demokratische Diktatur in ihrem wahrsten und unmittelbarsten Sinne des Wortes verwirklicht werden, und die Frage nach der Beteiligung der proletarischen Minderheit an der revolutionären Regierung bekäme eine zwar wichtige, aber untergeordnete Bedeutung. Ganz anders stellt sich die Sache dar, wenn man davon ausgeht, dass die Bauernschaft, infolge ihres zwitterhaften Klassencharakters und der Uneinheitlichkeit ihrer sozialen Zusammensetzung, weder eine selbstständige Politik noch eine selbstständige Partei haben kann und gezwungen ist, in der revolutionären Epoche zu wählen zwischen der Politik der Bourgeoisie und der Politik des Proletariats. Nur diese Einschätzung der politischen Natur der Bauernschaft ergibt die Perspektive der Diktatur des Proletariats, die unmittelbar aus der demokratischen Revolution erwächst. Darin liegt selbstverständlich keine »Leugnung«, »Ignorierung« oder »Unterschätzung« der Bauernschaft. Ohne die entscheidende Bedeutung der Agrarfrage für das Leben der ganzen Gesellschaft und ohne den tiefen und gigantischen Schwung der Bauernrevolution konnte von der pro-

24 Wladimir I. Lenin, »Vorwort zur russischen Ausgabe der Broschüre: K. Kautsky, ›Triebkräfte und Aussichten der russischen Revolution‹ «, in: *Werke*, Bd. 11, Berlin 1974, S. 413.

letarischen Diktatur in Russland überhaupt nicht die Rede sein. Die Tatsache aber, dass die *Agrarrevolution* die Bedingungen für die Diktatur des *Proletariats* geschaffen hat, ist aus der Unfähigkeit der Bauernschaft erwachsen, mit eigenen Mitteln und unter eigener Führung ihr eigenes historisches Problem zu lösen. Unter den heutigen Bedingungen in den bürgerlichen Ländern, selbst in den zurückgebliebenen, soweit diese bereits in die Epoche der kapitalistischen Industrie eingetreten und durch Eisenbahn und Telegraf zu einer Einheit verbunden sind – das bezieht sich nicht nur auf Russland, sondern auch auf China und Indien –, ist die Bauernschaft zu einer führenden oder auch nur selbstständigen politischen Rolle noch weniger fähig als im Zeitalter der alten bürgerlichen Revolutionen. Dass ich diesen Gedanken, der einen der wichtigsten Bestandteile der Theorie der permanenten Revolution bildet, beständig und beharrlich unterstrich, war ein völlig ungenügender und im Wesentlichen ganz unbegründeter Anlass, mich der Unterschätzung der Bauernschaft zu beschuldigen.

Wie steht Lenin zu der Frage einer Bauernpartei? Um diese Frage zu beantworten, müsste man einen besonderen Aufsatz der Wandlung der Ansichten Lenins über die russische Revolution während der Periode 1905–1917 widmen. Beschränken wir uns hier auf zwei Zitate:

Im Jahre 1907 schreibt Lenin:

> Möglich aber auch, dass die objektiven Schwierigkeiten für den politischen Zusammenschluss des Kleinbürgertums eine solche Partei nicht zustande kommen lassen und die bäuerliche Demokratie auf lange Zeit hinaus in ihrem gegenwärtigen Zustand einer schwammigen, formlosen, gallertartigen »Trudowiki«masse[25] verbleibt.[26]

Im Jahre 1909 äußert sich Lenin zum gleichen Thema folgendermaßen:

> … dann ist auch nicht im Geringsten daran zu zweifeln, dass die … auf eine so hohe Entwicklungsstufe wie die revolutionäre Diktatur geführte

25 Trudowiki waren die Vertreter der Bauern in den vier Dumen, beständig schwankend zwischen den Kadetten (Liberalen) und den Sozialdemokraten.

26 Wladimir I. Lenin, »Revolution und Konterrevolution«, in: *Werke*, Bd. 13, Berlin 1974, S. 114.

> Revolution eine stärkere revolutionäre Bauernpartei mit einer fester ausgeprägten Form schaffen wird. Anders denken hieße annehmen, dass bei einem erwachsenen Menschen einige wesentliche Organe nach Größe, Form und Entwicklungsgrad kindlich bleiben könnten.[27]

Hat sich diese Annahme bestätigt? Nein, sie hat sich nicht bestätigt. Aber gerade sie veranlasste Lenin, *bis zum Augenblick der völligen historischen Nachprüfung* auf die Frage nach der revolutionären Macht nur eine bedingte Antwort zu geben. Es versteht sich von selbst, dass Lenin seine hypothetische Formel nicht über die Wirklichkeit gestellt hat. Der Kampf um die selbstständige politische Partei des Proletariats bildete den Hauptinhalt seines Lebens. Die kläglichen Epigonen aber landeten auf der Jagd nach einer Bauernpartei bei der Unterwerfung der chinesischen Arbeiter unter die Guomindang, bei der Erdrosselung des Kommunismus in Indien im Namen der »Arbeiter- und Bauernpartei«, bei der gefährlichen Fiktion der Bauerninternationale, bei der Maskerade der antiimperialistischen Liga usw.

Der heute herrschende Gedanke gibt sich keine Mühe, bei den oben angeführten Widersprüchen Lenins zu verweilen, die teils äußerlich und scheinbar, teils auch wirklich vorhanden sind, die sich aber stets aus dem Problem von selbst ergeben. Seitdem es bei uns die besondere Abart »roter« Professoren gibt, die sich häufig von den alten reaktionären Professoren nicht durch ein festeres Rückgrat, sondern nur durch eine tiefere Unbildung unterscheiden, wird Lenin bei uns auf Professorenart zurechtgestutzt und von allen Widersprüchen, d. h. von der Dynamik seines Denkens gesäubert; Standardzitate werden auf einzelne Fädchen aufgezogen und dann je nach den Bedürfnissen des »gegebenen Momentes« serienweise in Umlauf gesetzt.

Man darf keinen Augenblick vergessen, dass die Fragen der Revolution in einem politisch »jungfräulichen« Lande akut wurden nach einer großen historischen Pause, nach einer längeren reaktionären Epoche in Europa und in der ganzen Welt, und dass sie schon allein deshalb viel Unbekanntes mit sich brachten. In der Formel »demokratische Diktatur der Arbeiter und Bauern« gab Lenin den Ausdruck der besonderen sozialen Verhält-

27 Wladimir I. Lenin, »Das Kampfziel des Proletariats in unserer Revolution«, in: *Werke*, Bd. 15, Berlin 1962, S. 375.

nisse Russlands. Er gab dieser Formel verschiedene Deutungen, lehnte sie aber niemals ab, ohne die Eigenart in den Bedingungen der russischen Revolution erschöpfend bemessen zu haben. Worin bestand diese Eigenart?

Die gigantische Rolle der Agrarfrage und der Bauernfrage überhaupt, als Basis oder Unterbau aller anderen Probleme, und die große Zahl der bäuerlichen und mit den Bauern sympathisierenden Intelligenz mit ihrer volkstümelnden Ideologie, mit den »antikapitalistischen« Traditionen und der revolutionären Stählung – das alles in seiner Gesamtheit bedeutete, dass, wenn *irgendwo überhaupt eine antibürgerliche revolutionäre Bauernpartei möglich war, so gerade und vor allem in Russland.*

Und in der Tat, aus dem Bestreben heraus, eine Bauern- oder eine Arbeiter- und Bauernpartei – zum Unterschiede von einer liberalen und proletarischen – zu schaffen, wurden in Russland alle möglichen politischen Variationen versucht, sowohl illegale wie parlamentarische wie kombinierte: »Semlja i Wolja«, »Narodnaja Wolja«, »Tschorny Peredel«, das legale »Narodnitschestwo«, »Volkssozialisten«, »Trudowiki«, »Sozialrevolutionäre«, »Linke Sozialrevolutionäre« usw. usw. Wir hatten bei uns während eines halben Jahrhunderts gleichsam ein riesiges Laboratorium zur Schaffung einer »antikapitalistischen« Bauernpartei mit einer selbstständigen Position gegenüber der proletarischen Partei. Den größten Umfang erreichte, wie bekannt, das Experiment der Sozialrevolutionären Partei, die im Jahre 1917 für einige Zeit tatsächlich die Partei der überwiegenden Mehrheit der Bauernschaft darstellte. Und dann? Sie hat ihre Position nur benutzt, um die Bauern mit Haut und Haaren an die liberale Bourgeoisie zu verraten. Die Sozialrevolutionäre gingen eine Koalition ein mit den Imperialisten der Entente und führten zusammen mit diesen einen bewaffneten Kampf gegen das russische Proletariat.

Dieses wahrhaft klassische Beispiel beweist, dass kleinbürgerliche Parteien auf bäuerlicher Basis zwar noch im historischen Alltag, wenn zweitrangige Fragen auf der Tagesordnung stehen, den Schein einer selbstständigen Politik aufrechterhalten können; dass aber, wenn die revolutionäre Gesellschaftskrise die grundlegenden Fragen des Eigentums auf die Tagesordnung stellt, die kleinbürgerliche »bäuerliche« Partei automatisch zum Werkzeug der Bourgeoisie gegen das Proletariat wird.

Betrachtet man meine alten Meinungsverschiedenheiten mit Lenin nicht im Querschnitt herausgerissener Zitate dieses und jenes Jahres, Monats und Tages, sondern in der richtigen historischen Perspektive, so wird es völlig klar, dass der Streit, wenigstens von meiner Seite aus, nicht darum ging, ob vor Russland demokratische Aufgaben stehen, die eine revolutionäre Lösung verlangen; nicht darum, ob für die Lösung dieser Aufgaben ein Bündnis des Proletariats mit den Bauern erforderlich ist, sondern darum, welche parteipolitische und staatliche Form die revolutionäre Kooperation des Proletariats und der Bauernschaft annehmen könne und welche Folgen sich daraus für die weitere Entwicklung der Revolution ergeben. Ich spreche natürlich von *meiner* Position in diesem Streite, nicht von der damaligen Position Bucharin-Radek, für die diese selbst Rede stehen mögen.

Wie dicht die Formel der »permanenten Revolution« an die leninsche Formel heranging, beweist anschaulich folgende Gegenüberstellung. Im Sommer 1905, also vor dem Oktoberstreik und vor dem Dezemberaufstand in Moskau, schrieb ich im Vorwort zu einer Rede Lassalles:

> Es ist selbstverständlich, dass das Proletariat, wie seinerzeit die Bourgeoisie, seine Mission erfüllt gestützt auf die Bauernschaft und das Kleinbürgertum. Das Proletariat führt das Dorf, zieht es in die Bewegung hinein, interessiert es am Erfolg seiner Pläne. Führer aber bleibt unbedingt das Proletariat. Dies ist nicht die »Diktatur der Bauernschaft und des Proletariats«, sondern die *Diktatur des Proletariats gestützt auf die Bauernschaft*.[28] (L. Trotzki, »1905«, S. 281.)

Man vergleiche nun diese Worte, geschrieben im Jahre 1905 und von mir in dem polnischen Artikel von 1909 zitiert, mit folgenden Worten Lenins, geschrieben 1909, gleich nachdem die Parteikonferenz unter dem Druck von Rosa Luxemburg die Formel »Diktatur des Proletariats, gestützt auf die Bauernschaft« statt der alten bolschewistischen Formel angenommen hatte. Den Menschewiken, die von der radikalen Änderung der Position Lenins schrieben, antwortete dieser:

28 Dieses Zitat, neben hundert anderen, beweist nebenbei, dass ich die Existenz der Bauernschaft und die Bedeutung der Agrarfrage bereits am Vorabend der Revolution von 1905 erkannt hatte, d. h., dass ich etwas früher als die Maslow, Thalheimer, Thälmann, Remmele, Cachin, Monmousseau, Bela Kun, Pepper, Kuusinen und andere marxistische Soziologen begonnen habe, mich über die Bedeutung der Bauernschaft zu unterrichten.

> Die »Formel«, die die Bolschewiki hier für sich selbst wählten, lautet also: »*das Proletariat, das die Bauernschaft mit sich zieht*« ...[29]
> Liegt es nicht auf der Hand, dass der Sinn all dieser Formulierungen ein und derselbe ist? Dass dieser Gedanke gerade die Diktatur des Proletariats und der Bauernschaft zum Ausdruck bringt? Dass die »Formel« »*das Proletariat, das sich auf die Bauernschaft stützt*«, durchaus in den Grenzen eben dieser Diktatur des Proletariats und der Bauernschaft bleibt?[30] [Kursiviert von mir.]

Lenin gibt also hier der »algebraischen« Formel eine Deutung, die den Gedanken an eine selbstständige Bauernpartei und noch mehr an deren dominierende Rolle in der revolutionären Regierung ausschließt, das Proletariat *führt* die Bauernschaft, das Proletariat *stützt sich* auf die Bauernschaft, folglich ist die revolutionäre Macht in den Händen der Partei des Proletariats konzentriert. Gerade darin aber bestand der zentrale Punkt der permanenten Revolution.

Das Äußerste, was man heute, d. h. *nach* der historischen Überprüfung der alten Meinungsverschiedenheiten über die Frage der Diktatur sagen kann, ist Folgendes: Während Lenin, immer von der führenden Rolle des Proletariats ausgehend, auf jede Weise die Notwendigkeit der revolutionär-demokratischen Zusammenarbeit der Arbeiter und Bauern betont, klarlegt und uns dies lehrt, betone ich, gleichfalls immer von dieser Zusammenarbeit ausgehend, auf jede Weise die Notwendigkeit der proletarischen Führung nicht nur im Block, sondern auch in jener Regierung, die berufen sein wird, diesen Block zu verkörpern. Einen anderen Unterschied kann man hier nicht herauslesen.

Im Zusammenhang mit dem oben Angeführten wollen wir uns zwei Zitate ansehen: das eine aus »Ergebnisse und Perspektiven«, das Stalin und Sinowjew benutzten, um den Gegensatz zwischen meinen Ansichten

29 Lenin empfahl auf der Konferenz von 1909 die Formel: »das Proletariat, das die Bauernschaft anführt«, er schloss sich jedoch dann der Formel der polnischen Sozialdemokraten an, die dadurch auf der Konferenz die Mehrheit gegen die Menschewiki bekam.

30 Wladimir I. Lenin, »Das Kampfziel des Proletariats in unserer Revolution«, in: *Werke*, Bd. 15, Berlin 1962, S. 362 f., 368.

und den Ansichten Lenins zu beweisen, das andere aus einem polemischen Artikel Lenins gegen mich, das Radek zum gleichen Zweck verwendet.

Hier das erste Zitat:

> Die Beteiligung des Proletariats an der Regierung ist objektiv am wahrscheinlichsten und prinzipiell zulässig nur als dominierende und führende Beteiligung. Man kann natürlich diese Regierung Diktatur des Proletariats und der Bauernschaft, Diktatur des Proletariats, der Bauernschaft und der Intelligenz oder schließlich Koalitionsregierung der Arbeiterklasse und der Kleinbourgeoisie nennen. Die Frage aber bleibt doch bestehen: Wem gehört die Hegemonie in der Regierung und durch sie im Lande? Wenn wir von einer Arbeiterregierung sprechen, so antworten wir schon damit allein, dass die Hegemonie der Arbeiterklasse gehören wird.[31]

Sinowjew schlug (im Jahre 1925) großen Lärm, weil ich (im Jahre 1905!) die Bauernschaft und die Intelligenz nebeneinander gestellt hatte. Nichts anderes hatte er aus den angeführten Zeilen herauszulesen vermocht. Die Erwähnung der Intelligenz war durch jene Periode bedingt, in der die Intelligenz politisch eine ganz andere Rolle spielte als heute: Im Namen der Bauernschaft sprachen damals durchweg intellektuelle Organisationen; die Sozialrevolutionäre bauten offiziell ihre Partei auf der »Triade«: Proletariat, Bauernschaft, Intelligenz auf; die Menschewiki packten, wie ich damals schrieb, jeden radikalen Intellektuellen bei den Fersen, um immer von Neuem das Aufblühen der bürgerlichen Demokratie zu beweisen. Über die Ohnmacht der Intelligenz als einer »selbstständigen« sozialen Gruppe und über die entscheidende Bedeutung der revolutionären Bauernschaft hatte ich mich zu jener Zeit Hunderte Mal geäußert. Es handelt sich ja übrigens gar nicht um einen einzelnen polemischen Satz, den zu verteidigen ich gar nicht die Absicht habe. Der Kern des Zitats besteht darin, dass ich den leninschen Inhalt der demokratischen Diktatur völlig akzeptiere und nur eine präzisere Festlegung ihrer politischen Mechanik verlange, d. h.

31 »Ergebnisse und Perspektiven«, S. 56 f. in diesem Band.

die Verwerfung einer solchen Koalition, in der das Proletariat nur eine Geisel unter einer kleinbürgerlichen Mehrheit sein würde.

Sehen wir uns jetzt den Aufsatz Lenins von 1916 an, der, wie Radek selbst bemerkt, »*formell* gegen Trotzki, in *Wirklichkeit* aber gegen Bucharin, Pjatakow, den Schreiber dieser Zeilen (d.h. Radek) und eine Reihe anderer Genossen« gerichtet war. Das ist eine sehr wertvolle Feststellung, die meinen damaligen Eindruck völlig bestätigt, dass Lenin die Polemik nur scheinbar an meine Adresse richtete, denn der Inhalt betraf, wie ich gleich beweisen werde, im Wesentlichen gar nicht mich. Der Aufsatz enthält (in zwei Zeilen) gerade jene Anklage wegen meiner angeblichen »Negierung der Bauernschaft«, die später das Hauptkapital der Epigonen und deren Jünger wurde. Der »Nagel« dieses Aufsatzes – wie Radek sich ausdrückt – ist folgende Stelle:

»Trotzki hat nicht überlegt« – sagt Lenin, meine Worte zitierend –,

> dass das eben die Vollendung der »nationalen bürgerlichen Revolution« in Russland sein wird, wenn das Proletariat nichtproletarische Massen des Dorfes zur Konfiskation des gutsherrlichen Bodens mitreißt und die Monarchie stürzt, dies eben wird *die revolutionär-demokratische Diktatur des Proletariats und der Bauernschaft* sein. (Lenin, Bd. 13, S. 214.)

Dass Lenin sich mit dem Vorwurf der »Negierung« der Bauernschaft nicht an die »richtige Adresse« wandte, sondern in Wirklichkeit Bucharin und Radek meinte, die tatsächlich über die demokratische Etappe der Revolution hinüberspringen wollten, ist nicht nur aus allem oben Gesagten klar, sondern auch aus dem von Radek selbst angeführten Zitat, das er mit Recht den »Nagel« des leninschen Aufsatzes nennt. In der Tat, *Lenin beruft sich direkt auf die Worte meines Aufsatzes, wonach nur eine unabhängige und kühne Politik des Proletariats die »nichtproletarischen« Massen des Dorfes zur Konfiskation des gutsherrlichen Bodens, zum Sturz der Monarchie usw. mitreißen kann*, und Lenin fügt hinzu: »Trotzki hat nicht überlegt, dass ... gerade dies die revolutionär-demokratische Diktatur sein wird.« Mit anderen Worten, Lenin bestätigt hier und bezeugt sozusagen, dass Trotzki in Wirklichkeit den gesamten realen Inhalt der bolschewistischen Formel (die Zusammenarbeit der Arbeiter und Bauern und die demokratischen Aufgaben dieser Zusammenarbeit) akzeptiert, aber nicht zugestehen will, dass dies eben die demokratische Diktatur, die Vollendung der nationalen Revolution sein werde. Auf diese Weise geht in dem anscheinend »scharfen« polemischen Aufsatz der Streit nicht um das Programm der nächsten Etappe der Revolution und deren bewegende Klassenkräfte, sondern gerade um das politische *Verhältnis dieser Kräfte* zueinander, *um den politischen und parteiorganisatorischen Charakter der Diktatur.* Wenn einerseits infolge der Unklarheit der Prozesse selbst, andrerseits infolge fraktioneller Zuspitzungen polemische Missverständnisse in *jener* Zeit begreiflich und unvermeidbar waren, so ist es völlig unbegreiflich, wie Radek es vermocht hat, nachträglich einen solchen Wirrwarr in die Frage hineinzubringen.

Meine Polemik mit Lenin ging im Wesentlichen um die Möglichkeiten der Selbstständigkeit (und um den *Grad* der Selbstständigkeit) der Bauernschaft in der Revolution, wie auch um die Möglichkeit einer selbstständigen Bauernpartei. In dieser Polemik beschuldigte ich Lenin der Überschätzung der *selbstständigen* Rolle der Bauernschaft. Lenin beschuldigte mich der Unterschätzung der revolutionären Rolle der Bauernschaft. Das ergab sich aus der Logik der Polemik selbst. Was aber anderes als Verachtung verdient einer, der heute, nach zwei Jahrzehnten, diese alten Zitate aus dem Fundament der damaligen Parteibeziehungen herausreißt, jeder polemischen Übertreibung und jedem episodischen Irrtum einen absoluten Wert verleiht, anstatt im Lichte der größten revolutionären Erfahrung aufzudecken, was denn der tatsächliche Kern der Meinungsverschiedenheiten gewesen und wie die Verhältnisse in der Realität, nicht aber auf dem Papier aussahen.

Gezwungen, mir bei der Auswahl der Zitate Beschränkungen aufzuerlegen, will ich hier nur auf die übersichtlichen Thesen Lenins über die Etappen der Revolution verweisen, die Ende des Jahres 1905 geschrieben und erst im Jahre 1926 im 5. Band der ausgewählten Werke Lenins zum ersten Mal veröffentlicht wurden (S. 450). Es sei daran erinnert, dass alle Oppositionellen, darunter auch Radek, die Veröffentlichung dieser Thesen als das schönste Geschenk an die Opposition betrachtet haben, denn Lenin erweist sich darin als des Trotzkismus schuldig. Die wichtigsten Punkte der Resolution des 7. Plenums des EKKI, die den Trotzkismus verurteilt, scheinen gleichsam absichtlich gegen die grundlegenden Thesen Lenins gerichtet zu sein. Die Stalinisten knirschten vor Wut mit den Zähnen anlässlich dieser Veröffentlichung. Der Redakteur des »Sammelbuches«, Kamenew, gestand mir mit der ihn auszeichnenden, nicht sehr schamhaften »Gutmütigkeit« offen: Wäre nicht der Block zwischen uns in Vorbereitung, er hätte unter keinen Umständen die Veröffentlichung dieses Dokumentes zugelassen. In einem Aufsatz der Kostrschewa im »Bolschewik« wurden diese Thesen schließlich gerade zu dem Zweck böswillig gefälscht, um Lenin nicht in den Verdacht der »trotzkistischen« Einstellung zur Bauernschaft überhaupt und zum Mittelbauern insbesondere zu bringen.

Ich führe hier noch Lenins Einschätzung seiner Meinungsverschiedenheiten mit mir an, die er im Jahre1909 gegeben hat:

> Trotzki selber lässt bei dieser Überlegung die »Teilnahme von Vertretern der demokratischen Bevölkerung« an der »Arbeiterregierung« zu, d. h., er ist für eine *Regierung aus Vertretern des Proletariats und der Bauernschaft*. Unter welchen Bedingungen die Teilnahme des Proletariats an der Regierung der Revolution zulässig ist, bildet eine besondere Frage, und in dieser Frage werden sehr wahrscheinlich die Bolschewiki nicht nur mit Trotzki, sondern auch mit den polnischen Sozialdemokraten nicht konform gehen. Die Frage der Diktatur der revolutionären Klassen ist jedoch in keinem Fall auf die Frage der »Mehrheit« in dieser oder jener Revolutionsregierung, auf die Frage der Bedingungen, unter denen eine Beteiligung der Sozialdemokratie an dieser oder jener Regierung zulässig wäre, zu reduzieren.[32] [Kursiviert von mir.]

In diesem Zitat von Lenin wird erneut bestätigt, dass Trotzki eine Regierung aus Vertretern des Proletariats und der Bauernschaft akzeptiert, also die letztere nicht »überspringt«. Lenin betont dabei, dass die Frage der Diktatur nicht auf die Frage nach der Mehrheit in der Regierung hinausläuft. Das ist unbestreitbar. Es handelt sich in erster Linie um die gemeinsame Arbeit des Proletariats und der Bauernschaft und folglich um den Kampf der proletarischen Avantgarde gegen die liberale oder »nationale« Bourgeoisie um den Einfluss auf die Bauern. Wenn aber die Frage der revo-

32 Wladimir I. Lenin, »Das Kampfziel des Proletariats in unserer Revolution«, in: ebd., S. 374.

lutionären Diktatur der Arbeiter und Bauern auch *nicht* auf die Frage nach der Mehrheit in der Regierung *hinausläuft*, so *führt* sie doch beim Siege der Revolution unvermeidlich zu dieser Frage als der entscheidenden. Wie wir gesehen haben, macht Lenin (für jeden Fall) vorsichtig den Vorbehalt: Sollte die Beteiligung der Partei in einer revolutionären Regierung in Frage kommen, dann würden wir mit Trotzki wie auch mit den polnischen Genossen über *die Bedingungen* dieser Beteiligung vielleicht verschiedener Meinung sein. Die Rede war also von *wahrscheinlichen* Meinungsverschiedenheiten, insofern Lenin theoretisch die Beteiligung der Vertreter des Proletariats als einer Minderheit in der demokratischen Regierung als zulässig betrachtete. Die Ereignisse haben jedoch gezeigt, dass wir nicht verschiedener Meinung waren. Im November 1917 tobte in der Spitze der Partei ein Kampf um die Frage der Koalitionsregierung mit den Sozialrevolutionären und den Menschewiken. Lenin hatte im Prinzip nichts gegen eine Koalition auf der Basis der Sowjets, er forderte aber kategorisch eine feste Sicherung der bolschewistischen Mehrheit. Ich ging mit ihm Hand in Hand.

Jetzt wollen wir mal hören, worauf Radek mit der ganzen Frage der demokratischen Diktatur des Proletariats und der Bauernschaft eigentlich hinaus will.

> Worin – fragt er – hat sich die alte bolschewistische Theorie von 1905 grundlegend als richtig erwiesen? Darin, dass das gemeinsame Auftreten der Petrograder Arbeiter und Bauern (der Soldaten der Petrograder Garnison) den Zarismus gestürzt hat [im Jahre 1917. L. T.]. Die Formel von 1905 sieht in ihrem Grundlegenden nur das Verhältnis der Klassen, nicht eine konkrete politische Institution voraus.

Nun, nun, nun! Wenn ich die alte leninsche Formel als eine »algebraische«, d. h. verschiedene konkrete Deutungen zulassende bezeichne, so keinesfalls deshalb, damit es erlaubt sei, sie in einen leeren Gemeinplatz zu verwandeln, wie Radek es unbedenklich tut. »Das Grundlegende hat sich verwirklicht: Das Proletariat und die Bauern haben gemeinsam den Zarismus gestürzt.« Aber dieses »Grundlegende« vollzog sich ausnahmslos in allen siegreichen oder halbsiegreichen Revolutionen. Zaren, Feudalherren und Popen wurden immer und überall mit den Knochen der Proletarier oder der Vorläufer der Proletarier, der Plebejer und Bauern geschlagen. Das gab es bereits im 16. Jahrhundert in Deutschland und sogar schon früher. In China haben ebenfalls Arbeiter und Bauern die »Militaristen« geschlagen. Was hat das mit der demokratischen Diktatur zu tun? Sie hat in den alten Revolutionen nicht existiert, auch in China nicht. Weshalb nicht? Auf dem Rücken der Arbeiter und Bauern, die die schwarze Arbeit der Revolution ausführten, saß die Bourgeoisie. Radek ist von politischen Institutionen soweit »abgekommen«, dass er das »Grundlegendste« in der Revolution vergessen hat: Wer führt und wer ergreift die Macht? Eine Revolution aber ist ein Kampf um die Macht. Es ist ein politischer Kampf, den die Klassen nicht mit leeren Händen führen, sondern mithilfe der »politischen Institutionen« (Partei usw.).

> Menschen, die die Kompliziertheit der Methode des Marxismus und Leninismus nicht zu Ende gedacht haben, donnert Radek gegen uns Sünder, haben das so verstanden: Die Sache müsse unbedingt mit einer gemeinsamen Regierung der Arbeiter und Bauern enden, ja, einige wähnten sogar, es müsse unbedingt eine Koalitionsregierung der Arbeiter- und Bauernparteien sein.

Solche Einfaltspinsel sind diese »Einige«! … Und was wähnt Radek selbst? Dass eine siegreiche Revolution nicht zu einer neuen Regierung führen müsse, oder dass diese neue Regierung nicht ein bestimmtes Kräfteverhältnis der revolutionären Klassen widerspiegeln und sichern muss? Radek hat das »soziologische« Problem derart vertieft, dass nichts außer einer Worthülse übriggeblieben ist. Wie unzulässig es ist, sich von der Frage der politischen Formen der Zusammenarbeit der Arbeiter und Bauern zu entfernen, werden uns die Worte aus einem Vortrag Radeks in der Kommunistischen Akademie vom März 1927 am besten beweisen:

> Ich habe im vorigen Jahr in der »Prawda« einen Aufsatz über diese [Kanton-]Regierung geschrieben, die ich *Bauern- und Arbeiterregierung* nannte. Die Genossen in der Redaktion aber nahmen an, es sei ein Versehen von mir gewesen und korrigierten: *Arbeiter- und Bauernregierung*. Ich protestierte dagegen nicht und ließ so stehen: Arbeiter- und Bauernregierung.

Radek war also im Jahre 1927 (nicht 1905) der Ansicht, es könne eine Bauern- und Arbeiterregierung zum Unterschiede von einer Arbeiter- und Bauernregierung geben. Der Redakteur der »Prawda« hatte das nicht kapiert. Ich gestehe, ich auch nicht. Was eine Arbeiter- und Bauernregierung ist, das wissen wir. Aber was ist eine Bauern- und Arbeiterregierung zum Unterschiede und im Gegensatz von einer Arbeiter- und Bauernregierung? Vielleicht nehmen Sie sich die Mühe, uns diese geheimnisvolle Umstellung der Adjektiva zu erklären? Hier kommen wir an den Kern der Frage heran. Im Jahre 1926 glaubte Radek, die Kantoner Regierung Chiang Kai-sheks sei eine Bauern- und Arbeiterregierung, im Jahre 1927 hat er das mit Bestimmtheit wiederholt. Es hat sich jedoch in der Wirklichkeit gezeigt, dass es eine *bürgerliche* Regierung war, die den revolutionären Kampf der Arbeiter und Bauern nur für sich ausbeutete und diese dann im Blute ertränkte. Womit ist dieser Irrtum zu erklären? Hat sich Radek einfach getäuscht? Man kann sich aus der Entfernung täuschen. Dann aber muss man sagen: Ich habe es nicht begriffen, nicht überblickt, ich habe mich geirrt. Aber nein, hier liegt kein faktischer Irrtum aus Mangel an Information vor, sondern, wie sich jetzt klar herausstellt, ein tief prinzipieller Fehler. Die Bauern- und Arbeiterregierung, im Gegensatz zur Arbeiter- und Bauernregierung, das ist die Guomindang. Nichts anderes kann es bedeuten. Wenn die Bauernschaft nicht dem Proletariat folgt, dann folgt sie der Bourgeoisie. Ich glaube, in meiner Kritik des stalinschen Gedankens der »zweiteilig zusammengesetzten Arbeiter- und Bauernpartei« diese Frage genügend geklärt zu haben (siehe »Kritik des Programms der Komintern«). Die Kantoner »Bauern- und Arbeiterregierung« zum Unterschiede von einer Arbeiter- und Bauernregierung ist in der Sprache der heutigen chinesischen Politik der einzig denkbare Ausdruck der »demokratischen Diktatur« im Gegensatz zur proletarischen Diktatur, mit anderen Worten, die Verkörperung der stalinschen Guomindang-Politik im Gegensatze zur bolschewistischen Politik, die die Kommunistische Internationale »trotzkistisch« nennt.

4. Wie hat die Theorie der permanenten Revolution in der Praxis ausgesehen?

Indem Radek die Theorie kritisiert, ergänzt er sie, wie wir gesehen haben, durch die »*sich aus ihr ergebende Taktik*«. Das ist eine sehr wichtige Ergänzung. Die offizielle Kritik des »Trotzkismus« beschränkte sich in dieser Frage vorsichtigerweise auf die Theorie. Radek jedoch genügt dies nicht. Er führt einen Kampf gegen eine bestimmte (bolschewistische) taktische Linie in China. Er muss diese Linie durch die Theorie der permanenten Revolution kompromittieren, und da ist es nötig, zu beweisen, oder so zu tun, als sei das bereits durch jemanden bewiesen, dass sich in der Vergangenheit die falsche taktische Linie aus dieser Theorie ergeben habe. Radek führt hier seine Leser direkt irre. Es ist möglich, dass er selbst die Geschichte der Revolution, an der er niemals unmittelbaren Anteil genommen hat, nicht kennt. Aber er hat sich offensichtlich auch niemals die geringste Mühe gegeben, die Frage an der Hand von Dokumenten nachzuprüfen. Die wichtigsten davon sind im 2. Band meiner »Gesammelten Werke« enthalten: Eine Nachprüfung ist somit jedem, der lesen kann, möglich.

Es sei also Radek offenbart: Fast in allen Etappen der ersten Revolution bestand zwischen mir und Lenin eine völlige Übereinstimmung in der Einschätzung der Kräfte der Revolution und ihrer aktuellen Aufgaben, obwohl ich das ganze Jahr 1905 illegal in Russland und 1906 im Gefängnis verbrachte. Ich bin gezwungen, mich hier auf die minimalste Zahl der Beweise und Illustrationen zu beschränken.

In einem im Februar geschriebenen und im März 1905 gedruckten Artikel, das heißt also zwei bis drei Monate vor dem ersten *bolschewistischen* Parteitag (der in die Geschichte als der 3. Parteitag eingegangen ist), sagte ich:

> Der erbittertste Kampf zwischen dem Volke und dem Zaren, der keine anderen Gedanken als die des Sieges kennt; der Volksaufstand als der Höhepunkt dieses Kampfes; die Provisorische Regierung als die revolutionäre Krönung des Sieges des Volkes über den Jahrhunderte alten Feind; die Entwaffnung der zaristischen Reaktion und die Bewaffnung des Volkes durch die Provisorische Regierung; die Einberufung der

> Konstituierenden Versammlung auf der Grundlage des allgemeinen, gleichen, direkten und geheimen Wahlrechts – das sind die objektiv vorgezeichneten Etappen der Revolution. (Bd. 2, T. 1, S. 232.)

Es genügt, diese Worte mit den Resolutionen des bolschewistischen Parteitages vom Mai 1905 zu vergleichen, um in der Fragestellung der grundlegenden taktischen Probleme meine völlige Solidarität mit den Bolschewiki zu erkennen.

Mehr noch, im Geiste dieses Aufsatzes habe ich in Petersburg in Übereinstimmung mit Krassin die Thesen über die provisorische Regierung formuliert, die damals illegal erschienen. Krassin verteidigte sie auf dem bolschewistischen Parteitag. Lenin stimmte ihnen in folgender Form zu:

> Im Großen und Ganzen teile ich die Ansicht des Gen. Simin [Krassin]. In meiner Eigenschaft als Publizist habe ich begreiflicherweise auf die literarische Formulierung der Frage geachtet. *Auf die Wichtigkeit des Kampfziels ist von Gen. Simin sehr richtig hingewiesen worden, und ich stimme ihm vollkommen bei.* Man kann nicht kämpfen, wenn man nicht darauf rechnet, den Punkt, um den man kämpft, auch zu besetzen ...[33]

Der größte Teil der umfangreichen krassinschen Abänderungen, auf die ich den Leser verweise, wurde in die Resolution des Parteitages aufgenommen. Dass diese Abänderungen von mir stammen, beweist ein Zettel Krassins, den ich noch jetzt besitze. Diese ganze Parteiepisode ist Kamenew und anderen gut bekannt.

Die Fragen der Bauernschaft, ihrer Annäherung an die Arbeitersowjets, die Frage des Zusammenwirkens mit dem Bauernbund nahm die Aufmerksamkeit des Petersburger Sowjets mit jedem Tage mehr und mehr in Anspruch. Vielleicht weiß Radek noch, dass die Führung des Sowjets mir oblag? Hier eine von den Hunderten der damals von mir getroffenen Formulierungen über die taktischen Aufgaben der Revolution:

33 Wladimir I. Lenin, »III. Parteitag der SDAPR. Rede über die Abänderungsanträge zur Resolution über die provisorische revolutionäre Regierung. 19. April (2. Mai)«, in: *Werke*, Bd. 8, Berlin 1975, S. 395.

> Das Proletariat schafft städtische »Sowjets«, die die Kampfhandlungen der Stadtmasse leiten, und stellt die Kampfvereinigung mit der Armee und der Bauernschaft auf die Tagesordnung. (»Natschalo«, Nr. 4, 17./30. November 1905.)

Es ist langweilig und, ich muss gestehen, peinlich, Zitate anzuführen, die beweisen sollen, dass bei mir von einem »Sprung« aus dem Selbstherrschertum zum Sozialismus keine Rede war. Aber ich bin dazu gezwungen. Folgendes habe ich zum Beispiel im Februar 1906 über die Aufgaben der Konstituierenden Versammlung geschrieben, dabei keinesfalls diese von vornherein den Sowjets gegenüberstellend, wie es jetzt, Stalin folgend, Radek in Bezug auf China zu tun sich beeilt, um mit dem ultralinken Besen die opportunistischen Spuren des gestrigen Tages zu verwischen.

> Die Konstituierende Versammlung wird von dem befreiten Volke aus eigener Macht einberufen. Die Aufgaben der Konstituierenden Versammlung werden riesengroß sein. Sie wird den Staat auf demokratischer Grundlage neu aufbauen müssen, d. h. auf der Grundlage der souveränen Volksmacht. Sie wird eine Volksmiliz aufstellen, eine gewaltige Bodenreform durchführen, den Achtstundentag und eine progressive Einkommensteuer einführen. (Bd. 2, T. 1, S. 349.)

Und nun, speziell zur Frage der »sofortigen« Einführung des Sozialismus, aus dem 1905 von mir verfassten populären Flugblatt:

> »Ist es denkbar, den Sozialismus in Russland sofort einzuführen? Nein, unser Dorf ist noch zu dunkel und zu unaufgeklärt. Zu wenig wirkliche Sozialisten gibt es unter den Bauern. Zu allererst muss das Selbstherrschertum, das die Volksmassen in Finsternis hält, gestürzt werden. Man muss die Dorfarmut von allen Steuern befreien, man muss die progressive Einkommensteuer, allgemeine Schulpflicht einführen, man muss schließlich Landproletariat und Halbproletariat mit dem Stadtproletariat in einer sozialdemokratischen Armee vereinigen. Erst eine solche Armee wird imstande sein, die große sozialistische Umwälzung durchzuführen.« (Bd. 2, T. 1, S. 228.)

Das klingt beinahe, als hätte ich zwischen der demokratischen und der sozialistischen Etappe der Revolution doch wohl Unterscheidungen gemacht, lange bevor noch Stalin und Thälmann, und jetzt auch Radek, mich dies zu lehren begannen.

Vor zweiundzwanzig Jahren schrieb ich:

> Als in der sozialistischen Presse der Gedanke der *ununterbrochenen* Revolution formuliert wurde, welche – *durch anwachsende soziale Zusammenstöße, Aufstände immer neuer Volksschichten, unaufhörliche Attacken des Proletariats gegen die politischen und ökonomischen Privilegien der herrschenden Klassen – die Liquidierung des Absolutismus und der Leibeigenschaft mit der sozialistischen Umwälzung verbindet*, erhob unsere »fortschrittliche« Presse einmütig ein wütendes Geheul.[34]

Ich möchte vor allem auf die in diesen Worten enthaltene Definition der ununterbrochenen Revolution aufmerksam machen: Sie verbindet die Liquidierung des Mittelalters mit der sozialistischen Umwälzung durch eine Reihe anwachsender sozialer Zusammenstöße. Wo ist da der Sprung? Wo die Ignorierung der demokratischen Etappe? Und ist es im Jahre 1917 nicht tatsächlich so gekommen?

Es sei nebenbei festgestellt, dass das Geheul der »fortschrittlichen« Presse von 1905 über die ununterbrochene Revolution keinen Vergleich aushält mit dem keinesfalls fortschrittlichen Geheul der heutigen Schreiber, die sich mit einer kleinen Verspätung von einem Vierteljahrhundert in die Sache einmischten.

Wie verhielt sich zu der von mir in der Presse aufgeworfenen Frage über die permanente Revolution das damalige führende Organ der bolschewistischen Fraktion »Nowaja Schisn«, das unter der wachsamen Redaktion von Lenin erschien? Diese Frage entbehrt doch wohl nicht des Interesses? Zu dem Artikel der »radikalen« bürgerlichen Zeitung »Nascha Schisn«, die versucht hatte, der »permanenten Revolution« von Trotzki die »vernünftigeren« Ansichten Lenins entgegenzustellen, antwortete die bolschewistische »Nowaja Schisn« (am 27. November 1905):

34 »Ergebnisse und Perspektiven«, S. 66 in diesem Band.

> Diese ungezwungene Mitteilung ist selbstverständlich barer Unsinn. Gen. Trotzki hat gesagt, die proletarische Revolution könne, ohne auf der ersten Etappe stehenzubleiben, die Ausbeuter bedrängend, ihren Weg fortsetzen, während Lenin darauf verwies, dass die politische Revolution nur der erste Schritt sei. Der Publizist aus der »Nascha Schisn« möchte darin einen Widerspruch erblicken ... Das ganze Missverständnis kommt erstens von dem Schreck, den »Nascha Schisn« allein schon vor dem Namen soziale Revolution empfindet, zweitens, aus dem Wunsche dieses Blattes, irgendeine scharfe und pikante Meinungsverschiedenheit unter den Sozialdemokraten zu entdecken und drittens, durch den bildlichen Ausdruck des Gen. Trotzki: »mit einem Schlage«. In Nr. 10 des »Natschalo« erklärt Gen. Trotzki seinen Gedanken ganz unzweideutig:
> »Der volle Sieg der Revolution bedeutet den Sieg des Proletariats«, schreibt Gen. Trotzki. »Dieser Sieg wiederum aber bedeutet die weitere Ununterbrochenheit der Revolution. Das Proletariat verwirklicht die grundlegenden Aufgaben der Demokratie, und die Logik seines unmittelbaren Kampfes um die Sicherung der politischen Herrschaft lässt im gegebenen Augenblick rein sozialistische Probleme erstehen. Zwischen dem Minimalprogramm und dem Maximalprogramm wird die revolutionäre Kontinuität hergestellt. Das ist nicht ein ›Schlag‹, das ist nicht ein Tag und nicht ein Monat, das ist eine ganze historische Epoche. Es wäre sinnlos, ihre Dauer im Voraus bestimmen zu wollen.«

Dieser Hinweis allein erschöpft bis zu einem gewissen Grade das Thema dieser Broschüre. Konnte man klarer, präziser, sicherer die ganze spätere Kritik der Epigonen im Voraus beiseiteschieben, als es in jenem meinem Zeitungsaufsatz geschehen ist, den die leninsche »Nowaja Schisn« so beifällig zitierte? Mein Artikel setzte auseinander, dass das siegreiche Proletariat im Prozess der Verwirklichung der demokratischen Aufgaben durch die Logik seiner Lage auf einer bestimmten Etappe unvermeidlich vor rein sozialistische Probleme gestellt sein würde. Eben darin besteht zwischen dem Minimalprogramm und dem Maximalprogramm die *Kontinuität*, die unvermeidlich aus der Diktatur des Proletariats erwächst. Das ist kein Schlag, das ist kein Sprung – erklärte ich meinen damaligen Kritikern aus dem Lager des Kleinbürgertums –, das ist eine ganze historische Epoche. Und die leninsche

»Nowaja Schisn« schloss sich dieser Perspektive durchaus an. Noch wichtiger, hoffe ich, ist die Tatsache, dass der reale Gang der Entwicklung sie nachgeprüft und im Jahre 1917 endgültig als richtig bestätigt hat.

Vom fantastischen »Sprung« zum Sozialismus über die Demokratie hinweg haben im Jahre 1905 und ganz besonders 1906, nach der begonnenen Niederlage der Revolution, außer den kleinbürgerlichen Demokraten der »Nascha Schisn« hauptsächlich die Menschewiki gesprochen. Unter den Menschewiken zeichneten sich auf diesem Gebiet besonders Martynow und der verstorbene Jordanski aus. Beide sind, nebenbei gesagt, später ruhmreiche Stalinisten geworden. Den menschewistischen Schriftstellern, die mir den »Sprung zum Sozialismus« anzuhängen suchten, habe ich im Jahre 1906 ausführlich und populär nicht nur den Irrtum, sondern auch die Dummheit ihrer Behauptung in einem besonderen Aufsatz auseinandergesetzt, den ich heute fast ungekürzt gegen die Kritik der Epigonen nachdrucken könnte. Es wird aber vielleicht genügen, zu sagen, dass das Resümee des Aufsatzes in folgenden Worten gegipfelt hat:

> Ich begreife es sehr gut – wie ich meinem Rezensenten (Jordanski) wohl versichern darf –, dass ein publizistisches Hinwegspringen über ein politisches Hindernis noch lange nicht seine praktische Überwindung bedeutet. (Bd. 2, T. 1, S. 454.)

Vielleicht genügt das? Falls nicht – ich kann fortfahren: Damit sich meine Kritiker, wie Radek, nicht darauf berufen können, sie hätten das nicht »bei der Hand«, worüber sie so frank und frei urteilen.

Die von mir im Jahre 1906 im Gefängnis verfasste und gleich damals von Lenin herausgegebene Broschüre »Unsere Taktik« wird durch diese Schlussfolgerung charakterisiert:

> Das Proletariat wird sich auf den Aufstand des Dorfes stützen können und wird in den Städten, den Zentren des politischen Lebens, jene Sache zu vollenden imstande sein, die es zu beginnen vermochte. Gestützt auf das bäuerliche Element und dieses führend, wird das Proletariat der Reaktion nicht nur den letzten siegreichen Schlag zufügen, sondern es wird auch verstehen, sich den Sieg der Revolution zu sichern. (Bd. 2. T. 1, S. 448.)

Sieht es einer Ignorierung der Bauernschaft ähnlich?

In der gleichen Broschüre wird übrigens auch der folgende Gedanke entwickelt:

> Unsere auf die unaufhaltsame Entwicklung der Revolution berechnete Taktik darf selbstverständlich die unvermeidlichen oder möglichen oder auch nur wahrscheinlichen Phasen und Etappen der revolutionären Bewegung nicht ignorieren. (Bd. 2, T. 1, S. 436.)

Sieht das einem fantastischen Sprung ähnlich?

In dem Aufsatz »Die Lehren des ersten Sowjets« (1906) schildere ich die Perspektive der weiteren Entwicklung der Revolution (oder, wie es sich in der Wirklichkeit ergab, der neuen Revolution) folgendermaßen:

> Die Geschichte wiederholt sich nicht – und der neue Sowjet wird die Ereignisse der fünfzig Tage (Oktober – Dezember 1905) nicht neu durchzumachen haben; dafür aber wird er das Programm seiner Handlungen restlos dieser Periode entnehmen können. Dieses Programm ist vollständig klar. Revolutionäres Zusammenwirken mit der Armee, der Bauernschaft und den untersten Schichten der städtischen Kleinbourgeoisie. Abschaffung des Absolutismus. Vernichtung seiner materiellen Organisation: teilweise Umbildung der Formationen, teilweise Auflösung der Armee, Vernichtung des bürokratischen Polizeiapparates. Achtstundentag. Bewaffnung der Bevölkerung, vor allem des Proletariats. Umwandlung der Sowjets in Organe der revolutionären städtischen Selbstverwaltung. Schaffung von Sowjets der Bauerndeputierten (Bauernkomitees) auf dem Lande, als Organe der Agrarrevolution. Organisierung der Wahlen zur Konstituierenden Versammlung und Wahlkampf auf der Grundlage eines bestimmten Arbeitsprogramms der Volksvertretung. (Bd. 2, T. 2, S. 206.)

Sieht das einem Überspringen der Agrarrevolution oder einer Unterschätzung der Bauernfrage in deren Gesamtheit ähnlich? Sieht das danach aus, dass ich die demokratischen Aufgaben der Revolution nicht gesehen habe? Nein, das sieht nicht so aus. Wonach aber sieht dann die politische Malerei Radeks aus? Nach nichts sieht sie aus.

Gnädig, aber sehr zweideutig grenzt Radek meine von ihm entstellte Position aus dem Jahre 1905 gegen die Position der Menschewiki ab, ohne darauf zu kommen, dass er selbst zu drei Viertel die menschewistische Kritik wiederholt: Wenn Trotzki auch die gleiche Methode wie die Menschewiki anwandte, erklärt Radek jesuitisch, so war doch sein Ziel ein anderes. Durch diese subjektive Darstellung kompromittiert Radek seine eigene Einstellung zur Frage vollends. Schon Lassalle hat es gewusst, dass das Ziel von der Methode abhängt und im Endresultat von ihr bedingt ist. Er hat über dieses Thema bekanntlich sogar ein Drama geschrieben (»Franz von Sickingen«). Worin aber bestehe die Gleichheit meiner Methode mit der menschewistischen? In der Stellung zur Bauernschaft. Als Beweis führt Radek drei polemische Zeilen aus dem von mir bereits zitierten Artikel Lenins aus dem Jahre 1916 an, bemerkt jedoch nebenbei selbst, dass Lenin hier trotz Nennung des Namens Trotzki in Wirklichkeit gegen Bucharin und gegen ihn, Radek, polemisiert habe. Außer auf dieses Zitat aus Lenin, das, wie wir bereits gesehen haben, durch den ganzen Inhalt des leninschen Aufsatzes widerlegt wird, beruft sich Radek auf – Trotzki selbst. Die Leere der menschewistischen Konzeption entlarvend, fragte ich 1916 in einem Artikel: Wenn nicht die liberale Bourgeoisie führen wird, wer dann? An die *selbstständige* politische Rolle der Bauernschaft glaubt ihr, Menschewiki, doch jedenfalls nicht. Also – überführt mich Radek – war ich mit den Menschewiki über die Rolle der Bauernschaft »einig«. Die Menschewiki waren der Ansicht, dass es unzulässig sei, des zweifelhaften und unzuverlässigen Bündnisses mit der Bauernschaft wegen die liberale Bourgeoisie »abzustoßen«. Das war die »Methode« der Menschewiki. Während die meine darin bestand, die liberale Bourgeoisie beiseite zu schieben und die Führung der revolutionären Bauernschaft zu erkämpfen. In dieser grundlegenden Frage hatte ich mit Lenin keine Differenzen. Und wenn ich im Kampfe gegen die Menschewiki diesen sagte: »Ihr seid ja am allerwenigsten bereit, der Bauernschaft eine *führende* Rolle zuzuweisen«, so war das keine Übereinstimmung mit der »Methode« der Menschewiki, wie Radek mir zu insinuieren versucht, sondern eine klare Alternative, entweder die Diktatur der liberalen Plutokratie, oder die Diktatur des Proletariats.

Das gleiche, vollständig richtige Argument von mir aus dem Jahre 1916 gegen die Menschewiki, das Radek illoyalerweise ebenfalls gegen mich auszunutzen versucht, habe ich neun Jahre vorher gebraucht, auf dem Londoner Kongress von 1907, als ich die Thesen der Bolschewiki über die Stellung zu den nichtproletarischen Parteien verteidigte. Ich bringe hier den grundlegenden Teil meiner Londoner Rede, die in den ersten Jahren nach der Oktoberrevolution viele Male in Sammelwerken und Lesebüchern nachgedruckt wurde als Ausdruck bolschewistischer Einstellung zu den Klassen und Parteien in der Revolution:

> Den Genossen aus den menschewistischen Reihen erscheinen ihre eigenen Ansichten ungewöhnlich kompliziert. Ich habe wiederholt von ihnen Beschuldigungen gehört, ich vereinfachte die Darstellung des Verlaufes der russischen Revolution. Trotz der äußeren Ungeformtheit, die ihnen das komplizierte Aussehen verleiht – ja gerade wegen dieser Ungeformtheit –, lassen sich die Ansichten der Menschewiki auf ein sehr einfaches Schema bringen, das selbst dem Verständnis des Herrn Miljukow zugänglich sein dürfte.
>
> In dem Nachwort zu dem soeben erschienenen Buch: »Wie sind die Wahlen zur zweiten Staatsduma verlaufen«, schreibt der geistige Führer der Kadettenpartei: »Was die linken Gruppen im engeren Sinne betrifft, das heißt die sozialistischen und revolutionären Gruppen, so wird eine Verständigung mit ihnen schwieriger sein. Aber auch hier wiederum gibt es, wenn nicht ausgesprochen positive, so doch sehr ins Gewicht fallende negative Gründe, die bis zu einem gewissen Grade eine Annäherung erleichtern können. Ihr Ziel ist – uns zu kritisieren und zu diskreditieren; schon deshalb allein ist es notwendig, dass wir da sind und handeln. Wie wir wissen, bedeutet für die Sozialisten, nicht nur in Russland, sondern in der ganzen Welt, die sich jetzt vollziehende Umwälzung – eine bürgerliche, nicht eine sozialistische Umwälzung: eine Umwälzung, die von der bürgerlichen Demokratie zu vollziehen ist. Um den Platz dieser Demokratie einzunehmen, … darauf haben sich die Sozialisten in der ganzen Welt nicht vorbereitet, und wenn das Land sie in so großer Anzahl in die Duma geschickt hat, so gewiss nicht zu dem Zwecke, um jetzt den Sozialismus zu verwirklichen oder um mit ihren eigenen Händen die notwendigen ›bürgerlichen‹ Reformen durchzuführen … Es wird für sie somit viel vorteilhafter sein, die Rolle der Parlamentarier zu kritisieren, als sich selbst in dieser Rolle zu kompromittieren.«

Wie wir sehen, führt uns Miljukow gleich in das Herz der Frage ein. Das angeführte Zitat gibt alle wichtigsten Elemente der menschewistischen Einstellung zur Revolution und das Verhältnis zwischen bürgerlicher und sozialistischer Demokratie.

»Die sich vollziehende Umwälzung ist eine bürgerliche, nicht eine sozialistische Umwälzung« – dies als erstes. Die bürgerliche Umwälzung »muss von der bürgerlichen Demokratie verwirklicht werden« – dies als zweites. Die sozialistische Demokratie kann nicht mit ihren eigenen Händen bürgerliche Reformen durchführen, ihre Rolle ist eine rein oppositionelle: »Kritisieren und diskreditieren«. Und schließlich – als viertes, damit die Sozialisten die Möglichkeit erhalten, in Opposition zu bleiben, »ist es notwendig, dass wir (d. h. die bürgerliche Demokratie) da sind und handeln«.

Und wenn »wir« nun nicht da sind? Und wenn es die bürgerliche Demokratie nicht gibt, die fähig wäre, an der Spitze der bürgerlichen Revolution zu marschieren? Dann muss man sie erfinden. Zu dieser Schlussfolgerung kommt eben der Menschewismus. Er konstruiert die bürgerliche Demokratie und deren Eigenschaften und Geschichte auf Kosten der eigenen Einbildung.

Als Materialisten müssen wir uns vor allem die Frage nach den sozialen Grundlagen der bürgerlichen Demokratie stellen: Auf welche Schichten und Klassen kann sie sich stützen?

Von der Großbourgeoisie – darin sind wir uns alle einig – als von einer revolutionären Macht braucht man nicht zu sprechen. Lyoner Industrielle haben sogar in der großen Französischen Revolution, die in weitestem Sinne des Wortes eine nationale Revolution war, eine konterrevolutionäre Rolle gespielt. Uns aber erzählt man von der mittleren Bourgeoisie, und ganz besonders von der Kleinbourgeoisie, als von der führenden Kraft der bürgerlichen Umwälzung. Was aber stellt diese Kleinbourgeoisie dar? Die Jakobiner stützten sich auf die städtische Demokratie, die aus den Handwerkerzünften erwachsen war. Kleine Meister, Gehilfen und das mit ihnen eng verbundene Stadtvolk bildeten die Arme der revolutionären Sansculotten, die Stütze der führenden Partei der Montagnarden. Gerade diese kompakte Masse der Stadtbevölkerung, die durch die lange historische Schule des Zunfthandwerks gegangen war, hatte auf ihren Schultern die ganze Last der revolutionären Umwälzung getragen. Das objektive Resultat der Revolution war die Schaffung »normaler« Bedingungen kapitalistischer Ausbeutung. Die soziale Mechanik des historischen Prozesses aber hat dazu geführt, dass die Bedingungen für die Herrschaft der Bourgeoisie von dem Plebs, der Straßendemokratie, den Sansculotten geschaffen wurden. Deren terroristische Diktatur säuberte die bürgerliche Gesellschaft von dem alten Kram und dann, nachdem sie die Diktatur der kleinbürgerlichen Demokratie gestürzt hatte, kam die Bourgeoisie zur Herrschaft.

Ich frage nun zum wiederholten Male: Welche Gesellschaftsklasse wird bei uns die revolutionär bürgerliche Demokratie emporheben, an die Macht stellen und ihr die Möglichkeit geben, die riesige Arbeit auszuführen, wenn das Proletariat in Opposition bleibt? Diese zentrale Frage stelle ich den Menschewiki wiederholt zur Beantwortung. Es ist wahr, wir haben ungeheure Massen der revolutionären Bauernschaft. Aber die Genossen aus der Minderheit wissen es ebenso gut wie ich, dass die Bauernschaft, so revolutionär sie auch sein mag, nicht fähig ist, eine *selbstständige* und noch weniger eine *führende* politische Rolle zu spielen. Die Bauernschaft kann zweifellos im Dienste der Revolution sich als eine gewaltige Macht erweisen; es wäre jedoch eines Marxisten unwürdig, zu glauben, eine Bauernpartei sei fähig, sich an die Spitze einer bürgerlichen Umwälzung zu stellen und aus eigener Initiative die Produktivkräfte des Landes von den archaischen Fesseln zu befreien. Die Stadt besitzt in der modernen Gesellschaft die Hegemonie, und nur ihr kann die Hegemonie in der bürgerlichen Revolution gehören.[35]

Wo haben wir nun jene städtische Demokratie, die fähig wäre, das Volk zu führen? Gen. Martynow hat sie doch schon wiederholt mit der Lupe in der Hand gesucht. Er fand Saratower Lehrer, Petersburger Advokaten, Moskauer Statistiker. Wie alle seine Gesinnungsgenossen, hat auch er es nur nicht bemerken wollen, dass in der russischen Revolution das Industrieproletariat jenen Boden einnehmen wird, auf dem Ende des 18. Jahrhunderts die halbproletarische Handwerksdemokratie der Sans-

35 Sind die verspäteten Kritiker der permanenten Revolution damit einverstanden? Sind sie bereit, diesen Grundsatz auch auf die Länder des Ostens, China, Indien usw. auszudehnen? – Ja oder Nein?

culotten stand. Ich mache Euch, Genossen, auf diese grundsätzliche Tatsache aufmerksam.

Unsere Großindustrie hat sich nicht naturgemäß aus dem Handwerk entwickelt. Die ökonomische Geschichte unserer Städte kennt die Periode der Zünfte nicht. Die kapitalistische Industrie entstand bei uns unter dem direkten und unmittelbaren Druck des europäischen Kapitals. Sie hat sich eigentlich einen jungfräulichen primitiven Boden erobert, ohne auf den Widerstand der Kultur des Handwerks zu stoßen. Das ausländische Kapital floss zu uns durch die Kanäle der Staatsanleihen und durch die Röhren der Privatinitiative. Es sammelte um sich die Armee des Industrieproletariats und verhinderte die Entstehung und Entwicklung des Handwerks. Als Resultat dieses Prozesses zeigte sich bei uns als die Hauptmacht der Stadt im Augenblick der bürgerlichen Revolution ein Industrieproletariat von höchstem sozialem Typus. Das ist eine Tatsache, die man nicht bestreiten kann und die man als die Grundlage unserer revolutionär-taktischen Schlussfolgerungen nehmen muss.

Wenn die Genossen von der Minderheit (die Menschewiki) an den Sieg der Revolution glauben oder auch nur die Möglichkeit eines solchen Sieges anerkennen, können sie die Tatsache nicht bestreiten, dass es bei uns keinen anderen historischen Prätendenten auf die revolutionäre Macht gibt als das Proletariat. Wie die kleinbürgerliche städtische Demokratie der großen Revolution sich an die Spitze der revolutionären Nation stellte, so muss das Proletariat, diese einzige revolutionäre Demokratie unserer Städte, eine Stütze in den Bauernmassen finden und sich an die Macht stellen – wenn der Revolution überhaupt ein Sieg bevorsteht.

Eine sich unmittelbar auf das Proletariat und durch das Proletariat auf die revolutionäre Bauernschaft stützende Regierung bedeutet noch nicht die sozialistische Diktatur. Ich berühre jetzt die weiteren Perspektiven einer proletarischen Regierung nicht. Vielleicht ist das Proletariat zum Sturze verurteilt, wie die jakobinische Demokratie stürzte, um der Herrschaft der Bourgeoisie Platz zu machen. Ich will nur eins feststellen: Wenn die revolutionäre Bewegung, wie Plechanow das vorausgesagt hat, bei uns als Arbeiterbewegung triumphiert, so ist der Sieg der Revolution bei uns nur als der revolutionäre Sieg des Proletariats möglich – oder er ist überhaupt unmöglich.

Auf dieser Schlussfolgerung bestehe ich mit aller Entschiedenheit. Geht man davon aus, dass die sozialen Gegensätze zwischen dem Proletariat und den Bauernmassen das Proletariat hindern werden, sich an die Spitze der Bewegung zu stellen; dass ferner das Proletariat für einen Sieg nicht stark genug ist – dann muss man zu dem Ergebnis kommen, dass unserer Revolution kein Sieg beschieden ist. Unter diesen Umständen müsste eine Verständigung zwischen der liberalen Bourgeoisie und der alten Macht das natürliche Finale der Revolution sein. Das ist ein Ausgang, dessen Möglichkeit man keinesfalls abstreiten kann. Aber es ist klar, dass er auf der Linie der Niederlage der Revolution liegt, bedingt durch deren innere Schwäche. *Die gesamte Analyse der Menschewiki – vor allem ihre Einschätzung des Proletariats und dessen mögliches Verhältnis zur Bauernschaft – führt sie unerbittlich auf den Weg des revolutionären Pessimismus.*

Aber beharrlich weichen sie von diesem Wege ab und entwickeln einen revolutionären Optimismus auf Konto ... der bürgerlichen Demokratie. Daraus ergibt sich ihr Verhältnis zu den Kadetten. Die Kadetten sind für sie das Symbol der bürgerlichen Demokratie, und die bürgerliche Demokratie – der natürliche Prätendent auf die revolutionäre Macht ... Worauf gründet Ihr Euren Glauben, dass der Kadett sich noch erheben und hochrichten werde? Auf Tatsachen der politischen Entwicklung? Nein, auf Euer Schema. Um die »Revolution zu Ende zu führen«, braucht Ihr die städtische bürgerliche Demokratie. Ihr sucht gierig nach ihr und findet nichts als Kadetten. Und Ihr entwickelt auf deren Rechnung einen seltsamen Optimismus, Ihr verkleidet sie, zwingt sie, eine schöpferische Rolle zu spielen, eine Rolle, die sie nicht spielen wollen, nicht spielen können und nicht spielen werden. Auf meine Kernfrage – ich habe sie wiederholt gestellt – habe ich keine Antwort vernommen. Ihr besitzt keine Prognose der Revolution. Eure Politik ist aller großen Perspektiven bar.

Und im Zusammenhang damit wird Euer Verhältnis zu den bürgerlichen Parteien durch die Worte formuliert, die der Parteitag fest im Gedächtnis behalten sollte: »von Fall zu Fall«. Das Proletariat führt den systematischen Kampf nicht um den Einfluss auf die Volksmassen, es kontrolliert seine taktischen Schritte nicht unter dem Gesichtswinkel der einen leitenden Idee: die Mühseligen und Beladenen um sich zu

> sammeln und ihr Herold und Führer zu werden. (5. Parteitag, »Protokolle und Resolutionen des Parteitages«, S. 180 bis 185.)

Diese Rede, die alle meine Artikel, Reden und Handlungen der Jahre 1905 und 1906 kurz resümierte, fand den vollen Beifall der Bolschewiki, ganz zu schweigen von Rosa Luxemburg und Tyschko (aufgrund dieser Rede knüpften sich engere Beziehungen zwischen uns an, die zu meiner Mitarbeit an ihrer polnischen Zeitschrift führten). Lenin, der mir mein versöhnlerisches Verhalten gegen die Menschewiki nicht verzeihen konnte – und damit recht hatte – äußerte sich über meine Rede mit einer absichtlich unterstrichenen Zurückhaltung. Er sagte:

> Bemerken will ich nur, dass Trotzki sich in dem Büchlein »Zur Verteidigung der Partei« in gedruckter Form solidarisch erklärt hat mit Kautsky, der über die ökonomische Interessengemeinschaft des Proletariats und der Bauernschaft in der gegenwärtigen Revolution in Russland schrieb. Trotzki hat die Zulässigkeit und Zweckmäßigkeit eines Linksblocks [mit den Bauern, L. T.] gegen die liberale Bourgeoisie anerkannt. Für mich genügen diese Tatsachen, um anzuerkennen, dass Trotzki sich unseren Ansichten genähert hat. Unabhängig von der Frage der »permanenten Revolution« herrscht hier Solidarität in den grundlegenden Punkten der Frage nach der Stellung zu den bürgerlichen Parteien.[36]

Lenin beschäftigte sich in seiner Rede mit einer Gesamtbewertung der Theorie der permanenten Revolution umso weniger, als ja auch ich in meiner Rede die weiteren Perspektiven der Diktatur des Proletariats nicht entwickelt hatte. Er hatte meine grundsätzliche Arbeit über diese Frage offenbar nicht gelesen, andernfalls hätte er von meiner »Annäherung« an die Auffassung der Bolschewiki nicht als wie von etwas Neuem gesprochen, denn meine Londoner Rede war nur eine zusammenfassende Wiedergabe meiner Arbeiten aus den Jahren 1905/1906. Er äußerte sich sehr zurückhaltend, weil ich ja außerhalb der bolschewistischen Fraktion stand. Trotzdem, oder richtiger vielleicht gerade deshalb lassen seine Worte keinen Raum für

36 Wladimir I. Lenin, »V. Parteitag der SDAPR. Schlusswort zum Referat über die Stellung zu den bürgerlichen Parteien. 14. (27.) Mai«, in: *Werke*, Bd. 12, Berlin 1959, S. 473.

falsche Deutungen. Lenin stellte die »Solidarität in den grundlegenden Punkten der Frage« der Beziehungen zur Bauernschaft und zur liberalen Bourgeoisie fest. Diese Solidarität bezieht sich nicht auf meine *Ziele*, wie es Radek ungereimt darstellt, sondern gerade auf die *Methode*. Was die Perspektiven des Hineinwachsens der demokratischen Revolution in die sozialistische betrifft, so macht Lenin eben hier den Vorbehalt, »unabhängig von der Frage der permanenten Revolution«. Was bedeutet dieser Vorbehalt? Es ist klar, Lenin identifiziert die permanente Revolution keinesfalls mit der Ignorierung der Bauernschaft oder mit dem Überspringen der Agrarrevolution, wie das die unwissenden und gewissenlosen Epigonen zur Regel erhoben haben. Der Gedanke Lenins ist der: Wie weit unsere Revolution gehen wird, ob das Proletariat bei uns früher zur Macht kommen kann als in Europa und welche Perspektiven dies für den Sozialismus eröffnet – diese Fragen berühre ich nicht; jedoch in der grundsätzlichen Frage über das Verhältnis des Proletariats zur Bauernschaft und zur liberalen Bourgeoisie ist die »*Solidarität* vor Augen«.

Wir haben oben gesehen, welches Echo die Theorie der permanenten Revolution fast gleich bei ihrem Entstehen, d. h. bereits im Jahre 1905, in der bolschewistischen »Nowaja Schisn« hervorrief. Wir wollen noch darauf hinweisen, wie sich die Redaktion der »Gesammelten Werke« Lenins nach 1917 über diese Theorie geäußert hat. In den Anmerkungen zu Bd. 14, T. 2, S. 481 wird gesagt:

> Schon vor der Revolution 1905 hatte er [Trotzki] die eigenartige und *jetzt besonders bemerkenswerte* Theorie der permanenten Revolution aufgestellt, indem er behauptete, die *bürgerliche Revolution von 1905 würde unmittelbar in eine sozialistische übergehen* und dann die erste in der Reihe nationaler Revolutionen bilden.

Ich gebe zu, dass dies kein Zugeständnis der Richtigkeit all dessen ist, was ich über die permanente Revolution geschrieben habe. Jedenfalls aber ist es ein Zugeständnis der Unrichtigkeit dessen, was Radek über sie schreibt. »Die *bürgerliche* Revolution wird unmittelbar in eine sozialistische übergehen« – das aber ist eben die Theorie des »*Hineinwachsens*«, nicht aber des Überspringens; daraus ergibt sich eine realistische Taktik, keine abenteuerliche. Und was bedeuten die Worte »*jetzt besonders bemerkenswerte*

Theorie der permanenten Revolution«? Sie bedeuten, dass die Oktoberumwälzung jene Seiten dieser Theorie in neuem Lichte gezeigt hat, die früher für viele im Schatten geblieben waren oder einfach »unwahrscheinlich« schienen. Der 2. Teil des 14. Bandes der »Gesammelten Werke« Lenins ist bei Lebzeiten des Autors erschienen. Tausende und Abertausende Parteimitglieder haben diese Anmerkung gelesen. Und niemand hat bis zum Jahre 1924 sie für falsch erklärt. Radek aber kam auf den Gedanken, dies zu tun – im Jahre 1928.

Soweit aber Radek nicht nur von der Theorie, sondern auch von der Taktik spricht, bleibt als wichtigstes Argument gegen ihn immerhin der Charakter meiner praktischen Beteiligung an den Revolutionen von 1905 und 1917. Meine Arbeit im Petersburger Sowjet von 1905 fällt zeitlich zusammen mit der Ausarbeitung jener meiner Ansichten über die Natur der Revolution, die die Epigonen jetzt einem ununterbrochenen Feuer aussetzen. Wie aber konnten sich diese angeblich so fehlerhaften Ansichten nicht in meiner politischen Tätigkeit widerspiegeln, die vor den Augen der ganzen Welt ausgeübt und täglich von der Presse registriert wurde? Nimmt man aber an, dass eine so sinnlose Theorie sich in meiner Politik geäußert hat, warum haben denn die heutigen Konsuln damals geschwiegen? Und was noch einigermaßen wichtiger ist, warum hat damals Lenin mit aller Energie die Linie des Petrograder Sowjets verteidigt, sowohl auf dem Höhepunkt der Revolution wie nach ihrer Niederlage?

Die gleichen Fragen, nur vielleicht schärfer formuliert, beziehen sich auf die Revolution von 1917. In New York schrieb ich über die Februarrevolution unter dem Gesichtspunkte der Theorie der permanenten Revolution eine Reihe von Aufsätzen. Alle diese Aufsätze sind heute nachgedruckt. Meine taktischen Schlussfolgerungen deckten sich vollends mit den Schlussfolgerungen, die Lenin zur gleichen Zeit in Genf traf, und standen somit in dem gleichen unversöhnlichen Gegensatz zu den Schlussfolgerungen Kamenews, Stalins und der anderen Epigonen. Als ich in Petrograd ankam, hat mich niemand gefragt, ob ich mich von meinen »Irrtümern« der permanenten Revolution lossage. Es war auch niemand zum Fragen da. Stalin drückte sich verlegen in den Ecken herum und hatte nur den einen Wunsch, die Partei möge so schnell wie möglich die Politik vergessen, die er bis zur Ankunft Lenins vertreten hatte. Jaroslawski war noch nicht Vorsitzender der Kontroll-Kommission: Gemeinsam mit den Menschewiki, mit Ordschonikidse und anderen gab er in Jakutsk ein halbliberales banales Blättchen heraus. Kamenew beschuldigte Lenin des Trotzkismus und erklärte bei Begegnungen mit mir: »Jetzt ist in Ihrer Straße Feiertag.« Am Vorabend des Oktober schrieb ich im Zentralorgan der Bolschewiki über die Perspektiven der permanenten Revolution. Keinem kam es in den Sinn, mir entgegenzutreten. Meine Solidarität mit Lenin erwies sich als eine völlige und unbedingte. Was können nun meine Kritiker, darunter auch Radek, sagen? Dass ich selbst die Theorie, die ich verteidigte, völlig missverstanden und in den verantwortlichen geschichtlichen Perioden, dieser Theorie zuwider, völlig richtig gehandelt hätte? Ist es nicht einfacher, anzunehmen, meine Kritiker hätten die permanente Revolution, wie so manches andere, nicht verstanden? Denn wenn man annimmt, dass sich diese verspäteten Kritiker nicht nur in ihren eigenen, sondern auch in fremden Gedanken gut auskennen, wie ist es dann zu erklären, dass sie alle, ausnahmslos, in der Revolution von 1917 eine so klägliche Position eingenommen und sich in der chinesischen Revolution für immer mit Schande bedeckt haben?

Aber, wird sich mancher Leser plötzlich erinnern, wie steht es dennoch mit Ihrer wichtigsten taktischen Losung: »Ohne Zaren, aber eine Arbeiterregierung«?

Dieses Argument gilt in gewissen Kreisen als entscheidend. Die schreckliche Losung Trotzkis: »Ohne Zaren!« geht durch alle Schriften sämtlicher Kritiker der permanenten Revolution; bei den einen taucht es auf als letztes, wichtigstes, entscheidendes Argument, bei den anderen als vorbereiteter Hafen des müden Gedankens.

Die größte Tiefe erreicht diese Kritik natürlich bei dem »Meister«[37] der Unwissenheit und der Illoyalität, wenn er in seinem unvergleichlichen »Fragen des Leninismus« sagt:

> Wir wollen uns nicht über die Stellung Trotzkis im Jahre 1905 verbreiten [na also! L. T.], als er die Bauernschaft als revolutionäre Kraft »einfach« vergaß und die Losung »Weg mit dem Zaren, her mit der Arbei-

37 Stalin hat sich in einer Rede selbst den »Meister der Revolution« genannt.

> terregierung«, das heißt die Losung einer Revolution ohne die Bauernschaft, aufstellte.[38]

Trotz meiner, angesichts dieser vernichtenden Kritik, die sich nicht »verbreiten« will, geradezu hoffnungslosen Lage möchte ich doch versuchen, auf einige mildernde Umstände zu verweisen. Sie sind vorhanden. Ich bitte um Gehör.

Wenn ich auch im Jahre 1905 in irgendeinem Artikel eine zweideutige oder missglückte Losung formuliert haben würde, die zu einem Missverständnis Anlass geben könnte, so dürfte man sie jetzt, nach 23 Jahren, nicht isoliert betrachten, sondern im Zusammenhang mit meinen anderen Arbeiten zu diesem Thema, hauptsächlich aber im Zusammenhang mit meiner politischen Teilnahme an den Ereignissen. Es geht einfach nicht an, den Lesern den nackten Namen eines ihnen (in gleicher Weise wie den Kritikern) unbekannten Werkes von mir zu nennen und diesem Namen einen Sinn unterzuschieben, der im völligen Gegensatz zu allem steht, was ich geschrieben und getan habe.

Vielleicht ist es auch nicht überflüssig, hinzuzufügen – oh, meine Kritiker –, dass ich die Losung: »Ohne Zaren – aber eine Arbeiterregierung« weder jemals geschrieben, noch ausgesprochen, noch vorgeschlagen habe! Dem Hauptargument meiner Richter liegt, neben allem anderen, ein schändlicher faktischer Irrtum zugrunde. Die Sache verhält sich so, dass eine Proklamation unter dem Titel »Ohne Zaren – aber eine Arbeiterregierung« im Jahre 1905 von *Parvus* im Ausland verfasst und herausgegeben wurde. Ich lebte zu jener Zeit längst illegal in Petersburg und stand weder in Gedanken noch in der Tat mit diesem Flugblatt irgendwie in Beziehung. Mir wurde es viel später aus polemischen Artikeln bekannt. Niemals hatte ich Veranlassung oder Gelegenheit, mich darüber zu äußern. Die Proklamation habe ich (wie übrigens alle meine Kritiker) weder gesehen noch gelesen. Das ist die tatsächliche Seite dieser hervorragenden Angelegenheit. Es tut mir sehr leid, dass ich alle Thälmanns und Semards dieses leicht transportierbaren und überzeugenden Argumentes berauben muss. Die Tatsachen aber sind stärker als meine humanen Gefühle. Mehr noch. Der

38 Josef W. Stalin, »Die Oktoberrevolution und die Taktik der russischen Kommunisten«, in: *Werke*, Bd. 6, Berlin 1952, S. 326 f.

Zufall hat so vorsorglich eines zum andern gefügt: Zur gleichen Zeit, als Parvus im Auslande die mir unbekannte Proklamation »*Ohne Zaren, aber eine Arbeiterregierung*« herausgab, erschien in Petersburg illegal ein von mir geschriebenes Flugblatt mit dem Titel: »*Weder Zar noch Semzi,*[39] *sondern das Volk.*« Dieser Titel, der sich im Text des Flugblattes als eine Arbeiter und Bauern umfassende Losung mehrmals wiederholt, ist gleichsam dazu erfunden, um in populärer Form die späteren Behauptungen vom Überspringen des demokratischen Stadiums der Revolution zu widerlegen. Der Aufruf ist in Bd. 2, Teil 1, S. 256 meiner »Werke« nachgedruckt. Dort stehen auch meine vom bolschewistischen Zentralkomitee herausgegebenen Proklamationen an jene Bauernschaft, die ich, nach dem genialen Ausdruck Stalins, »einfach vergessen« habe.

Aber auch das ist noch nicht alles. Ganz vor Kurzem hat der ruhmreiche Rafes, ein Theoretiker und Führer der chinesischen Revolution, im theoretischen Organ des ZK der WKP [Kommunistische Allunions-Partei] von der gleichen schrecklichen Parole geschrieben, die Trotzki im *Jahre 1917* aufgestellt habe. Nicht 1905, sondern 1917! Für den Menschewiken Rafes gibt es allerdings eine Entschuldigung: Er war fast bis 1920 »Minister« bei Petljura, wie konnte er da, beschwert von den Staatsnöten des Kampfes gegen die Bolschewiki, sich darum kümmern, was im Lager der Oktoberrevolution vor sich ging? Nun, und die Redaktion des Organs des ZK? Wichtigkeit! – ein Blödsinn mehr oder weniger …

»Wie aber ist denn das möglich?« könnte ein mittels der Makulatur der letzten Jahre erzogener gewissenhafter Leser ausrufen. »Man hat uns in Hunderten und Tausenden von Büchern und Artikeln doch gelehrt …«

»Ja, Freunde, gelehrt; man wird eben umlernen müssen. Das sind die Unkosten der Reaktionsperiode. Dagegen lässt sich nichts tun. Die Geschichte verläuft eben nicht geradlinig. Vorübergehend gerät sie in stalinsche Sackgassen.«

39 Die lokale Selbstverwaltung (Semstwo) bestand hauptsächlich aus Vertretern des adligen Grundbesitzes (Semzi).

5. Hat sich bei uns die »demokratische Diktatur« verwirklicht? Und wann?

Sich auf Lenin berufend, behauptet Radek, die demokratische Diktatur habe sich in der Doppelherrschaft der Kerenski-Periode verwirklicht. Ja, *manchmal*, und zwar bedingt, hat Lenin die Frage in dieser Weise gestellt, das gebe ich zu. »Manchmal?« entrüstet sich Radek und beschuldigt mich, ich griffe den fundamentalsten Gedanken Lenins an. Aber Radek ist nur deshalb böse, weil er unrecht hat. In den »Lehren des Oktober«, die Radek mit einer reichlichen Verspätung von etwa vier Jahren gleichfalls einer Kritik unterwirft, habe ich Lenins Worte über die »Verwirklichung« der demokratischen Diktatur folgendermaßen gedeutet:

> Die demokratische Arbeiter- und Bauernkoalition konnte nur als ein unreifes, nicht zur wirklichen Herrschaft gelangtes Gebilde – nur als Tendenz, nicht aber als eine Tatsache in Erscheinung treten. (Bd. 3, T. 1, S. 21.)

In Bezug auf diese Deutung schreibt Radek: »Diese Wiedergabe eines der theoretisch hervorragendsten Kapitel der Arbeit Lenins *taugt absolut nichts.*« Diesen Worten folgt ein pathetischer Appell an die Traditionen des Bolschewismus, und endlich der Schluss: »Diese Fragen sind zu wichtig, um sie mit einem Hinweis auf das zu beantworten, was *Lenin manchmal* gesagt hat.«

Radek will mit dem allen die Vorstellung von meinem nachlässigen Verhalten gegen »einen der hervorragendsten« Gedanken Lenins hervorrufen. Aber Radek vergeudet umsonst Entrüstung und Pathos. Ein wenig Verständnis wäre hier angebrachter. Meine wenn auch sehr gedrängte Darstellung in den »Lehren des Oktober« beruht nicht auf einer plötzlichen Eingebung aufgrund von Zitaten aus zweiter Hand, sondern auf einer wirklichen Durcharbeitung der Schriften Lenins. Sie gibt das Wesen der leninschen Gedanken über diese Frage wieder, während die wortreiche Darstellung Radeks trotz dem Zitatenüberfluss am leninschen Gedanken keine lebendige Stelle übrig lässt.

Weshalb habe ich das einschränkende Wort »manchmal« gebraucht? Weil es sich in der Tat so verhielt. Hinweise darauf, dass die demokratische

Diktatur sich in der »Doppelherrschaft« (»in bestimmten Formen und bis zu einem bestimmten Grade«) »verwirklicht« hätte, hat Lenin nur in der Periode zwischen dem April und dem Oktober 1917 gemacht, d. h. *bevor die wahre Verwirklichung der demokratischen Revolution vollzogen war*. Dies hat Radek weder bemerkt, noch begriffen, noch zu bewerten verstanden. Im Kampfe gegen die heutigen Epigonen sprach Lenin äußerst bedingt von der »Verwirklichung« der demokratischen Diktatur, nicht als von einem historischen Charakteristikum der Periode der Doppelherrschaft – in dieser Form wäre es ein platter Unsinn –, sondern er argumentierte damit gegen jene, die auf eine zweite, verbesserte Auflage der selbstständigen demokratischen Diktatur warteten. Lenins Worte hatten nur den Sinn, dass es keine andere demokratische Diktatur außer der jämmerlichen Fehlgeburt der Doppelherrschaft gibt und geben werde, und dass man sich deshalb mit neuen Waffen versehen, d. h. die Parole ändern müsse. Zu behaupten, dass die Koalition der Menschewiken und der Sozialrevolutionäre mit der Bourgeoisie, die den Bauern das Land verweigerte und auf die Bolschewiki eine Hetzjagd betrieb –, die »Verwirklichung« der bolschewistischen Parole darstellte, bedeutet, entweder bewusst schwarz für weiß auszugeben oder aber völlig den Kopf verloren zu haben.

In Bezug auf die Menschewiki könnte man das Argument anführen, das dem leninschen Argument gegen Kamenew bis zu einem gewissen Grade analog wäre: »Ihr erwartet, dass die Bourgeoisie eine ›fortschrittliche‹ Mission in der Revolution erfülle? Diese Mission ist bereits verwirklicht: Die politische Rolle Rodsjankos, Gutschkows und Miljukows ist das Maximum dessen, was die liberale Bourgeoisie zu geben vermochte, wie die Kerenskiade jenes Maximum an demokratischer Revolution ist, das sich als selbstständige Etappe verwirklichen konnte.«

Unbestreitbare anatomische Merkmale – Rudimente – beweisen, dass unsere Ahnen einen Schwanz hatten. Diese Merkmale genügen, um die genetische Einheit der Lebewesen zu bestätigen. Aber wenn wir offen sprechen sollen, hat der Mensch doch keinen Schwanz. Lenin wies Kamenew am Regime der Doppelherrschaft Rudimente der demokratischen Diktatur nach, warnend, dass man aus diesen Rudimenten kein neues Organ erhoffen dürfe. Und eine selbstständige demokratische Diktatur haben wir nicht gehabt, wenngleich wir bei uns die demokratische Revolution tiefer, entschiedener, reiner vollzogen, als es irgendwo sonst jemals der Fall war.

Radek sollte darüber nachdenken, dass, wenn im Februar–April die demokratische Diktatur *tatsächlich* verwirklicht gewesen wäre, selbst Molotow sie erkannt hätte. Die Partei und die Klasse verstanden die demokratische Diktatur als ein Regime, das den alten Staatsapparat der Monarchie erbarmungslos vernichtet und den gutsherrlichen Bodenbesitz restlos liquidiert. Davon aber gab es in der Kerenski-Epoche keine Spur. Für die bolschewistische Partei jedoch handelte es sich um die *tatsächliche Verwirklichung der revolutionären Aufgaben*, nicht aber um die Aufdeckung gewisser soziologischer und historischer »Rudimente«. Diese nicht zur Entwicklung gelangten Anzeichen hat Lenin, um seine Widersacher theoretisch aufzuklären –, großartig nachgewiesen. Aber doch nichts anderes mehr. Radek aber versucht allen Ernstes uns zu überzeugen, dass in der Periode der Doppelherrschaft, d. h. der Herrschaftslosigkeit, die »Diktatur« existiert und die demokratische Revolution sich verwirklicht hatte. Nur sei es angeblich eine derartige »demokratische Revolution« gewesen, dass das leninsche Genie erforderlich war, um sie zu erkennen. Das aber bedeutet eben, dass sie nicht verwirklicht war. Die wirkliche demokratische Revolution ist nämlich ein Ding, das jeder analphabetische Bauer in Russland oder in China mühelos erkennt. Mit morphologischen Merkmalen ist es allerdings schwieriger bestellt. Trotz der russischen Lektion an Kamenew gelingt es zum Beispiel nicht, zu erreichen, dass Radek es endlich bemerkt: In China hat sich die demokratische Diktatur (durch die Guomindang) im leninschen Sinne ebenfalls »verwirklicht«, vollständiger und vollkommener als bei uns durch die Doppelherrschaft, und nur hoffnungslose Einfalt kann auf eine verbesserte Auflage der »Demokratie« in China warten.

Wenn sich bei uns die demokratische Diktatur nur in der Form der Kerenskiade, die die Rolle eines Laufjungen bei Lloyd George und Clemenceau spielte, verwirklicht haben würde, dann müsste man sagen, dass die Geschichte mit den strategischen Parolen der Bolschewiki grausam Hohn getrieben hat. Zum Glück ist es anders. Die bolschewistische Parole hatte sich in der Tat verwirklicht – nicht als morphologische Anspielung, sondern als größte historische Realität. Nur hat sie sich *nicht vor dem Oktober, sondern nach dem Oktober* verwirklicht. Der Bauernkrieg hat, nach einem Ausdruck von Marx, die Diktatur des Proletariats gestützt. Die Zusammenarbeit der zwei Klassen wurde durch den Oktober in gigantischem Maßstabe verwirklicht. Jetzt begriff und fühlte jeder finstere Bauer, sogar ohne die Kommentare Lenins, dass sich die bolschewistische Parole im Leben durchgesetzt hatte. Und auch Lenin selbst hat diese Oktoberrevolution – ihre erste Etappe – als die *wahre* Verwirklichung der demokratischen Revolution, und damit auch als die wahre, wenn auch veränderte Realisierung der strategischen Parole der Bolschewiki eingeschätzt. Man muss den *ganzen* Lenin betrachten. Und vor allem, den Lenin *nach* dem Oktober, als er die Ereignisse von einer höheren Warte aus überblickte und bewertete. Schließlich muss man Lenin auf die leninsche Art, nicht auf die der Epigonen, betrachten.

Die Frage nach dem Klassencharakter der Revolution und ihres »Hinauswachsens« unterwirft Lenin (nach dem Oktober) einer Analyse in seinem Buche gegen Kautsky. Hier eine Stelle, über die Radek ein wenig nachdenken sollte:

> Ja, unsere Revolution [die Oktoberrevolution. L.T.] ist eine bürgerliche, solange wir mit der Bauernschaft in ihrer Gesamtheit zusammengehen. Darüber waren wir uns völlig im Klaren, das haben wir seit 1905 Hunderte und Tausende Male gesagt, und niemals haben wir versucht, diese notwendige Stufe des historischen Prozesses zu überspringen und durch Dekrete zu beseitigen.

Und ferner:

> Es kam denn auch so, wie wir gesagt hatten. Der Verlauf der Revolution hat die Richtigkeit unserer Argumentation bestätigt. Zuerst zusammen mit der »gesamten« Bauernschaft gegen die Monarchie, gegen die Gutsbesitzer, gegen das Mittelalter (und insoweit bleibt die Revolution eine bürgerliche, bürgerlich-demokratische Revolution). Dann zusammen mit der armen Bauernschaft, zusammen mit dem Halbproletariat, zusammen mit allen Ausgebeuteten gegen den Kapitalismus, einschließlich der Dorfreichen, der Kulaken, der Spekulanten, und insofern wird die Revolution zu einer sozialistischen Revolution.[40]

So sprach Lenin nicht »manchmal«, sondern immer, oder, richtiger, dem Gang der Revolution, einschließlich des Oktober, eine abschließende, verall-

40 Wladimir I. Lenin, »Die proletarische Revolution und der Renegat Kautsky«, in: *Werke*, Bd. 28, Berlin 1980, S. 300.

gemeinernde, vollständige Einschätzung gebend – für immer. »Es kam denn auch so, wie wir gesagt hatten.« Die bürgerlich-demokratische Revolution hatte sich als Koalition der Arbeiter und Bauern verwirklicht. In der Kerenskiade? Nein, *in der ersten Periode nach dem Oktober*. Stimmt das? Das stimmt. Aber sie hatte sich, wie wir jetzt wissen, nicht in der Form der demokratischen Diktatur, sondern in der Form der Diktatur des Proletariats verwirklicht. Damit fiel auch die Notwendigkeit der alten algebraischen Formel weg.

Wenn man das bedingte Argument Lenins gegen Kamenew von 1917 und die abgeschlossene leninsche Charakteristik der Oktober-Umwälzung in den nachfolgenden Jahren unkritisch nebeneinander stellt, dann ergibt sich, dass sich bei uns zwei demokratische Revolutionen »verwirklicht« haben. Das ist zu viel, umso mehr, als die zweite von der ersten durch einen bewaffneten Aufstand des Proletariats getrennt ist.

Man stelle jetzt dem soeben angeführten Zitat aus Lenins Buch »Der Renegat Kautsky« die Stelle aus meinen »Ergebnissen und Perspektiven« gegenüber, wo, im Kapitel über das »proletarische Regime«, die erste Etappe der Diktatur und die Perspektive ihres weiteren Hinauswachsens angedeutet ist:

> Die Abschaffung der ständischen Leibeigenschaft wird die Unterstützung der gesamten Bauernschaft, als eines unterjochten Standes, finden. Die progressive Einkommensteuer wird die Unterstützung einer riesigen Mehrheit der Bauernschaft finden. Aber gesetzgebende Maßnahmen zum Schutze des Landproletariats werden nicht nur keine aktiven Sympathien bei der Gesamtheit finden, sondern sie werden auf den aktiven Widerstand einer Minderheit stoßen.
>
> Das Proletariat wird gezwungen sein, den Klassenkampf in das Dorf zu tragen und auf diese Weise jene Interessengemeinschaft zu verletzen, die zweifellos bei der gesamten Bauernschaft besteht, wenn auch in verhältnismäßig engen Grenzen. Das Proletariat wird in den nächsten Momenten seiner Herrschaft eine Stütze suchen müssen in dem Interessengegensatz von Dorfarmut und den Dorfreichen – von Landproletariat und ackerbauender Bourgeoisie.[41]

41 »Ergebnisse und Perspektiven«, S. 62 in diesem Band.

Wie doch das alles einer »Ignorierung« der Bauernschaft und der völligen »Gegensätzlichkeit« der beiden Linien, der leninschen und der meinen, ähnlich sieht!

Das oben angeführte Zitat von Lenin steht bei diesem nicht vereinzelt da. Im Gegenteil, wie es bei Lenin stets der Fall ist, wird bei ihm die neue Formel, die die Ereignisse tiefer erhellt, die Achse seiner Reden und seiner Artikel für eine ganze Zeitperiode. Im März 1919 sagt Lenin:

> Im Oktober 1917 ergriffen wir die Macht *zusammen mit der Bauernschaft als Ganzem*. Das war eine bürgerliche Revolution, insofern sich der Klassenkampf auf dem Lande noch nicht entfaltet hatte.[42]

Folgendes sagt Lenin auf dem Parteitag im März 1919:

> In einem Lande, wo das Proletariat die Macht mithilfe der Bauernschaft ergreifen musste, wo dem Proletariat die Rolle der Triebkraft der kleinbürgerlichen Revolution zufiel – hier war unsere Revolution bis zur Organisierung der Komitees der Dorfarmut, d. h. bis zum Sommer, ja bis zum Herbst 1918 in beträchtlichem Maße eine *bürgerliche* Revolution.[43]

Diese Worte hat Lenin in verschiedenen Variationen und bei verschiedenen Anlässen mehrfach wiederholt. Radek umgeht aber einfach diesen kapitalen Gedanken Lenins, der die Streitfrage entscheidet.

Das Proletariat hat gemeinsam mit der Bauernschaft im Oktober die Macht genommen, sagt Lenin. Schon dadurch allein war die Revolution eine bürgerliche. Stimmt das? In gewissem Sinne ja. Aber das bedeutet ja eben, dass die *wahre* demokratische Diktatur des Proletariats und der Bauernschaft, d. h. jene, die tatsächlich das Regime der Selbstherrschaft und der Leibeigenschaft vernichtet und den Feudalen das Land entriss, sich nicht *vor* dem Oktober, sondern erst *nach* dem Oktober vollzogen hat; vollzogen

42 Wladimir I. Lenin, »VIII. Parteitag der KPR/B. Bericht über die Arbeit auf dem Lande. 23. März«, in: *Werke*, Bd. 29, Berlin 1976, S. 189.

43 Wladimir I. Lenin, »VIII. Parteitag der KPR/B. Bericht des Zentralkomitees. 18. März«, in: ebd., S. 142.

hat, um mit Marx zu sprechen, als *Diktatur des Proletariats, gestützt auf den Bauernkrieg*, um erst nach einigen Monaten mit dem Hineinwachsen in eine sozialistische Diktatur zu beginnen. Ist *das* unverständlich? Können darüber *heute* Meinungsverschiedenheiten herrschen?

Nach Radek sündigt die »permanente« Theorie durch das Vermischen der bürgerlichen Etappe mit der sozialistischen. In Wirklichkeit jedoch hat die Klassendynamik diese zwei Etappen so gründlich »vermischt«, d.h. »*verschmolzen*« –, dass unser unglücklicher Metaphysiker nicht mehr imstande ist, die Enden auseinanderzuhalten.

Gewiss kann man in den »Ergebnissen und Perspektiven« manche Lücke und manche unrichtige Behauptung finden. Aber diese Arbeit war nicht im Jahre 1928, sondern im Wesentlichen vor dem Oktober ... vor dem Oktober 1905 geschrieben. Die Frage der Lücken in der Theorie der permanenten Revolution, oder richtiger, in meinen damaligen Begründungen dieser Theorie, wird von Radek gar nicht berührt, denn seinen Lehrern – den Epigonen – folgend, attackiert er nicht die Lücken, sondern die starken Seiten der Theorie, jene, die der Gang der historischen Entwicklung bestätigt hat, attackiert sie im Namen der im Kern falschen Schlussfolgerungen, die er aus der leninschen – von Radek nicht durchstudierten und nicht bis zu Ende durchdachten – Einstellung ableitet.

Das Jonglieren mit älteren Zitaten betreibt die gesamte Epigonenschule überhaupt auf einer besonderen Ebene, die den realen historischen Prozess nirgendwo schneidet. Wenn aber die Gegner des »Trotzkismus« sich mit der Analyse der wirklichen Entwicklung der Oktoberrevolution zu beschäftigen haben und sich ernsthaft und gewissenhaft damit beschäftigen – was manchen von ihnen mitunter passiert –, dann gelangen sie unvermeidlich zu Formulierungen im Geiste der Theorie, die sie ablehnen. Den krassesten Beweis dafür finden wir in den Arbeiten von A. Jakowljew, die der Geschichte der Oktoberrevolution gewidmet sind. Die Klassenbeziehungen des alten Russlands formuliert dieser Autor, heute eine Stütze der regierenden Fraktion[44] und zweifellos gebildeter als die anderen Stalinisten, vor allem als Stalin selbst, folgendermaßen:

44 Jakowljew ist vor Kurzem zum Volkskommissar für Ackerbau in der USSR ernannt worden.

> ... Wir sehen eine doppelte Begrenztheit des Bauernaufstandes (März–Oktober 1917). Sich auf die Stufe eines Bauernkrieges erhebend, überwand der Aufstand seine Begrenztheit nicht, sprengte nicht die Rahmen der unmittelbaren Aufgabe: den benachbarten Gutsbesitzer zu vernichten; verwandelte sich nicht in eine organisierte revolutionäre Bewegung; überwand nicht den die Bauernbewegung auszeichnenden Charakter einer elementaren Rebellion.
>
> Der Bauernaufstand an sich genommen – ein elementarer, in seinen Zielen auf die Ausrottung des benachbarten Gutsbesitzers begrenzter Akt – konnte nicht siegen, konnte die der Bauernschaft feindliche Staatsmacht, die den Gutsbesitzer stützte, nicht vernichten. Deshalb vermochte die Agrarbewegung nur zu siegen, weil sie von der entsprechenden städtischen Klasse geführt wurde ... Dies ist der Grund, weshalb sich das Schicksal der Agrarrevolution letzten Endes nicht in den Zehntausenden von Dörfern, sondern in den Hunderten von Städten entschied. Nur die Arbeiterklasse, die in den Zentren des Landes der Bourgeoisie einen tödlichen Schlag zufügte, konnte den Bauernaufstand siegreich gestalten; nur der Sieg der Arbeiterklasse in der Stadt konnte die Bauernbewegung aus dem Rahmen eines elementaren Zusammenstoßes einiger Zehnmillionen Bauern mit einigen Zehntausend Gutsbesitzern herausreißen; nur der Sieg der Arbeiterklasse konnte schließlich den Grundstein legen zu einem neuen Typus der Bauernorganisation, die die arme und mittlere Bauernschaft nicht mit der Bourgeoisie, sondern mit der Arbeiterklasse verbindet. Das Problem des Sieges des Bauernaufstandes war ein Problem des Sieges der Arbeiterklasse in der Stadt.
>
> Als die Arbeiter im Oktober der Regierung der Bourgeoisie einen entscheidenden Schlag zufügten, haben sie damit gleichzeitig das Problem des Sieges des Bauernaufstandes gelöst.

Und ferner:

> ... darum ging es eben, dass kraft der historisch gegebenen Bedingungen im Jahre 1917 das bürgerliche Russland im Bunde mit den Gutsbesitzern auftrat. Selbst die linkesten Fraktionen der Bourgeoisie, wie die Menschewiki und Sozialrevolutionäre, gingen nicht über die Organisierung eines für die Gutsbesitzer günstigen Abkommens hinaus. Darin besteht

> der wichtigste Unterschied zwischen den Bedingungen der russischen Revolution und der französischen, die vor über 100 Jahren stattfand ... Die Bauernrevolution konnte im Jahre 1917 als bürgerliche Revolution nicht siegen [na also! L. T.]. Vor ihr standen zwei Wege. *Entweder Niederlage unter den Schlägen der vereinigten Kräfte der Bourgeoisie und der Gutsbesitzer oder – Sieg, als Bewegung, die mit der proletarischen Revolution gemeinsam geht und ihr zum Sieg verhilft. Indem die Arbeiterklasse Russlands die Mission der französischen Bourgeoisie in der Großen Französischen Revolution übernahm, indem sie die Aufgabe übernahm, die agrar-demokratische Revolution zu führen, erhielt die Arbeiterklasse die Möglichkeit für eine siegreiche proletarische Revolution.* (»Die Bauernbewegung im Jahre 1917«, Staatsverlag, 1927, S. 10–12)

Was sind die Grundelemente der Ausführungen Jakowljews? Die Unfähigkeit der Bauernschaft zu einer *selbstständigen* politischen Rolle; die sich daraus ergebende Unvermeidlichkeit der Hegemonie der städtischen Klasse; die Unzulänglichkeit der russischen Bourgeoisie für die Führerrolle in der Agrarrevolution; die sich daraus ergebende Unvermeidlichkeit der führenden Rolle des Proletariats; dessen Machtergreifung als Führer der Agrarrevolution; schließlich die Diktatur des Proletariats, die sich auf den Bauernkrieg stützt und eine Epoche sozialistischer Revolutionen eröffnet. Dies vernichtet in der Wurzel die metaphysische Fragestellung nach dem »bürgerlichen« oder dem »sozialistischen« Charakter der Revolution. Der Kern der Sache bestand darin, dass die Agrarfrage, die die Basis der bürgerlichen Revolution bildete, unter der Herrschaft der Bourgeoisie nicht gelöst werden konnte. Die Diktatur des Proletariats erscheint auf der Szene nicht *nach* der Vollendung der agrar-demokratischen Revolution, sondern als notwendige *Voraussetzung* ihrer Vollendung. Mit einem Wort, wir haben in diesem retrospektiven Schema Jakowljews alle Grundelemente der Theorie der permanenten Revolution, wie sie von mir im Jahre 1905 formuliert wurde. Bei mir hatte es sich um eine historische Prognose gehandelt, Jakowljew zieht, gestützt auf die Vorarbeit eines ganzen Stabes junger Forscher, Schlussfolgerungen aus den Lehren von drei Revolutionen, 22 Jahre nach der ersten Revolution, 10 Jahre nach der Oktoberrevolution. Und nun? Jakowljew wiederholt fast wörtlich meine Formulierung von 1905.

Wie verhält sich aber Jakowljew zu der Theorie der permanenten Revolution? So, wie es sich für einen stalinschen Beamten gebührt, der seinen Posten behalten und sogar einen höheren erklimmen will. Wie aber versöhnt Jakowljew in diesem Falle die Analyse der Triebkräfte der Oktoberrevolution mit dem Kampf gegen den »Trotzkismus«? Sehr einfach: Er macht sich über eine solche Versöhnung keine Gedanken. Wie manche liberalen zaristischen Beamten, die die Theorie Darwins anerkannten, gleichzeitig pünktlich zur Kommunion erschienen, so erkaufte sich auch Jakowljew das Recht, manchmal marxistische Gedanken zu äußern, mit dem Preis der Beteiligung an der Ritualhetze gegen die permanente Revolution. Solcher Beispiele könnte man Dutzende anführen.

Es bleibt noch hinzuzufügen, dass Jakowljew die oben zitierte Arbeit über die Geschichte der Oktoberrevolution nicht aus eigener Initiative ausführte, sondern aufgrund eines Beschlusses des Zentralkomitees, das gleichzeitig mir die Redigierung der jakowljewschen Arbeit übertrug.[45] Damals erwartete man noch die Genesung Lenins, und keinem der Epigonen kam in den Sinn, einen künstlichen Streit um die Theorie der permanenten Revolution zu entfachen. Ich kann jedenfalls als früherer oder richtiger als in Aussicht genommener Redakteur der offiziellen Geschichte der Oktoberrevolution mit voller Genugtuung feststellen, dass der Autor in allen Streitfragen bewusst oder unbewusst die wörtliche Formulierung meiner verfolgten und ketzerischen Arbeit über die Theorie der permanenten Revolution anwendet. (»Ergebnisse und Perspektiven«).

Die abgeschlossene Bewertung des historischen Schicksals der bolschewistischen Parole, die Lenin selbst gegeben hat, beweist mit Sicherheit, dass der Unterschied der zwei Linien, der »permanenten« und der leninschen, nebensächliche und untergeordnete Bedeutung gehabt hat; geeint jedoch hatte sie das Grundsätzliche. Und dieses Grundsätzliche der beiden durch den Oktober restlos verschmolzenen Linien ist ein unversöhnlicher Gegensatz nicht nur zu der Februar-März-Linie von Stalin und zu der April-Oktober-Linie von Kamenew, Rykow, Sinowjew, nicht nur zu der gesamten

45 Auszug aus dem Protokoll der Sitzung des Organisationsbüros des ZK vom 22. Mai 1922, unter N. 21: »Den Genossen Jakowljew zu beauftragen ... unter der Redaktion des Genossen Trotzki ein Lehrbuch der Geschichte der Oktoberrevolution zusammenzustellen.«

Chinapolitik Stalin-Bucharin-Martynow, sondern auch zu der heutigen »chinesischen Linie« Radeks.

Und wenn Radek, der seine Werturteile zwischen 1925 und der zweiten Hälfte 1928 so radikal geändert hat, mich des Nichtverstehens »der Kompliziertheit des Marxismus und Leninismus« zu überführen sucht, so kann ich darauf antworten: Den *grundsätzlichen* Gedankengang, den ich vor 25 Jahren in den »Ergebnissen und Perspektiven« entwickelte, betrachte ich als durch die Ereignisse vollkommen richtig bestätigt, und gerade deshalb als mit der strategischen Linie des Bolschewismus übereinstimmend.

Insbesondere sehe ich nicht die geringste Veranlassung, etwas von dem zurückzunehmen, was ich im Jahre 1922 über die permanente Revolution im Vorwort zu meinem Buche »1905« gesagt habe, das zu Lenins Lebzeiten in unzähligen Auflagen und Nachdrucken die gesamte Partei gelesen und studiert hat und das erst im Herbst 1924 Kamenew, und im Herbst 1928 zum ersten Male Radek »beunruhigte«:

> Gerade in der Zeit zwischen dem 9. Januar und dem Oktoberstreik 1905 – wird in diesem Vorwort gesagt – haben sich bei dem Autor jene Ansichten über den Charakter der revolutionären Entwicklung Russlands herausgebildet, die später den Namen »Theorie der permanenten Revolution« erhalten haben. Dieser etwas seltsame Name drückte den Gedanken aus, dass die russische Revolution, vor der unmittelbar bürgerliche Ziele stehen, keinesfalls bei ihnen wird Halt machen können. *Die Revolution wird ihre nächsten bürgerlichen Aufgaben nicht anders lösen können, als indem sie das Proletariat an die Macht stellt ...*
> Diese Ansicht hat sich, wenn auch nach einer Pause von 12 Jahren, als vollkommen richtig bestätigt. Die russische Revolution konnte nicht mit dem bürgerlich-demokratischen Regime abschließen. Sie musste der Arbeiterklasse die Macht übergeben. *Wenn die Arbeiterklasse zu der Eroberung der Macht im Jahre 1905 noch zu schwach war, so musste sie reifen und erstarken nicht in der bürgerlich-demokratischen Republik, sondern in der Illegalität* des »3. Juni-Zarismus«.[46] (L. Trotzki, »1905«, Vorwort, S. 45.)

46 Am 3./16. Juni 1907 wurde der Staatsstreich vollzogen, der die Periode der triumphierenden Konterrevolution formell einleitete.

Ich will noch eins der schärfsten polemischen Urteile anführen, das ich über die Parole der »demokratischen Diktatur« gegeben habe. Im Jahre 1909 schrieb ich in dem polnischen Organ von Rosa Luxemburg:

> Wenn die Menschewiki, von der Abstraktion ausgehend: »*unsere Revolution ist* bürgerlich«, zu dem Gedanken der Anpassung der ganzen Taktik des Proletariats an die Führung der liberalen Bourgeoisie kommen, bis diese die Staatsmacht erobert hat; so kommen die Bolschewiki, von derselben nackten Abstraktion ausgehend: »*demokratische und nicht-sozialistische Diktatur*«, zu dem Gedanken der bürgerlich-demokratischen Selbstbeschränkung des Proletariats, in dessen Händen sich die Staatsmacht befindet. Der Unterschied zwischen ihnen in dieser Frage ist allerdings sehr bedeutend: Während sich die anti-revolutionären Seiten des Menschewismus mit aller Kraft schon jetzt zeigen, droht den anti-revolutionären Zügen des Bolschewismus eine große Gefahr erst im Falle eines revolutionären Sieges.[47]

Zu dieser Stelle des Artikels, der in der russischen Ausgabe meines Buches »1905« nachgedruckt ist, machte ich im Januar 1922 folgende Anmerkung:

> Dies ist bekanntlich nicht eingetreten, da der Bolschewismus unter Führung des Genossen Lenin (nicht ohne inneren Kampf) seine ideelle Umgestaltung in dieser äußerst wichtigen Frage im Frühjahr 1917, d. h. vor Eroberung der Macht, vollzogen hatte.[48]

Die beiden Zitate standen seit 1924 unter dem Sturmangriff der Kritik. Jetzt, mit einer Verspätung von vier Jahren, hat sich auch Radek dieser Kritik angeschlossen. Wenn man sich jedoch in die angeführten Zeilen gewissenhaft hineindenkt, so muss man zugeben, dass sie eine wichtige Prognose und eine nicht weniger wichtige Warnung enthielten. Die Tatsache bleibt doch bestehen, dass im Augenblick der Februarrevolution die ganze soge-

47 Leo Trotzki, »Unsere Meinungsverschiedenheiten«, in: *Die russische Revolution. 1905*, Berlin 1972, S. 231.

48 Ebd.

nannte »alte Garde« der Bolschewiki auf dem Boden der nackten Gegenüberstellung von demokratischer Diktatur und sozialistischer Diktatur stand. Aus der »algebraischen« (viele »arithmetische« Deutungen zulassenden) Formel Lenins hatten seine nächsten Schüler eine rein metaphysische Konstruktion gemacht und diese gegen die wirkliche Entwicklung der Revolution gerichtet. An dem wichtigsten historischen Wendepunkt hat die Leitung der Bolschewiki in Russland eine reaktionäre Position eingenommen, und wäre Lenin nicht rechtzeitig gekommen, wäre sie imstande gewesen, im Zeichen des Kampfes gegen den Trotzkismus die Oktoberrevolution abzuwürgen, wie sie später die chinesische Revolution abgewürgt hat. Mit frommer Miene schildert Radek die irrige Position der gesamten leitenden Parteischicht als eine Art »Zufall«. Das taugt aber wenig als marxistische Erklärung der vulgär-demokratischen Position von Kamenew, Sinowjew, Stalin, Molotow, Rykow, Kalinin, Nogin, Miljutin, Krestinski, Frunse, Jaroslawski, Ordschonikidse, Preobraschenski, Smilga und einem Dutzend anderer »alten Bolschewiki«. Wäre es nicht richtiger anzuerkennen, dass die alte bolschewistische Formel gewisse Gefahren in sich barg: Die politische Entwicklung hatte sie, wie es mit nicht zu Ende geführten revolutionären Formeln stets zu geschehen pflegt, mit einem der proletarischen Revolution feindlichen Inhalt gefüllt. Es ist selbstverständlich, dass Lenin, wenn er in Russland gelebt und die Entwicklung der Partei tagein, tagaus, besonders während des Krieges, beobachtet hätte, rechtzeitig die notwendigen Korrekturen und Deutungen gegeben haben würde. Zum Glück für die Revolution ist er, wenn auch mit einer Verspätung, früh genug gekommen, um die notwendige Umgestaltung der geistigen Waffen vorzunehmen. Der Klasseninstinkt des Proletariats und der revolutionäre Druck der unteren Parteischichten, durch die vorangegangene Arbeit des Bolschewismus vorbereitet, haben es Lenin ermöglicht, im Kampfe mit der führenden Spitze und gegen sie, die Politik der Partei in kürzester Frist auf ein neues Gleis zu führen.

Folgt nun daraus, dass wir für China, Indien und die anderen Länder auch heute die leninsche Formel von 1905 in ihrer algebraischen Unausgesprochenheit akzeptieren und es den chinesischen und indischen Stalins und Rykows (Tan Ping-shan, Roy und anderen) überlassen müssen, die Formel mit kleinbürgerlich-national-demokratischem Inhalt zu füllen, um – dann auf das rechtzeitige Erscheinen eines Lenin zu warten, der die nötige Korrektur vom 4. April vornehmen soll? Ist vielleicht eine solche Korrektur für China und Indien gesichert? Oder ist es nicht richtiger, die Formel schon jetzt so zu konkretisieren, wie es die historische Erfahrung, für China ebenso wie für Russland, gelehrt hat?

Ist das Dargestellte so zu verstehen, dass die Parole der demokratischen Diktatur des Proletariats und der Bauernschaft einfach ein »Fehler« war? Jetzt werden bekanntlich alle Gedanken und Handlungen der Menschen in zwei Kategorien eingeteilt: unbedingt richtige, d. h. solche, die in die »Generallinie« hineinpassen, und unbedingt falsche, d. h. von dieser Linie abweichende. Das hindert natürlich nicht, dass das heute unbedingt Richtige morgen als das unbedingt Falsche erklärt wird. Aber die reale Entwicklung der Ideen kannte vor dem Auftauchen der »Generallinie« auch die Methode der sukzessiven Annäherungen an die Wahrheit. Selbst eine einfache arithmetische Teilung zwingt, die Zahlen versuchsweise auszuwählen, indem man entweder mit den großen oder mit den kleinen beginnt, um sie dann bei der Nachprüfung zu verwerfen. Bei dem Einschießen auf ein Ziel nennt die Artillerie die Methode der sukzessiven Annäherung »Gabel«. Die Methode der Annäherung ist auch in der Politik völlig unvermeidlich. Die ganze Frage besteht nur darin, rechtzeitig einzusehen, dass ein Kurzschuss ein Kurzschuss ist, und ohne Zeitverlust die notwendige Korrektur vorzunehmen.

Die große historische Bedeutung der leninschen Formel bestand darin, dass sie unter den Bedingungen einer neuen historischen Epoche eine der wichtigsten theoretischen und politischen Tagesfragen erschöpft hatte, und zwar die Frage nach der erreichbaren Stufe der politischen Selbstständigkeit der verschiedenen kleinbürgerlichen Gruppierungen, vor allem der Bauernschaft. Durch ihre Vollständigkeit hat die bolschewistische Erfahrung von 1905–1917 der »demokratischen Diktatur« die Türe fest verrammelt. Eigenhändig hat Lenin über diese Türe die Aufschrift gemacht: Weder Eingang noch Ausgang. Er hat es mit solchen Worten formuliert: Der Bauer geht entweder mit dem Bürger oder mit dem Arbeiter. Die Epigonen ignorieren aber diese Schlussfolgerung, zu der die alte Formel des Bolschewismus geführt hat, vollständig, und kanonisieren entgegen dieser Schlussfolgerung eine vorübergehende Hypothese, indem sie sie in das Programm aufnehmen. Denn darin besteht eigentlich, allgemein gesprochen, das Wesen des Epigonentums.

6. Vom Überspringen historischer Stufen

Radek wiederholt nicht nur einige offizielle kritische Schreibübungen der letzten Jahre, er versimpelt sie noch, soweit das möglich ist. Aus seinen Worten ergibt sich, dass ich überhaupt keinen Unterschied zwischen der bürgerlichen und der sozialistischen Revolution, zwischen dem Osten und dem Westen gemacht hätte, weder im Jahre 1905 noch heute. Nach Stalin belehrt auch er mich über die Unzulässigkeit des Überspringens historischer Stufen.

Nun, dann muss man vor allem die Frage stellen: Wenn es sich für mich im Jahre 1905 einfach um die »sozialistische Revolution« gehandelt hat, weshalb glaubte ich dann, sie könne im zurückgebliebenen Russland eher beginnen als im fortgeschrittenen Europa? Aus Patriotismus? Aus Nationalstolz am Ende? Und immerhin ist es doch so gekommen. Begreift Radek dies: Hätte sich bei uns die demokratische Revolution als *selbstständige* Etappe verwirklichen können, wir würden dann heute die Diktatur des Proletariats nicht haben. Wenn sie bei uns früher kam als im Westen, so gerade und nur deshalb, weil die Geschichte den grundsätzlichen Inhalt der bürgerlichen Revolution mit der ersten Etappe der proletarischen Revolution vereinigt – nicht vermengt, sondern organisch vereinigt hat.

Das Unterscheiden zwischen der bürgerlichen und der proletarischen Revolution ist das politische Abc. Aber nach dem Abc folgen die Silben, die Vereinigung der Buchstaben. Die Geschichte hat eben eine solche Vereinigung der wichtigsten Buchstaben des bürgerlichen Alphabets mit den ersten Buchstaben des sozialistischen vollzogen. Radek aber möchte uns von den ersten vollbrachten Silben zum Alphabet zurückzerren. Es ist traurig, aber es ist wahr.

Unsinn, dass man Stufen überhaupt nicht überspringen könne. Über einzelne »Stufen«, die sich ergeben aus der theoretischen Gliederung des Entwicklungsprozesses in seiner Gesamtheit, d. h. in seiner maximalen Vollständigkeit, macht der lebendige historische Prozess dauernd Sprünge und verlangt das Gleiche in kritischen Momenten von der revolutionären Politik. Man kann sagen, in der Fähigkeit, diesen Moment zu erkennen und auszunützen, besteht der erste Unterschied zwischen einem Revolutionär und einem Vulgär-Evolutionisten.

Die marxsche Gliederung der Industrie-Entwicklung in Handwerk, Manufaktur und Fabrik gehört zum Abc der politischen Ökonomie, genauer, der historisch-ökonomischen Theorie. In Russland aber ist die Fabrik gekommen, die Epoche der Manufaktur und des städtischen Handwerks überspringend. Das sind nun schon Silben der Geschichte. Ein ähnlicher Prozess hat bei uns in den Klassenverhältnissen und in der Politik stattgefunden. Man kann die neuere Geschichte Russlands nicht begreifen, wenn man das marxsche Schema der drei Stufen nicht kennt: Handwerk, Manufaktur, Fabrik. Wenn man aber *nur* dieses kennt, kann man auch noch nichts begreifen. Die Sache ist nämlich die, dass die Geschichte Russlands, was Stalin nicht kränken darf, manche Stufe übersprungen hat. Die theoretische Unterscheidung der Stufen ist jedoch auch für Russland notwendig, sonst kann man weder begreifen, worin dieser Sprung bestand, noch was er zur Folge hatte.

Man kann an die Sache auch von einer anderen Seite herangehen (wie Lenin *manchmal* an die Doppelherrschaft heranging) und sagen, Russland habe alle drei marxschen Stufen durchgemacht. Jedoch die ersten zwei in äußerst zusammengedrängter Form, sozusagen im Keimzustande. Diese »Rudimente«, gleichsam durch Punkte angedeutete Stufen des Handwerks und der Manufaktur, genügen, um die genetische Einheit des ökonomischen Prozesses zu bestätigen. Dabei ist aber die quantitative Verkürzung dieser zwei Stufen so groß, dass sie ganz neue qualitative Eigenschaften in dem gesamten sozialen Bau der Nation erzeugten. Der grellste Ausdruck dieser neuen »Qualität« in der Politik ist die Oktoberrevolution.

Am unerträglichsten wirkt bei dieser Diskussion der »theoretisierende« Stalin mit seinen zwei Prunkstücken, die sein gesamtes theoretisches Gepäck bilden: »dem Gesetz der ungleichmäßigen Entwicklung« und »dem Nichtüberspringen der Stufen«. Stalin begreift es bis jetzt nicht, dass die *ungleichmäßige Entwicklung eben in dem Überspringen der Stufen* (oder im zu langen Sitzenbleiben auf einer Stufe) besteht. Der Theorie der permanenten Revolution stellt Stalin mit unvergleichlichem Ernst … das Gesetz der ungleichmäßigen Entwicklung entgegen. Indessen beruhte die Prognose, dass das historisch zurückgebliebene Russland früher zur proletarischen Revolution kommen könne als das fortgeschrittene England, durchaus auf dem Gesetz der ungleichmäßigen Entwicklung. Nur musste man für diese Prognose die historische Ungleichmäßigkeit in ihrer ganzen dynamischen Konkretion verstanden haben und nicht einfach ein permanenter Wiederkäuer eines leninschen Zitates aus dem Jahre 1915 sein, das auf den Kopf gestellt und in der Manier eines Analphabeten ausgelegt wird.

Die Dialektik der historischen »Stufen« ist relativ leicht zu verstehen in Perioden revolutionärer Aufstiege. Reaktionäre Perioden dagegen werden naturnotwendig zu Epochen des billigsten Evolutionismus. Die Staliniade, diese dicke geistige Vulgarität, die würdige Tochter der Parteireaktion, hat einen Kultus der Stufenbewegung geschaffen, als Hülle für ihre politische Nachbeterei und Brockensammlerei. Diese reaktionäre Ideologie hat jetzt auch Radek gepackt.

Die eine oder die andere Etappe eines historischen Prozesses kann sich unter gegebenen Umständen als unabwendbar erweisen, obwohl sie theoretisch nicht als unvermeidlich erscheint. Und umgekehrt: Theoretisch »unvermeidliche« Etappen können durch die Dynamik der Entwicklung auf Null zusammengedrängt werden, besonders während Revolutionen, die man nicht umsonst Lokomotiven der Geschichte genannt hat.

So hat bei uns das Proletariat das Stadium des demokratischen Parlamentarismus »übersprungen«, indem es der Konstituierenden Versammlung nur ein Leben von Stunden, und auch dieses nur im geschichtlichen Hinterhof, zubilligte. Aber das konterrevolutionäre Stadium in China lässt sich in keiner Weise überspringen, wie man bei uns auch die Periode der vier Dumen nicht überspringen konnte. Das heutige konterrevolutionäre Stadium in China war aber historisch keinesfalls »unvermeidlich«. Es ist das unmittelbare Resultat der katastrophalen Politik der Stalin-Bucharin, die in die Geschichte als die Organisatoren der Niederlagen eingehen werden. Und die Früchte des Opportunismus sind ein objektiver Faktor geworden, der den revolutionären Prozess für lange Zeit aufhalten kann.

Jeder Versuch des Überspringens realer, d. h. objektiv bedingter Etappen in der Entwicklung der Massen, bedeutet politisches Abenteurertum. Solange die Arbeitermasse in ihrer Mehrheit den Sozialdemokraten vertraut, oder, sagen wir der Guomindang oder den Trade-Unionisten, können wir die Aufgabe der unmittelbaren Niederwerfung der bürgerlichen Macht nicht stellen. Die Masse muss darauf vorbereitet werden. Die Vorbereitung kann sich als eine sehr große »Stufe« erweisen. Aber nur ein Chwostist[49] kann glauben, dass wir »zusammen mit der Masse« in der Guomindang sitzen, zuerst in der rechten, dann in der linken, oder einen Block mit dem Streikbrecher Purcell so lange aufrechterhalten müssen, »bis die Masse enttäuscht ist an den Führern« –, die wir inzwischen durch unsere Freundschaft unterstützen und mit Autorität versehen.

Radek wird doch wohl noch nicht vergessen haben, dass manche »Dialektiker« die Forderung des Austritts aus der Guomindang und des Bruches mit dem anglo-russischen Komitee als nichts anderes bezeichneten, denn als ein Überspringen von Stufen und außerdem als eine Lostrennung von der Bauernschaft (in China) und von den Arbeitermassen (in England). Radek muss sich dessen umso besser erinnern, als er selbst zu den »Dialektikern« dieses traurigen Musters gehörte. Im Augenblick vertieft und verallgemeinert er nur seine opportunistischen Irrtümer.

Im April 1919 schrieb Lenin in einem Programmaufsatz »Die Dritte Internationale und ihr Platz in der Geschichte«:

> Wir gehen kaum fehl, wenn wir sagen, dass gerade dieser Widerspruch zwischen der Rückständigkeit Russlands und seinem »*Sprung*« zur höchsten Form des Demokratismus, über die bürgerliche Demokratie hinweg zur sowjetischen oder proletarischen Demokratie, dass gerade dieser Widerspruch eine der Ursachen war ..., die im Westen das Verständnis für die Rolle der Sowjets besonders erschwerten oder verzögerten.[50]

Lenin sagt hier direkt, dass Russland »einen Sprung über die bürgerliche Demokratie« gemacht habe. Gewiss hat Lenin, wenn auch indirekt, diese Behauptung durch alle notwendigen Einschränkungen ergänzt: Die Dialektik besteht nicht darin, dass man jedes Mal alle konkreten Bedingungen wiederholt; der Schriftsteller geht davon aus, dass der Leser auch selbst etwas im Kopfe hat. Der Sprung über die bürgerliche Demokratie bleibt

49 Ein von Chwost = Schwanz abgeleitetes Wort, das einen Politiker bezeichnet, der einer politischen Bewegung stets nachhinkt.

50 Wladimir I. Lenin, »Die Dritte Internationale und ihr Platz in der Geschichte«, in: *Werke*, Bd. 29, Berlin 1976, S. 297.

trotzdem bestehen und erschwert, nach einer richtigen Bemerkung Lenins, allen Dogmatikern und Schematikern – und zwar nicht nur im Westen, sondern auch im Osten – das Verständnis für die Rolle der Sowjets.

Und in jenem »Vorwort« zu dem Buche »1905«, das Radek jetzt plötzlich so viel Kopfschmerzen macht, steht Folgendes:

> Die Petersburger Arbeiter nannten schon im Jahre 1905 ihren Sowjet eine proletarische Regierung. Diese Bezeichnung ging damals in den Sprachgebrauch ein und deckte sich vollständig mit dem Programm des Kampfes der Arbeiterklasse um die Macht. Gleichzeitig jedoch *stellten wir dem Zarismus das erweiterte Programm der politischen Demokratie entgegen* (Allgemeines Wahlrecht, Republik, Miliz usw.). Anders konnten wir nicht handeln. Die politische Demokratie ist *eine notwendige Etappe in der Entwicklung der Arbeitermassen* – mit dem wesentlichen Vorbehalt, dass in dem einen Falle diese Etappe Jahrzehnte dauert, während in dem anderen Falle die revolutionäre Situation es den Massen erlaubt, sich von den Vorurteilen der politischen Demokratie zu befreien, noch bevor deren Institutionen in die Wirklichkeit umgesetzt worden sind. (Trotzki, »1905«, Vorwort.)

Diese Worte, die nebenbei völlig mit dem von mir angeführten Gedanken Lenins übereinstimmen, erklären, wie mir scheint, zur Genüge die Notwendigkeit, der Diktatur der Guomindang »das erweiterte Programm der politischen Demokratie« gegenüberzustellen. Gerade hier aber kommt Radek von links heran. In der Epoche des revolutionären Aufstiegs hatte er sich dem Austritt der chinesischen Kommunistischen Partei aus der Guomindang widersetzt. In der Epoche der konterrevolutionären Diktatur widersetzt er sich der Mobilisierung der chinesischen Arbeiter unter der Parole der Demokratie. Das heißt, einem im Sommer einen Pelz hinhalten und im Winter ihn nackt ausziehen.

7. Was bedeutet die Parole der demokratischen Diktatur heute für den Osten?

In das stalinsche – evolutionär-philisterhafte, nicht aber revolutionäre – Verständnis der historischen »Stufen« hineinstolpernd, versucht jetzt auch Radek, die Parole der demokratischen Diktatur des Proletariats und der Bauernschaft für den ganzen Osten zu kanonisieren. Aus der Arbeitshypothese des Bolschewismus, die Lenin dem Entwicklungsgang eines bestimmten Landes anpasste, veränderte, konkretisierte und auf einer bestimmten Etappe verwarf, macht Radek ein überhistorisches Schema. Folgendes wiederholt er zu diesem Punkte unermüdlich in seinem Artikel:

> Diese Theorie und die sich aus ihr ergebende Taktik sind anwendbar in allen Ländern mit junger kapitalistischer Entwicklung, in denen die Bourgeoisie die Fragen, die ihr die vorangegangenen sozial-politischen Formationen als Erbschaft hinterlassen haben, nicht liquidierte.

Denkt euch in diese Formel hinein: Das ist doch eine feierliche Rechtfertigung der kamenewschen Position von 1917! Hatte denn die russische Bourgeoisie durch die Februar-Umwälzung die Fragen der demokratischen Revolution liquidiert? Nein, sie blieben ungelöst, darunter auch die allerwichtigste, die Agrarfrage. Wie hat Lenin es nicht begreifen können, dass die alte Formel noch »anwendbar« war? Weshalb hat er sie abgesetzt?

Radek hat uns früher darauf geantwortet: Weil sie sich bereits »verwirklicht hatte«. Wir haben diese Antwort untersucht. Sie ist völlig unhaltbar, doppelt unhaltbar im Munde von Radek, der auf dem Standpunkt steht, das Wesen der alten leninschen Parole bestehe gar nicht in den Formen der Macht, sondern in der faktischen Liquidierung der Leibeigenschaft durch die Zusammenarbeit von Proletariat und Bauernschaft. Das aber hat die Kerenskiade gerade nicht gebracht. Daraus folgt, dass die Exkursion Radeks in unsere Vergangenheit zwecks Lösung der heute aktuellsten Frage, der chinesischen, überhaupt völlig sinnlos ist. Nicht das war zu untersuchen, was Trotzki im Jahre 1905 verstanden oder nicht verstanden hat, sondern das, was Stalin, Molotow und besonders Rykow und Kamenew im Februar–März 1917 nicht begriffen haben (wie Radeks Position in jenen Tagen gewesen, ist mir unbekannt). Denn wenn man glaubt, dass die demokratische Diktatur sich in der Doppelherrschaft soweit »verwirklicht« habe, um eine Änderung der zentralen Parole zu erfordern, dann muss man anerkennen, dass die »demokratische Diktatur« in China sich durch das Regime der Guomindang, d. h. durch die Herrschaft Chiang Kai-sheks und Wang Jingweis mit Tan Ping-shan[51] als Anhängsel noch viel vollständiger und gründlicher verwirklicht hat. Umso notwendiger war mithin die Änderung der Parole in China.

Ist denn die »Erbschaft der vorangegangenen sozial-politischen Formationen« in China noch nicht liquidiert? Nein, sie ist noch nicht liquidiert. War sie aber bei uns am 4. April 1917 liquidiert, als Lenin der ganzen oberen Schicht der »alten Bolschewiki« den Krieg erklärte? Radek widerspricht sich hoffnungslos, irrt und taumelt hin und her. Beachten wir dabei, dass er nicht ganz zufällig einen so komplizierten, umschreibenden Ausdruck wie »Erbschaft der Formationen« gebraucht, an verschiedenen Stellen variiert und offensichtlich den klareren Ausdruck: »Überbleibsel des Feudalismus oder der Leibeigenschaft« vermeidet. Weshalb? Weil Radek erst gestern diese Überbleibsel auf das Bestimmteste abgelehnt und damit der Parole der demokratischen Diktatur jeden Boden entrissen hat. In seinem Referat in der Kommunistischen Akademie sagte Radek:

> Die Quellen der chinesischen Revolution sind nicht weniger tief, als die Quellen unserer Revolution von 1905 es waren. Man kann mit Sicherheit behaupten, dass das Bündnis der Arbeiterklasse mit der Bauernschaft dort stärker sein wird, als es im Jahre 1905 bei uns gewesen, *aus dem einfachen Grunde, weil es sich nicht gegen zwei Klassen richten wird, sondern gegen eine, die Bourgeoisie.*

Ja, »aus dem einfachen Grunde«. Nun, wenn aber das Proletariat zusammen mit der Bauernschaft sich gegen eine Klasse, die Bourgeoisie – nicht gegen die Überbleibsel des Feudalismus, sondern gegen die Bourgeoisie – richtet, wie heißt dann – erlauben Sie, bitte, die Frage – eine solche Revolution? Etwa eine demokratische? Man beachte, dass Radek dieses nicht im

51 Chiang Kai-shek ist der Führer der rechten, Wang Jingwei der linken Guomindang. Tan Ping-shan ist ein kommunistischer Minister, der in China die Politik Stalin-Bucharin vertrat.

Jahre 1905 und nicht einmal im Jahre 1909, sondern im März 1927 gesprochen hat. Wie soll man das verstehen? Sehr einfach. Auch im März 1927 irrte Radek vom rechten Wege ab, nur in eine andere Richtung. In ihren Thesen zur chinesischen Frage brachte die Opposition zu der damaligen Einseitigkeit Radeks eine wesentliche Korrektur ein. Aber in den soeben angeführten Worten war immerhin ein Kern Wahrheit: Den Stand der Gutsbesitzer gibt es in China fast nicht, die Grundbesitzer sind mit den Kapitalisten viel enger verbunden als im zaristischen Russland, das spezifische Gewicht der Agrarfrage ist deshalb in China viel geringer als im zaristischen Russland; dafür aber nimmt die Frage der nationalen Befreiung einen großen Platz ein. Dementsprechend kann die Fähigkeit der chinesischen Bauernschaft zum *selbstständigen* revolutionär-politischen Kampf um die demokratische Erneuerung des Landes keinesfalls größer sein als bei der russischen Bauernschaft. Das fand seinen Ausdruck unter anderem darin, dass weder vor dem Jahre 1925 noch während der drei Jahre der Revolution in China eine Volkspartei erstand, die die Agrarumwälzung auf ihr Banner geschrieben hätte. Das alles zusammen beweist, dass für China, welches die Erfahrung von 1925–1927 bereits hinter sich gelassen hat, die Formel der demokratischen Diktatur eine noch gefährlichere reaktionäre Falle darstellt als bei uns nach der Februarrevolution.

Auch eine andere Exkursion Radeks in eine noch ferner liegende Vergangenheit wendet sich ebenso erbarmungslos gegen ihn. In diesem Falle handelt es sich um die Parole der permanenten Revolution, die Marx im Jahre 1850 aufstellte:

> Bei Marx – schreibt Radek – hat es keine Parole einer demokratischen Diktatur gegeben, während sie bei Lenin von 1905 bis 1917 die politische Achse war und einen Bestandteil seiner Konzeption der Revolution *in allen* [?!] Ländern der beginnenden [?] kapitalistischen Entwicklung bildete.

Auf einige Zeilen von Lenin gestützt, erklärt Radek diesen Unterschied der Positionen damit, dass die zentrale Aufgabe der deutschen Revolution die *nationale Vereinigung* bildete, während es *bei uns die Agrarfrage* war. Will man diese Gegenüberstellung nicht mechanisieren und die Proportionen einhalten, dann ist sie bis zu einem gewissen Grade richtig. Aber was soll dann mit China werden? Das spezifische Gewicht des nationalen Problems in China, einem halb kolonialen Lande, ist im Vergleich mit dem Agrarproblem unermesslich größer, als es selbst in Deutschland in den Jahren 1848–1850 war; denn in China geht es gleichzeitig sowohl um die Vereinigung wie um die Befreiung. Seine Perspektive der permanenten Revolution hat Marx formuliert, als in Deutschland noch alle Throne feststanden, die Junker das Land besaßen und die Spitzen der Bourgeoisie nur im Vorzimmer der Regierung geduldet waren. In China gibt es bereits seit 1911 keine Monarchie, es gibt keine selbstständige Gutsbesitzerklasse, an der Macht steht die national-bürgerliche Guomindang, die Leibeigenschaftsbeziehungen sind mit der bürgerlichen Ausbeutung sozusagen chemisch verschmolzen. Die von Radek unternommene Gegenüberstellung der Positionen von Marx und Lenin spricht somit restlos *gegen* die Parole der demokratischen Diktatur in China.

Aber auch die Position von Marx nimmt Radek nicht ernsthaft, sondern nebenbei, episodisch, sich auf das Zirkular von 1850 beschränkend, wo *Marx die Bauernschaft noch als den natürlichen Verbündeten der kleinbürgerlichen Stadtbourgeoisie betrachtet.* Marx erwartete damals die selbstständige Etappe der demokratischen Revolution in Deutschland, d. h. die vorübergehende Übernahme der Macht durch die städtischen kleinbürgerlichen Radikalen, gestützt auf die Bauernschaft. Das ist der Haken! Aber gerade das ist nicht eingetroffen. Und nicht zufällig. Schon in der Mitte des vergangenen Jahrhunderts erwies sich die kleinbürgerliche Demokratie als ohnmächtig, selbstständig ihre Revolution zu vollziehen. Und Marx hat diese Lehre in seine Berechnung aufgenommen. Am 16. April 1856 – also sechs Jahre nach dem erwähnten Zirkular – schreibt Marx an Engels:

> The whole thing in Germany [Die ganze Sache in Deutschland] wird abhängen von der Möglichkeit, to back the Proletarian revolution by some second edition of the Peasants war [die proletarische Revolution durch eine Art zweiter Auflage des Bauernkrieges zu unterstützen]. Dann wird die Sache vorzüglich.[52]

52 Marx an Engels, Brief vom 16. April 1856, in: *MEW*, Bd. 29, Berlin 1970, S. 47 (Englischer Text im Original).

Diese ausgezeichneten Worte, von Radek völlig vergessen, bilden einen wahrhaft kostbaren Schlüssel zur Oktoberrevolution wie zu dem ganzen uns hier beschäftigenden Problem. Hat Marx die Agrarumwälzung übersprungen? Nein, wie wir sehen, hat er sie nicht übersprungen. Hielt er die Zusammenarbeit von Proletariat und Bauernschaft in der nächsten Revolution für notwendig? Ja, das tat er. Ließ er die Möglichkeit der führenden oder auch nur der selbstständigen Rolle der Bauernschaft in der Revolution zu? Nein, er ließ diese Möglichkeit nicht zu. Er ging davon aus, dass die Bauernschaft, der es nicht gelungen war, der bürgerlichen Demokratie in der selbstständigen demokratischen Revolution Deckung zu geben (durch die Schuld der bürgerlichen Demokratie, nicht der Bauernschaft), dass diese Bauernschaft in der proletarischen Revolution imstande sein werde, dem Proletariat Deckung zu geben. »Dann wird die Sache vorzüglich.« Radek will es gleichsam nicht sehen, dass dies im Oktober geschehen ist, und zwar gar nicht schlecht geschehen ist.

In Bezug auf China sind die sich daraus ergebenden Schlussfolgerungen völlig klar. Der Streit geht nicht um die entscheidende Rolle der Bauernschaft als Verbündeten, und nicht um die große Bedeutung der Agrarumwälzung, sondern darum, ob in China eine selbstständige agrar-demokratische Revolution möglich ist, oder aber ob »eine zweite Auflage des Bauernkrieges« der proletarischen Diktatur Deckung geben wird. Nur so steht die Frage. Wer sie anders stellt, hat nichts gelernt, nichts begriffen, verwirrt nur die chinesische Kommunistische Partei und drängt sie vom richtigen Wege ab.

Damit sich die Proletarier der östlichen Länder den Weg zum Siege öffnen, muss man in erster Linie die pedantisch-reaktionäre Theorie der Stalin-Martynow von »Stadien« und »Stufen« beseitigen, wegwerfen, zertreten und mit einem Besen auskehren. Der Bolschewismus ist groß geworden im Kampfe gegen diesen Vulgär-Evolutionismus. Man hat sich nicht einer a priori aufgestellten Marschroute anzupassen, sondern dem realen Gang des Klassenkampfes. Hinweg mit der stalin-kuusinenschen Idee: für die Länder verschiedener Entwicklungsgrade eine Reihenfolge zu bestimmen, ihnen im Voraus revolutionäre Rationen auf Karten zuzuweisen. Man muss sich dem realen Gang des Klassenkampfes anpassen. Ein unschätzbarer Führer dafür ist Lenin, nur muss man den *gesamten* Lenin berücksichtigen.

Als Lenin im Jahre 1919, besonders im Zusammenhang mit der Organisierung der Kommunistischen Internationale, aus der abgelaufenen Periode die Schlussfolgerungen zu einer Einheit verband und ihnen eine immer abgeschlossenere theoretische Formulierung gab, hat er die Erfahrung der Kerenskiade und des Oktobers folgendermaßen gedeutet: In einer bürgerlichen Gesellschaft mit bereits entwickelten Klassengegensätzen kann es nur entweder eine offene oder eine verhüllte Diktatur der Bourgeoisie geben oder aber die Diktatur des Proletariats. Von einem Übergangsregime kann nicht die Rede sein. Jede Demokratie, jede »Diktatur der Demokratie« (die ironischen Anführungsstriche sind von Lenin) wird nur eine Verschleierung der Herrschaft der Bourgeoisie sein, wie die Erfahrung des zurückgebliebensten europäischen Landes, Russlands, in der Epoche der bürgerlichen Revolution, d.h. in einer für die »Diktatur der Demokratie« günstigsten Epoche, gezeigt hat. Diese Schlussfolgerung nahm Lenin als Basis für seine Thesen über Demokratie, die erst aus der Summe der Erfahrungen der Februar- und Oktoberrevolution entstanden sind.

Wie viele andere, trennt auch Radek mechanisch die Frage der Demokratie von der Frage der demokratischen Diktatur überhaupt. Die »demokratische Diktatur« kann aber nur die maskierte Herrschaft der Bourgeoisie in der Revolution sein. Dies lehrt sowohl die Erfahrung unserer »Doppelherrschaft« von 1917 wie die Erfahrung der chinesischen Guomindang.

Die Hoffnungslosigkeit der Epigonen äußert sich am krassesten darin, dass sie auch jetzt noch versuchen, die demokratische Diktatur sowohl der Diktatur der Bourgeoisie wie der Diktatur des Proletariats gegenüberzustellen. Das aber bedeutet ja, dass die demokratische Diktatur einen Übergangscharakter, d.h. einen kleinbürgerlichen Inhalt haben muss. Die Beteiligung des Proletariats an ihr ändert die Lage nicht, denn es gibt keinen arithmetischen Durchschnitt der verschiedenen Klassenlinien in der Natur. Ist es weder die Diktatur der Bourgeoisie noch die Diktatur des Proletariats, dann heißt es, dass die Kleinbourgeoisie die *bestimmende* und *entscheidende* Rolle spielen muss. Das aber bringt uns zurück zu der Frage, auf die die drei russischen und die zwei chinesischen Revolutionen geantwortet haben: Ist heute, unter den Bedingungen der Weltherrschaft des Imperialismus, die Kleinbourgeoisie fähig, in kapitalistischen Ländern eine führende revolutionäre Rolle zu spielen, auch wenn es sich um zurückgebliebene Länder handelt, denen die Lösung ihrer demokratischen Aufgaben noch bevorsteht?

Es hat Epochen gegeben, in denen die unteren Schichten der Kleinbourgeoisie ihre revolutionäre Diktatur aufrichten konnten. Das wissen wir. Doch waren es Epochen, in denen das damalige Proletariat oder Vorproletariat sich nicht von der Kleinbourgeoisie unterschied, sondern, im Gegenteil, in seinem unentwickelten Zustande deren Kampfkern bildete. Ganz anders heute. Es kann nicht die Rede sein von der Fähigkeit der Kleinbourgeoisie, das Leben der heutigen, wenn auch zurückgebliebenen bürgerlichen Gesellschaft zu leiten, sofern das Proletariat sich von der Kleinbourgeoisie abgesondert hat und der Großbourgeoisie feindlich gegenübersteht, aufgrund der kapitalistischen Entwicklung, die das Kleinbürgertum zum Vegetieren verurteilt und die Bauernschaft vor die politische Wahl zwischen Bourgeoisie und Proletariat stellt. Jedes Mal, wenn die Bauernschaft sich scheinbar für eine kleinbürgerliche Partei entscheidet, deckt sie faktisch mit ihrem Rücken das Finanzkapital. Wenn in der Periode der ersten russischen Revolution oder in der Periode zwischen den ersten beiden Revolutionen über den *Grad der Selbstständigkeit* (aber nur den Grad!) der Bauernschaft und der Kleinbourgeoisie in der demokratischen Revolution noch Meinungsverschiedenheiten bestehen konnten, so ist diese Frage durch den ganzen Gang der Ereignisse der letzten zwölf Jahre entschieden worden, und zwar unwiderruflich.

Sie wurde nach dem Oktober in verschiedenen Ländern und in verschiedenen Formen und Kombinationen praktisch neu gestellt und überall einheitlich gelöst. Die grundsätzlichste Erfahrung ist, nach der Kerenskiade, wie bereits erwähnt, die Guomindang. Aber eine nicht geringere Bedeutung ist dem Experiment des Faschismus in Italien beizumessen, wo die Kleinbourgeoisie mit der Waffe in der Hand den alten bürgerlichen Parteien die Macht entriss, um sie durch ihre Führer sofort der Finanzoligarchie auszuhändigen. Dieselbe Frage entstand in Polen, wo die Pilsudskibewegung unmittelbar gegen die reaktionäre bürgerlich-gutsherrliche Regierung gerichtet war und die Hoffnungen der kleinbürgerlichen Massen und sogar eines weiten Kreises des Proletariats widerspiegelte. Es ist kein Zufall, dass der alte polnische Sozialdemokrat Warski, aus Angst, die »Bauernschaft zu unterschätzen«, die Pilsudskiumwälzung mit der »demokratischen Diktatur der Arbeiter und Bauern« identifizierte. Es würde zu weit führen, wollte ich hier die bulgarische Erfahrung analysieren, d.h. die schmähliche Wirrwarrpolitik der Kolarows und Kabaktschiews gegenüber der Partei Stambuliskis, oder das schändliche Experiment mit der Farmer- und Arbeiterpartei in den Vereinigten Staaten, oder den Roman Sinowjews mit Raditsch, oder die Experimente der Kommunistischen Partei Rumäniens usw. usw., ohne Ende. Einige dieser Tatsachen sind in ihren wesentlichen Bestandteilen in meiner »Kritik des Programms der Komintern« analysiert. Die grundlegende Schlussfolgerung bestätigt und befestigt restlos die Lehren des Oktober: Das Kleinbürgertum mitsamt der Bauernschaft ist für die Führerrolle in der modernen, wenn auch zurückgebliebenen bürgerlichen Gesellschaft unfähig sowohl in revolutionären wie in reaktionären Epochen. Die Bauernschaft kann entweder die Diktatur der Bourgeoisie stützen oder der Diktatur des Proletariats Deckung leisten. Übergangsformen sind eine Verschleierung der Diktatur der Bourgeoisie, die ins Schwanken geraten oder nach einer Erschütterung wieder auf die Beine gekommen ist (Kerenskiade, Faschismus, Pilsudskiregime).

Die Bauernschaft kann entweder mit der Bourgeoisie oder mit dem Proletariat gehen. Wenn aber das Proletariat versucht, um jeden Preis mit der Bauernschaft zu gehen, die ihm noch nicht Gefolgschaft leistet, so erweist sich das Proletariat unvermeidlich im Schlepptau des Finanzkapitals: Arbeiter als Landesverteidiger im Jahre 1917 in Russland; Arbeiter, darunter auch die Kommunisten, in der Guomindang in China; Arbeiter, teilweise auch die Kommunisten in der PPS[53] im Jahre 1926 in Polen usw.

Wer dieses nicht bis zu Ende durchdacht und die Ereignisse nach den lebendigen Spuren, die sie hinterlassen haben, nicht verstanden hat, der sollte sich lieber nicht um revolutionäre Politik kümmern.

Die grundsätzlichste Schlussfolgerung, die Lenin aus den Lehren des Februar und Oktober, und zwar in erschöpfender Weise gezogen hat, lehnt den Gedanken der »demokratischen Diktatur« restlos ab. Folgendes hat Lenin seit 1918 nicht nur einmal wiederholt:

> Die ganze politische Ökonomie, wenn irgendjemand irgendetwas aus ihr gelernt hat, die ganze Geschichte der Revolution, die ganze Ge-

53 PPS = Polnische Sozialistische Partei (Daschinski & Co.).

> schichte der politischen Entwicklung während des ganzen 19. Jahrhunderts lehren uns, dass der Bauer entweder dem Arbeiter oder dem Bourgeois folgt ...
> Wenn ihr nicht wisst, warum, würde ich solchen Bürgern sagen, dann ... denkt nach über die Entwicklung jeder der großen Revolutionen des 18. und 19. Jahrhunderts, über die politische Geschichte eines jeden Landes im 19. Jahrhundert. Sie wird euch das Warum beantworten. Die Ökonomik der kapitalistischen Gesellschaft ist derart, dass nur das Kapital oder das es stürzende Proletariat die herrschende Kraft sein kann. *Andere Kräfte gibt es in der Ökonomik dieser Gesellschaft nicht.*[54]

Nicht von dem heutigen England oder Deutschland ist hier die Rede. Aufgrund der Lehren irgendeiner größeren Revolution des 18. oder 19. Jahrhunderts, d.h. der bürgerlichen *Revolutionen* in den *zurückgebliebenen* Ländern kommt Lenin zu dem Ergebnis, dass nur die Diktatur der Bourgeoisie oder die Diktatur des Proletariats möglich ist. Eine »demokratische«, d.h. zwischenstufliche Diktatur kann es nicht geben.

Seine theoretische und historische Exkursion resümiert Radek, wie wir sehen, in dem recht mageren Aphorismus, man müsse die bürgerliche von der sozialistischen Revolution unterscheiden. Auf diese »Stufe« hinabsinkend, streckt Radek förmlich einen Finger dem Kuusinen hin, der, von seiner einzigen Quelle, d.h. dem »gesunden Menschenverstand« ausgehend, es für unwahrscheinlich hält, dass man sowohl in den fortgeschrittenen wie in den zurückgebliebenen Ländern die Parole der Diktatur des Proletariats aufstellen kann. Mit der Aufrichtigkeit eines Menschen, der nichts versteht, überführt Kuusinen Trotzki, dieser habe seit 1905 »nichts gelernt«. Mit Kuusinen ironisiert auch Radek: Für Trotzki bestehe

> die Eigenart der chinesischen und der indischen Revolutionen gerade darin, dass sie sich durch nichts von der westeuropäischen unterscheiden und darum bei den ersten Schritten (?!) zur Diktatur des Proletariats führen müssen.

54 Wladimir I. Lenin, »I. Gesamtrussischer Kongress für außerschulische Bildung. Rede über den Volksbetrug mit den Losungen Freiheit und Gleichheit. 19. Mai«, in: *Werke*, Bd. 29, Berlin 1976, S. 356.

Radek vergisst dabei eine Kleinigkeit: Die Diktatur des Proletariats hat sich nicht in einem westeuropäischen, sondern gerade in einem zurückgebliebenen osteuropäischen Lande verwirklicht. Ist es Trotzkis Schuld, dass der historische Prozess die »Eigenart« Russlands übersehen hat? Radek vergisst ferner, dass in allen kapitalistischen Ländern bei aller Mannigfaltigkeit der Entwicklungsgrade der sozialen Strukturen, Traditionen usw., d. h. bei all ihrer »Eigenart« die Bourgeoisie, d. h. präziser ausgedrückt, das Finanzkapital herrscht. Wiederum liegt hier der Mangel an Achtung vor dieser Eigenart bei der historischen Entwicklung, keinesfalls bei Trotzki.

Worin besteht dann der Unterschied zwischen den fortgeschrittenen Ländern und den zurückgebliebenen? Der Unterschied ist groß, aber er bleibt doch in den Grenzen der Herrschaft kapitalistischer Beziehungen. Die Formen und Methoden der Herrschaft der Bourgeoisie sind in den verschiedenen Ländern sehr verschieden. Auf dem einen Pol trägt die Herrschaft einen nackten und absoluten Charakter: – die *Vereinigten Staaten*. Auf dem anderen Pol passt sich das Finanzkapital den überlebten Institutionen des asiatischen Mittelalters an, indem es sie sich unterwirft und ihnen seine Methoden aufzwingt: – *Indien*. Aber hier wie dort herrscht die Bourgeoisie. Daraus folgt, dass auch die Diktatur des Proletariats hinsichtlich der sozialen Basis, der politischen Formen, der unmittelbaren Aufgaben und des Tempos der Arbeit in verschiedenen kapitalistischen Ländern einen äußerst unterschiedlichen Charakter haben wird. Die Volksmassen jedoch zum Siege über den Block der Imperialisten, Feudalen und nationalen Bourgeois zu führen, vermag nur die revolutionäre Hegemonie des Proletariats, die sich nach der Machteroberung in die Diktatur des Proletariats verwandelt.

Radek wähnt, wenn er die Menschheit in zwei Gruppen eingeteilt hat: in eine, die für die sozialistische Diktatur, und in eine andere, die erst für die demokratische Diktatur »herangereift« ist, dann habe er allein schon damit, im Gegensatz zu mir, die »Eigenart« der einzelnen Länder berücksichtigt. In Wirklichkeit setzt er eine leblose Schablone in Umlauf, die die Kommunisten vom wirklichen Studium der Eigenart eines jeden Landes nur abbringen muss. Indessen kann das richtige System der Aufgaben und Handlungen, ein zuverlässiges Programm des Kampfes um den Einfluss auf die Arbeiter- und Bauernmassen nur aus dem genauesten Studium der wirklichen Eigenart eines bestimmten Landes, d.h. des lebendigen Geflechts der Stufen und Stadien der historischen Entwicklung entstehen.

Die Eigenarten eines Landes, das seine demokratische Revolution nicht vollzogen oder nicht vollendet hat, sind von so großer Bedeutung, dass sie als Basis für das Programm der proletarischen Avantgarde genommen werden müssen. Nur auf der Basis eines solchen *nationalen* Programms kann eine kommunistische Partei ihren wirklichen und erfolgreichen Kampf um die Mehrheit der Arbeiterklasse und der Werktätigen überhaupt gegen die Bourgeoisie und deren demokratische Agentur entfalten.

Die Möglichkeit des Erfolges in diesem Kampfe wird selbstverständlich in hohem Maße von der Rolle des Proletariats in der Wirtschaft des Landes, also vom Grade ihrer kapitalistischen Entwicklung bestimmt. Dies ist jedoch keinesfalls das einzige Kriterium. Keine geringere Bedeutung besitzt die Frage, ob im Lande ein so weitgehendes und brennendes »Volksproblem« besteht, an dessen Lösung die Mehrheit der Nation interessiert ist, und das für seine Lösung die kühnsten revolutionären Maßnahmen verlangt. Zu den Problemen dieser Art gehören die Agrarfrage und die nationale Frage, in ihren verschiedensten Verbindungen. Bei dem zugespitzten Agrarproblem und bei der Unerträglichkeit der nationalen Unterjochung in den Kolonialländern kann das junge und verhältnismäßig nicht zahlreiche Proletariat auf der Basis einer *national-demokratischen* Revolution früher zur Macht kommen als das Proletariat eines fortgeschrittenen Landes auf der Basis einer rein *sozialistischen* Revolution. Es sollte scheinen, dass man nach dem Oktober dieses nicht mehr zu beweisen braucht. Aber durch die Jahre der geistigen Reaktion und durch die theoretische Verkommenheit der Epigonen sind die elementaren Vorstellungen von der Revolution derart versauert, verfault und ... verkuusinisiert worden, dass man gezwungen ist, jedes Mal von Neuem zu beginnen.

Folgt aus dem Gesagten, dass heute bereits alle Länder der Welt so oder so für die sozialistische Revolution reif sind? Nein, das ist eine falsche, eine tote, scholastische, stalinistisch-bucharinsche Fragestellung. Die Weltwirtschaft in ihrer Gesamtheit ist zweifellos für den Sozialismus reif. Das bedeutet aber nicht, dass jedes Land einzeln reif ist. Was soll dann mit der Diktatur des Proletariats in den verschiedenen zurückgebliebenen Ländern geschehen, in China, Indien usw.? Darauf antworten wir: Die Geschichte wird nicht auf Bestellung gemacht. Ein Land kann für die Diktatur des

Proletariats »reif« werden, nicht nur bevor es für den selbstständigen Aufbau des Sozialismus, sondern auch bevor es für weitgehende Sozialisierungsmaßnahmen reif ist. Man darf nicht von einer vorgefassten Harmonie der gesellschaftlichen Entwicklung ausgehen. Das Gesetz der ungleichmäßigen Entwicklung lebt noch, trotz der zarten theoretischen Umarmungen Stalins. Die Kraft dieses Gesetzes wirkt sich nicht nur in den Beziehungen der Länder untereinander, sondern auch in den gegenseitigen Beziehungen der verschiedenen Prozesse innerhalb eines Landes aus. Eine Versöhnung der ungleichmäßigen Prozesse der Ökonomik und der Politik kann man nur im Weltmaßstabe erreichen. Insbesondere bedeutet das, dass man die Frage der Diktatur des Proletariats in China nicht ausschließlich im Rahmen der chinesischen Ökonomik und der chinesischen Politik betrachten kann.

Hier kommen wir dicht an die zwei sich ausschließenden Standpunkte heran: die international-revolutionäre Theorie der permanenten Revolution und die national-reformistische Theorie des Sozialismus in einem Lande. Nicht nur nicht das zurückgebliebene China, sondern überhaupt kein Land der Welt könnte in seinem nationalen Rahmen den Sozialismus aufbauen: Die hochentwickelten Produktivkräfte, die über die nationalen Grenzen hinausgewachsen sind, widersetzen sich dem genauso wie die für die Nationalisierung ungenügend entwickelten Kräfte. Die Diktatur des Proletariats in England zum Beispiel müsste auf zwar anders geartete, aber nicht geringere Schwierigkeiten und Widersprüche stoßen als jene, die sich der Diktatur des Proletariats in China entgegenstellen würden. Die Überwindung der Widersprüche wäre in beiden Fällen nur auf dem Wege der Weltrevolution möglich. Diese Einstellung lässt die Frage nach der »Reife« oder »Unreife« Chinas für die sozialistische Umwandlung gar nicht zu. Unbestritten bleibt dabei, dass die Rückständigkeit Chinas die Aufgaben der proletarischen Diktatur äußerst erschweren muss. Aber wir wiederholen: Die Geschichte wird nicht auf Bestellung gemacht, und niemand hat das chinesische Proletariat vor die Wahl gestellt.

Bedeutet das wenigstens, dass jedes Land, auch das rückständigste Kolonialland, wenn nicht für den Sozialismus, so doch für die Diktatur des Proletariats reif ist? Nein, das bedeutet es nicht. Was soll dann mit der demokratischen Revolution überhaupt – und in den Kolonien insbesondere – geschehen? Wo steht es denn geschrieben – beantworte ich die Frage mit einer Frage –, dass jedes Kolonialland für die sofortige und restlose Lösung seiner national-demokratischen Aufgaben reif ist? Man muss die Frage vom andern Ende betrachten. Unter den Bedingungen des imperialistischen Zeitalters kann die national-demokratische Revolution nur dann bis zum siegreichen Ende durchgeführt werden, wenn die sozialen und politischen Verhältnisse des Landes reif dazu sind, das Proletariat als den Führer der Volksmassen an die Macht zu stellen. Und wenn dieses noch nicht der Fall ist? Dann wird der Kampf um die nationale Befreiung nur sehr geteilte, und zwar gegen die werktätigen Massen gerichtete Resultate ergeben. Im Jahre 1905 zeigte sich das Proletariat in Russland als nicht stark genug, die Bauernmassen um sich zu vereinigen und die Macht zu erobern. Aus diesem Grunde blieb die Revolution auf halbem Wege stehen und sank dann immer tiefer und tiefer hinab. In China, wo trotz der ausnahmsweise günstigen Situation die Leitung der Kommunistischen Internationale das chinesische Proletariat hinderte, um die Macht zu kämpfen, haben die nationalen Aufgaben eine klägliche, schwankende, schäbige Lösung in dem Regime der Guomindang gefunden.

Wann und unter welchen Bedingungen das eine oder das andere Kolonialland für die wirklich revolutionäre Lösung seiner Agrarfrage und seiner nationalen Frage reif wird, lässt sich nicht voraussagen. Jedenfalls aber können wir heute mit voller Sicherheit aussprechen, dass nicht nur China, sondern auch Indien nur durch die Diktatur des Proletariats zur wahren Volksdemokratie, d. h. zur Arbeiter- und Bauerndemokratie kommen werden. Auf dem Wege dahin können sich noch viele Etappen, Stufen und Stadien ergeben. Unter dem Druck der Volksmassen wird die Bourgeoisie noch verschiedene Schritte nach links tun, um sich dann um so erbarmungsloser gegen das Volk zu wenden. Perioden der Doppelherrschaft sind möglich und wahrscheinlich. Was es aber nicht geben wird, nicht geben kann, das ist eine wirkliche demokratische Diktatur, die nicht die Diktatur des Proletariats wäre. Eine »selbstständige« demokratische Diktatur kann nur in der Art der Guomindang, d. h. völlig gegen die Arbeiter und Bauern gerichtet sein. Das müssen wir von vornherein begreifen und es die Massen lehren, ohne durch abstrakte Formeln die Klassenrealitäten zu verschleiern.

Stalin und Bucharin predigten, in China könne die Bourgeoisie dank dem Joch des Imperialismus die nationale Revolution durchführen. Der Versuch wurde gemacht. Mit welchem Resultat? Das Proletariat ist ans

Messer geliefert worden. Dann wurde gesagt: Die demokratische Diktatur sei an der Reihe. Die kleinbürgerliche Diktatur erwies sich als eine maskierte Diktatur des Kapitals. Zufällig? Nein. »Der Bauer geht entweder mit dem Arbeiter oder mit dem Bourgeois.« In dem einen Falle entsteht die Diktatur des Proletariats, in dem anderen die Diktatur der Bourgeoisie. Es sollte scheinen, die chinesische Lehre ist klar genug. »Nein,« erwidert man uns, »das war nur ein misslungener Versuch, wir wollen alles vom Anfang beginnen und diesmal die ›echte‹ demokratische Diktatur errichten.« »Auf welche Weise?« »Auf der sozialen Basis der Zusammenarbeit von Proletariat und Bauernschaft.« Diese neueste Entdeckung präsentiert uns Radek. – Aber erlaubt mal, die Guomindang ist ja auf der gleichen Basis entstanden: Arbeiter und Bauern »zusammen« holten für die Bourgeoisie die Kastanien aus dem Feuer. Antworten Sie, wie wird die politische Mechanik dieser Zusammenarbeit aussehen? Wodurch wollen Sie die Guomindang ersetzen? Welche Parteien werden an der Macht sein? Nennen Sie sie doch wenigstens annähernd, andeutungsweise! Darauf antwortet Radek (im Jahre 1928!), dass nur ganz erledigte Menschen, die unfähig sind, die Kompliziertheit des Marxismus zu verstehen, sich für die nebensächliche technische Frage interessieren können, welche Klasse das Pferd, welche der Reiter sein wird: Ein Bolschewik müsse sich zugunsten der Klassenbasis von dem politischen Überbau »ablenken«. Nein, Sie belieben schon Späßchen zu machen! Man hat sich genug »abgelenkt«! Übergenug! Man hat sich in China von der Frage nach dem Parteiausdruck der Zusammenarbeit der Klassen abgelenkt, man hat das Proletariat in die Guomindang hineingelenkt, man war selbst bis zur Selbstvergessenheit von der Guomindang hingerissen, man hat sich dem Austritt aus der Guomindang wütend widersetzt, man drückte sich vor politischen Kampffragen durch die Wiederholung abstrakter Formeln; und nachdem die Bourgeoisie dem Proletariat nun sehr konkret den Schädel eingeschlagen hat, empfiehlt man uns, lasst uns von Neuem versuchen. Und für den Anfang wollen wir uns wieder von der Frage nach den Parteien und der revolutionären Macht »ablenken«. Nein. Das sind direkt schlechte Späße. Wir werden nicht erlauben, dass man uns wieder zurückschleppt!

Diese ganze Equilibristik wird, wie wir vernommen haben, im Interesse eines Bündnisses der Arbeiter und Bauern vorgeführt. Radek warnt die Opposition vor einer Unterschätzung der Bauernschaft und erinnert an den Kampf Lenins gegen die Menschewiki. Betrachtet man, was mit den leninschen Zitaten alles angestellt wird, kann einem manchmal übel werden. Ja, Lenin hat es nicht nur einmal gesagt, dass das Ableugnen der revolutionären Rolle der Bauernschaft charakteristisch sei für die Menschewiki. Und das war richtig. Aber außer diesen Zitaten gab es in der Welt noch das Jahr 1917, in dem die Menschewiki acht Monate, die die Februar- von der Oktoberrevolution trennen, in einem festen Block mit den Sozialrevolutionären zugebracht haben. In jener Periode jedoch vertraten die Sozialrevolutionäre die überwiegende Mehrheit der durch die Revolution erwachten Bauernschaft. Gemeinsam mit den Sozialrevolutionären nannten sich die Menschewiki die revolutionäre Demokratie und hielten uns vor, dass gerade sie sich auf das Bündnis der Arbeiter mit den Bauern (Soldaten) stützten. Demnach hatten die Menschewiki nach der Februarrevolution die bolschewistische Formel des Bündnisses der Arbeiter und Bauern gleichsam expropriiert. Die Bolschewiki wurden von ihnen der Absicht beschuldigt, die proletarische Avantgarde von der Bauernschaft abzuspalten und dadurch die Revolution zu vernichten. Mit anderen Worten, die Menschewiki beschuldigten Lenin der Ignorierung oder mindestens der Unterschätzung der Bauernschaft.

Die Kritik Kamenews, Sinowjews und anderer an Lenin war nur ein Widerhall der Kritik der Menschewiki. Die heutige Kritik Radeks wiederum ist nur ein verspätetes Echo der Kritik von Kamenew.

Die Politik der Epigonen in China, darunter auch die Politik Radeks, ist die Fortsetzung und Weiterentwicklung der menschewistischen Maskerade von 1917. Das Verbleiben der Kommunistischen Partei in der Guomindang wurde nicht nur von Stalin, sondern auch von Radek mit dem gleichen Hinweis auf die Notwendigkeit des Bündnisses der Arbeiter und Bauern verteidigt. Als es sich aber »zufällig« zeigte, dass die Guomindang eine bürgerliche Partei ist, wurde der Versuch mit der »linken« Guomindang wiederholt. Mit gleichen Resultaten. Danach wurde über diese traurige Wirklichkeit, die die hohen Hoffnungen nicht erfüllt hatte, die Abstraktion der demokratischen Diktatur gestellt, als Gegensatz zur Diktatur des Proletariats. Eine neue Wiederholung des Gehabten. Wir hörten im Jahre 1917 hunderte Mal von Zeretelli, Dan und den Übrigen: »Wir haben die Diktatur der revolutionären Demokratie, ihr aber drängt zur Diktatur des Proletariats, d. h. zum Untergang.« Wahrhaftig, die Menschen haben ein kurzes Gedächtnis. Die »revolutionär-demokratische Diktatur« Stalin-Radek unterscheidet sich in nichts von der »Diktatur der revolutionären Demokratie« Zeretelli-Dan. Und diese Formel geht trotzdem nicht nur durch alle Resolutionen der Komintern, sondern sie ist auch in ihr Programm eingedrungen. Es ist schwer, eine raffiniertere Maskerade auszudenken, und gleichzeitig eine bitterere Rache des Menschewismus für jene Kränkungen, die ihm der Bolschewismus im Jahre 1917 zugefügt hat.

Die Revolutionäre des Ostens haben aber immerhin ein Recht, auf die Frage nach dem Charakter der »demokratischen Diktatur« eine konkrete Antwort zu fordern, die sich nicht auf alte, allgemeine Zitate, sondern auf Tatsachen und auf politische Erfahrung stützt. Auf die Frage: Was ist »demokratische Diktatur«? hat Stalin wiederholt die wahrhaft klassische Antwort gegeben: Für den Osten ist es beispielsweise das Gleiche, was »Lenin sich in Bezug auf die Revolution von 1905 vorgestellt hat«. Dies wurde gewissermaßen die offizielle Formel. Man kann sie in den Büchern und Resolutionen finden, die China, Indien oder Polynesien gewidmet sind. Man verweist Revolutionäre auf »Vorstellungen« Lenins von zukünftigen Ereignissen, die inzwischen längst *vergangene* Ereignisse geworden sind, wobei die hypothetischen »Vorstellungen« Lenins noch dazu schief und krumm ausgelegt werden, jedenfalls nicht so, wie sie Lenin selbst *nach* den Ereignissen gedeutet hat.

»Schön«, sagt der Kommunist des Ostens, den Kopf traurig hängen lassend, »wir wollen versuchen, uns das genauso vorzustellen, wie Lenin es sich, nach euren Worten, vor der Revolution vorgestellt hat. Aber sagt uns doch bitte, wie sieht diese Parole in der Tat aus? Wie hat sie sich bei euch verwirklicht?«

»Bei uns hat sie sich als Kerenskiade in der Epoche der Doppelherrschaft verwirklicht.«

»Können wir unseren Arbeitern sagen, dass die Parole der demokratischen Diktatur sich bei uns als unsere nationale Kerenskiade verwirklichen wird?«

»Aber, aber! Keinesfalls! Kein Arbeiter wird eine solche Parole annehmen: Die Kerenskiade ist ein Lakaientum vor der Bourgeoisie und ein Verrat an den Werktätigen.«

»Aber wie müssen wir es denn unseren Arbeitern sagen?« fragt betrübt der Kommunist des Ostens.

»Sie müssen sagen«, antwortet der wachhabende Kuusinen ungeduldig, »die demokratische Diktatur sei dasselbe, was Lenin sich in Bezug auf die künftige demokratische Diktatur vorgestellt hat.«

Entbehrt der Kommunist des Ostens einer gewissen Überlegung nicht, dann wird er zu erwidern versuchen:

»Aber Lenin hat doch im Jahre 1918 erklärt, dass die demokratische Diktatur erst in der Oktoberrevolution durch die Aufrichtung der Diktatur des Proletariats ihre echte und wahre Verwirklichung gefunden hat. Wäre es nicht besser, die Partei und die Arbeiterklasse nach dieser Perspektive zu orientieren?«

»Unter keinen Umständen. Wagt nicht, auch nur daran zu denken. Das ist ja die per-r-r-manente R-r-r-evolution! Das ist Tr-r-r-r-otzkismus!«

Nach dieser bedrohlichen Zurechtweisung wird der Kommunist des Ostens bleicher als der Schnee auf den höchsten Gipfeln des Himalayas und verzichtet auf jede weitere Wissbegier. Mag es kommen, wie es will!

Und die Folgen? Wir kennen sie gut: entweder verächtliche Kriecherei vor Chiang Kai-shek oder heroische Abenteuer.

8. Vom Marxismus zum Pazifismus

Vielleicht das Beunruhigendste in symptomatischer Hinsicht ist eine Stelle in Radeks Aufsatz, die gleichsam abseits von dem uns interessierenden zentralen Thema steht, aber durch die Einheitlichkeit des radekschen Rucks zu den heutigen Theoretikern des Zentrismus mit diesem Thema eng verbunden ist. Es handelt sich um die etwas verschleierten Avancen an die Adresse der Theorie des Sozialismus in einem Lande. Man muss dabei verweilen, denn diese »Nebenlinie« der Irrtümer Radeks kann bei ihrer weiteren Entwicklung alle anderen Meinungsverschiedenheiten übertreffen, und es kann sich zeigen, dass ihre Quantität endgültig in Qualität umgeschlagen ist.

Es handelt sich um Gefahren, die die Revolution von außen bedrohen. Radek schreibt, dass Lenin

> sich dessen bewusst war, *dass bei dem Grade der ökonomischen Entwicklung Russlands im Jahre 1905* diese (proletarische) Diktatur sich nur halten kann, wenn ihr das westeuropäische Proletariat zu Hilfe kommt. [Kursiviert von mir. L. T.]

Ein Irrtum nach dem anderen, vor allem eine gröbste Verletzung der historischen Perspektive. In Wirklichkeit hat Lenin, und nicht nur einmal, gesagt, dass sich die demokratische Diktatur (nicht aber die proletarische) in Russland ohne die sozialistische Revolution in Europa nicht würde halten können. Dieser Gedanke zieht sich wie ein roter Faden durch alle Artikel und Reden Lenins aus der Zeit des Stockholmer Parteitages im Jahre 1906 (Polemik mit Plechanow, Fragen der Nationalisierung des Bodens, Gefahren der Restauration usw.). In jener Periode hat Lenin die Frage nach einer proletarischen Diktatur in Russland vor der sozialistischen Revolution in Westeuropa überhaupt nicht gestellt. Das Wichtigste aber besteht im Augenblick nicht darin. Was heißt es: »bei dem Grade der ökonomischen Entwicklung Russlands im Jahre 1905«? Und wie verhält es sich mit dem Grade von 1917? Auf diesem Unterschied der Grade ist die Theorie vom Sozialismus in einem Lande aufgebaut. Das Programm der Komintern hat den ganzen Erdball eingeteilt in Karrees, die sich für den selbstständigen Aufbau des Sozialismus »eignen«, und solche, die sich »nicht eignen«, und damit der revolutionären Strategie eine Reihe auswegloser Sackgassen geschaffen. Der Unterschied der ökonomischen Grade kann zweifellos von entscheidender Bedeutung für die politische Macht der Arbeiterklasse sein. Im Jahre 1905 haben wir uns nicht bis zur Diktatur des Proletariats erheben können, wie wir allerdings auch nicht zur demokratischen Diktatur aufzusteigen vermochten. Im Jahre 1917 haben wir die Diktatur des Proletariats aufgerichtet, die die demokratische Diktatur mit einschloss. Aber bei dem ökonomischen Entwicklungsgrad von 1917, wie auch bei dem ökonomischen Grad von 1905, kann die Diktatur sich nur dann behaupten und zum Sozialismus entfalten, wenn das westeuropäische Proletariat ihr rechtzeitig zu Hilfe kommt. Selbstverständlich lässt sich diese »Rechtzeitigkeit« nicht im Voraus berechnen: Sie wird von dem Gang der Entwicklung und des Kampfes bestimmt. Gegenüber dieser *grundsätzlichen* Frage, die von dem *internationalen* Kräfteverhältnis, dem das letzte und entscheidende Wort gehört, bestimmt wird, ist der Unterschied der Entwicklungsgrade in Russland in den Jahren 1905 und 1917, so wichtig dieser an sich auch ist, ein Faktor zweiter Ordnung.

Radek aber begnügt sich nicht mit der zweideutigen Berufung auf diese Gradunterschiede. Nachdem er darauf verwiesen hat, dass Lenin den Zusammenhang der inneren Probleme der Revolution mit deren Weltproblemen gesehen hat (allerdings!), fügt Radek hinzu:

> Lenin hat den Begriff dieses Zusammenhanges zwischen der Aufrechterhaltung der sozialistischen Diktatur in Russland und der Hilfe des westeuropäischen Proletariats nicht durch die übermäßig zugespitzte Formulierung Trotzkis verschärft, nämlich, dass es eine *staatliche* Hilfe, d. h. die Hilfe des bereits siegreichen westeuropäischen Proletariats sein müsse. [Kursiviert von mir. L. T.]

Offen gestanden, ich habe meinen Augen nicht getraut, als ich diese Zeilen las. Zu welchem Zweck benötigte Radek diese untaugliche Waffe aus dem Arsenal der Epigonen? Das ist ja nichts weiter als eine verlegene Wiedergabe der stalinschen Banalitäten, über die wir uns stets so gründlich lustig gemacht haben. Außer allem anderen beweist das angeführte Zitat, dass Radek eine sehr schlechte Vorstellung hat von den grundsätzlichen Marksteinen des leninschen Weges. Lenin hat niemals wie Stalin den Druck des europäischen Proletariats auf die bürgerliche Macht der Eroberung der Macht durch das Proletariat gegenübergestellt, im Gegenteil, er hat die Frage nach der revolutionären Hilfe von außen viel schärfer formuliert als ich. In der Epoche der ersten Revolution wiederholte er unermüdlich, dass wir die Demokratie (sogar die Demokratie!) ohne die sozialistische Revolution in Europa nicht behalten würden. In den Jahren 1917–1918 und in den folgenden Jahren hat Lenin das Schicksal unserer Revolution überhaupt nicht anders betrachtet und bewertet als im Zusammenhang mit der in Europa begonnenen sozialistischen Revolution. Er hat es zum Beispiel offen ausgesprochen: »Ohne den Sieg der Revolution in Deutschland ist unser Untergang unvermeidlich.« Das hat er im Jahre 1918 gesagt, also *nicht* bei dem »ökonomischen Entwicklungsgrad« von 1905, und er hat nicht spätere Jahrzehnte gemeint, sondern kürzeste Fristen, die nach wenigen Jahren, wenn nicht nach Monaten, zu bemessen sind.

Dutzende Male hat Lenin erklärt: Wenn wir standgehalten haben, »so nur deshalb, weil die Umstände sich so glücklich gestalteten, dass sie uns für kurze Zeit [für kurze Zeit! L. T.] vor dem internationalen Imperialismus schützten«. Und weiter: »Der internationale Imperialismus ... konnte sich auf keinen Fall, unter keinen Umständen mit der Sowjetrepublik vertragen ... Hier ist ein Konflikt unvermeidlich.« Und die Schlussfolgerung? Etwa die pazifistische Hoffnung auf den »Druck« des Proletariats oder auf die »Neutralisierung« der Bourgeoisie? Nein, die Schlussfolgerung lautet: »Hier haben wir die größte Schwierigkeit der russischen Revolution ...: die Notwendigkeit, die internationale Revolution auszulösen ...«[55] Wann wurde das gesprochen und geschrieben? Nicht im Jahre 1905, als Nikolaus II. mit Wilhelm II. über die Unterdrückung der Revolution verhandelte, und als ich meine »zugespitzte Formel« aufstellte, sondern in den Jahren 1918–1919 und später.

Folgendes hat Lenin, Rückschau haltend, auf dem 3. Kongress der Komintern gesagt:

> Es war uns klar, dass ohne die Unterstützung der internationalen Weltrevolution der Sieg der proletarischen Revolution [bei uns. L. T.] un-

55 Wladimir I. Lenin, »Außerordentlicher VII. Parteitag der KPR. Politischer Bericht des Zentralkomitees. 7. März«, in: *Werke*, Bd. 27, Berlin 1972, S. 78.

> möglich ist. Schon vor der Revolution und auch nachher dachten wir: Entweder sofort oder zumindest sehr rasch wird die Revolution in den übrigen Ländern kommen, in den kapitalistisch entwickelteren Ländern, oder aber wir müssen zugrunde gehen. Trotz dieses Bewusstseins taten wir alles, um das Sowjetsystem unter allen Umständen und um jeden Preis aufrechtzuerhalten, denn wir wussten, dass wir nicht nur für uns, sondern auch für die internationale Revolution arbeiten. Wir haben das gewusst, wir haben dieser Überzeugung wiederholt Ausdruck gegeben, sowohl vor der Oktoberrevolution als auch unmittelbar nach ihr und während des Abschlusses des Brest-Litowsker Friedens. *Und das war, allgemein gesprochen, richtig.*
>
> Indessen verlief die Bewegung in Wirklichkeit nicht so geradlinig, wie wir erwartet hatten.[56]

Die Bewegung begann seit 1921 nicht so gradlinig zu verlaufen, wie wir es in den Jahren 1917–1919 (und nicht nur 1905) erwartet hatten. Aber sie entwickelte sich doch auf der Linie der unversöhnlichen Gegensätze zwischen dem Arbeiterstaat und der bürgerlichen Welt. Eines von beiden muss zugrunde gehen! Den Arbeiterstaat vor den tödlichen Gefahren, nicht nur den militärischen, sondern auch den ökonomischen, zu bewahren, das vermag nur die siegreiche Entwicklung der proletarischen Revolution im Westen. Der Versuch, in dieser Frage zwei Positionen zu entdecken: die leninsche und die meine, ist ein Gipfel theoretischer Schlamperei. Lest doch mindestens Lenin nach, verleumdet ihn nicht, füttert uns nicht mit abgestandenem stalinschem Brei!

Der Niedergang aber macht dabei nicht halt. Nachdem Radek erdichtet hat, Lenin habe die »einfache« (dem Wesen nach reformistische, purcellianische) Hilfe des Weltproletariats als genügend betrachtet, während Trotzki, »zugespitzt«, unbedingt die staatliche, d.h. die revolutionäre Hilfe gefordert habe, fährt Radek fort:

> Die Erfahrung hat gezeigt, dass auch *in diesem* Punkte Lenin Recht behalten hat. Das europäische Proletariat hat die Macht noch nicht

56 Wladimir I. Lenin, »III. Kongress der Kommunistischen Internationale. Referat über die Taktik der KPR. 5. Juli«, in: *Werke*, Bd. 32, Berlin 1975, S. 503.

> erobern können, aber es war stark genug, während der Intervention die Weltbourgeoisie zu hindern, starke Kräfte gegen uns zu werfen. Dadurch hat es uns geholfen, die Sowjetmacht zu halten. Die Angst vor der Arbeiterbewegung war, neben den Gegensätzen in der kapitalistischen Welt selbst, die Hauptmacht, die uns während der acht Jahre nach der Beendigung der Intervention die Erhaltung des Friedens gesichert hat.

Diese Stelle, die zwar auf dem Hintergrunde der Schreibübungen des heutigen Literaturbeamtentums nicht durch Originalität glänzt, ist doch immerhin bemerkenswert durch die Verbindung von historischen Anachronismen, politischem Wirrwarr und gröbsten prinzipiellen Irrtümern.

Aus Radeks Worten ist zu folgern, dass Lenin im Jahre 1905 in seiner Broschüre »Zwei Taktiken« (nur auf diese Arbeit beruft sich Radek) vorausgesehen habe, dass das Kräfteverhältnis zwischen Staaten und Klassen nach dem Jahre 1917 derartig sein würde, dass es die Möglichkeit einer großen militärischen Intervention gegen uns für lange Zeit ausschließt. Im Gegensatz dazu habe Trotzki im Jahre 1905 die Situation, die nach dem imperialistischen Kriege entstehen musste, nicht vorausgesehen, sondern den damaligen Realitäten Rechnung getragen, so der mächtigen Hohenzollernarmee, der sehr starken Habsburger Militärmacht, der allmächtigen Pariser Börse usw. Das ist ein wahrhaft ungeheuerlicher Anachronismus, der durch die lächerlichen inneren Widersprüche noch komplizierter wird. Nach Radek bestand doch mein Hauptfehler gerade darin, dass ich überhaupt die Perspektiven der Diktatur des Proletariats »unter dem Entwicklungsgrad von 1905« aufgestellt habe. Jetzt zeigt sich der zweite »Fehler«: Ich habe die von mir am Vorabend der Revolution von 1905 aufgestellte Perspektive der Diktatur des Proletariats nicht aus der internationalen Situation heraus betrachtet, wie sie nach 1917 entstanden ist. Wenn die üblichen Argumente Stalins so aussehen, wundern wir uns darüber nicht, denn wir kennen zur Genüge seinen »Entwicklungsgrad« im Jahre 1917 wie im Jahre 1928. Aber wie ist Radek in diese Gesellschaft geraten?

Doch auch das ist das Schlimmste noch nicht. Das Schlimmste besteht darin, dass Radek die Grenze übersprungen hat, die den Marxismus vom Opportunismus, die revolutionäre von der pazifistischen Position trennt. Es geht ja um nichts anderes als um den Kampf gegen den Krieg, d. h. darum, *wie und mit welchen Methoden man den Krieg abwenden oder ihm ein Ende machen kann: durch den Druck des Proletariats auf die Bourgeoisie oder durch den Bürgerkrieg zur Niederwerfung der Bourgeoisie*? Zufällig hat Radek in dieses strittige Gebiet die Kernfrage der proletarischen Politik hineingetragen.

Will Radek etwa sagen, ich »ignoriere« nicht nur die Bauernschaft, sondern auch den Druck des Proletariats auf die Bourgeoisie, und zöge ausschließlich die proletarische Revolution in Betracht? Es ist wohl kaum anzunehmen, dass er einen solchen Unsinn verteidigen wird, der eines Thälmann, Semard oder Monmousseau würdig wäre. Auf dem 3. Kongress der Komintern haben die damaligen Ultralinken (Sinowjew, Thalheimer, Thälmann, Bela Kun usw.) die Taktik des Putschismus im Westen vertreten, als den Weg zur Rettung der USSR. Gemeinsam mit Lenin setzte ich ihnen so populär wie möglich auseinander, dass es ihrerseits die beste Hilfe sein würde, wenn sie planmäßig und systematisch ihre Positionen sichern und sich auf die Eroberung der Macht vorbereiten würden, statt revolutionäre Abenteuer für uns zu improvisieren. Damals war Radek bedauerlicherweise nicht auf Seiten Lenins und Trotzkis, sondern auf der Seite von Sinowjew und Bucharin. Radek aber entsinnt sich sicherlich – jedenfalls entsinnen sich dessen die Protokolle des 3. Kongresses –, dass das Wesen der Argumentation von Lenin und mir gerade im Bekämpfen der unvernünftig »zugespitzten Formulierung« der Ultralinken bestand. Nachdem wir ihnen auseinandergesetzt hatten, dass die Stärkung der Partei und der zunehmende Druck des Proletariats ein sehr schwerwiegender Faktor der inneren und der internationalen Beziehungen sei, fügten wir, Marxisten, noch hinzu, dass der »Druck« eine Funktion des revolutionären Kampfes um die Macht sei und völlig von der Entwicklung des letzteren abhänge. Aus diesem Grunde hatte Lenin am Ende dieses 3. Kongresses in einer größeren internen Beratung der Delegierten eine Rede gehalten, die gegen die Tendenzen der Passivität und des Abwartens gerichtet war und etwa in folgender Moral gipfelte: Keine Abenteuer, aber, liebe Freunde, beeilt euch immerhin ein wenig, denn durch den »Druck« allein kann man sich nicht lange halten.

Radek verweist darauf, dass das europäische Proletariat nach dem Kriege nicht imstande war, die Macht zu übernehmen, dass es aber die Bourgeoisie gehindert hat, uns niederzuschlagen. Auch wir hatten mehr als einmal Gelegenheit gehabt, davon zu sprechen, jedoch gelang dem europäischen Proletariat, unsere Zerschmetterung zu verhindern, nur deshalb, weil der Druck des Proletariats mit den schwersten objektiven Folgen des imperialistischen Krieges und den durch diesen verschärften Welt-Antagonismus zusammentraf. Welches dieser Elemente von entscheidender Bedeutung war: der Kampf der imperialistischen Lager unter sich, der wirtschaftliche Zusammenbruch, oder der Druck des Proletariats, ist schwer zu sagen, aber so kann man die Frage auch nicht stellen. Dass der friedliche Druck allein nicht ausreicht, das hat der imperialistische Krieg zu klar gezeigt, der gekommen ist trotz allen »Drucks«. Und schließlich, und was das Wichtigste ist, wenn der Druck des Proletariats in den ersten für die Sowjetrepublik kritischsten Jahren sich als wirksam genug erwiesen hat, so nur deshalb, weil es sich damals für die Arbeiter Europas nicht um einen Druck, sondern um den Kampf um die Macht gehandelt hat, wobei dieser Kampf wiederholt die Form des Bürgerkrieges annahm.

Im Jahre 1905 hat es in Europa weder Krieg noch einen wirtschaftlichen Zusammenbruch gegeben, und der Kapitalismus und der Militarismus zeichneten sich durch wütende Vollblütigkeit aus. Wilhelm II. und Franz Josef I. zu hindern, mit ihren Truppen in das Königreich Polen einzumarschieren oder überhaupt dem Zaren zu Hilfe zu kommen, hätte der »Druck« der damaligen Sozialdemokratie keine Kraft gehabt. Aber auch im Jahre 1918 hat der Druck des deutschen Proletariats den Hohenzollern nicht gehindert, die Baltischen Provinzen und die Ukraine zu besetzen, und wenn er nicht bis nach Moskau gekommen ist, so nur deshalb, weil seine militärische Macht dafür nicht ausgereicht hat. Weshalb hätten wir sonst den Brester Frieden geschlossen? Wie leicht man doch den gestrigen Tag vergisst! Ohne sich auf die Hoffnung, auf den »Druck« des Proletariats zu beschränken, hat Lenin wiederholt gesagt, dass wir ohne die deutsche Revolution bestimmt vernichtet werden. Das war im Kern richtig, obwohl sich die Fristen verschoben. Man braucht keine Illusionen: Wir haben ein unbefristetes Moratorium erhalten. Wir leben, wie früher, im Zustande der »Atempause«.

Ein Zustand, bei dem das Proletariat die Macht noch nicht ergreifen, jedoch die Bourgeoisie hindern kann, ihre Macht für einen Krieg auszunutzen, ist ein Zustand schwankenden Klassengleichgewichts in seinem schärfsten Ausdruck. Es ist eben ein Zustand, der nicht lange währen kann.

Die Waage muss sich nach der einen oder der anderen Seite neigen. Entweder gelangt das Proletariat zur Macht, oder aber die Bourgeoisie schwächt durch eine Reihe einander folgender Schläge den revolutionären Druck derart, dass sie die Handlungsfreiheit, vor allem in der Frage des Krieges und Friedens, wiedergewinnt.

Nur ein Reformist kann sich den Druck des Proletariats auf den bürgerlichen Staat als einen permanent zunehmenden Faktor und als Garantie gegen eine Intervention vorstellen. Aus eben dieser Vorstellung entstand die Theorie des Aufbaues des Sozialismus in einem Lande bei *Neutralisierung* der Weltbourgeoisie (Stalin). Wie eine Eule in der Dämmerung ausfliegt, so entstand auch die stalinsche Theorie von der Neutralisierung der Bourgeoisie durch den Druck des Proletariats erst dann, als die Bedingungen, die diese Theorie erzeugt hatten, zu schwinden begannen.

Während die falsch ausgelegte Erfahrung der Nachkriegsperiode zu der trügerischen Hoffnung geführt hat – man könne ohne die Revolution des europäischen Proletariats auskommen und sie durch eine »Unterstützung im Allgemeinen« ersetzen, hat inzwischen die Weltlage schroffe Veränderungen erlitten. Die Niederlagen des Proletariats haben der kapitalistischen Stabilisierung Wege geöffnet. Der Zusammenbruch des Kapitalismus nach dem Kriege wurde aufgehalten. Es wuchsen neue Generationen heran, die die Schrecken des imperialistischen Schlachtens nicht ausgekostet haben. Die Folge ist, dass die Bourgeoisie jetzt über ihre Kriegsmaschine freier zu verfügen vermag als vor fünf oder vor acht Jahren.

Die Linksradikalisierung der Arbeitermassen wird in ihrer weiteren Entwicklung den Druck auf den bürgerlichen Staat zweifellos wieder verschärfen. Das aber ist ein zweischneidiges Schwert. Gerade die wachsende Gefahr seitens der Arbeitermassen kann, auf einer weiteren Etappe, die Bourgeoisie zu entscheidenden Schritten drängen, um zu beweisen, dass sie Herr im Hause ist, und zu versuchen, den größten Seuchenherd, die Sowjetrepublik, zu vernichten. *Der Kampf gegen den Krieg wird nicht durch einen Druck auf die Regierung, sondern durch den revolutionären Kampf um die Macht entschieden.* Die »pazifistische« Wirkung des proletarischen Klassenkampfes, wie seine reformistische Wirkung, bilden nur ein Nebenprodukt des revolutionären Kampfes um die Macht, sie haben nur eine relative Kraft und können leicht in das Gegenteil umschlagen, d. h. sie können die Bourgeoisie auf den Weg des Krieges stoßen. Die Angst der Bourgeoisie vor der Arbeiterbewegung, auf die Radek so einseitig verweist, ist die wesentlichste Hoffnung aller Sozialpazifisten. Aber die »Angst« vor der Revolution allein entscheidet nicht. Die Revolution entscheidet. Aus diesem Grunde hat Lenin im Jahre 1905 gesagt, dass die einzige Garantie gegen die monarchistische Restauration, und im Jahre 1918, gegen die Restauration des Kapitalismus, nicht der Druck des Proletariats ist, sondern dessen revolutionärer Sieg in Europa. Dies ist die einzig richtige Fragestellung. Trotz dem lang währenden Charakter dieser »Atempause« bleibt sie auch heute noch voll in Kraft. Nicht anders habe ich auch die Frage gestellt. In den »Ergebnissen und Perspektiven« schrieb ich im Jahre 1906:

> Gerade die Angst vor dem Aufstand des Proletariats zwingt die bürgerlichen Parteien, die den fantastischen Summen für Kriegszwecke zustimmen, feierlich für den Frieden zu manifestieren, von internationalen Friedensinstitutionen zu träumen, sogar von einer Schaffung der Vereinigten Staaten von Europa – eine klägliche Deklamation, die natürlicherweise weder den Antagonismus zwischen den Staaten noch bewaffnete Zusammenstöße verhindern kann.[57]

Der Grundfehler des 6. Kongresses besteht darin, dass er sich, zur Rettung der pazifistischen und national-reformistischen Perspektiven von Stalin-Bucharin, auf revolutionär-technische Rezepte gegen die Kriegsgefahr eingelassen hat, indem er den Kampf gegen den Krieg von dem Kampf um die Macht trennte.

Die Inspiratoren des 6. Kongresses, ihrem Wesen nach verängstigte Pazifisten, erschrockene Erbauer des Sozialismus in einem Lande, haben den Versuch gemacht, die »Neutralisierung« der Bourgeoisie mithilfe der verstärkten Methoden des »Druckes« zu verewigen. Da sie sich aber bewusst waren, dass ihre bisherige Führung in einer Reihe von Ländern zur Niederlage der Revolution geführt und die internationale Avantgarde des Proletariats weit zurückgeworfen hat, so haben sie sich vor allem bemüht, mit der »zugespitzten Formulierung« des Marxismus abzurechnen, die das Problem des Krieges mit dem Problem der Revolution untrennbar ver-

57 »Ergebnisse und Perspektiven«, S. 95 f. in diesem Band.

knüpft. Sie haben den Kampf gegen den Krieg zu einer selbstständigen Aufgabe gemacht. Damit die nationalen Parteien die entscheidende Stunde nicht verschlafen, haben sie die Kriegsgefahr als permanent, unaufschiebbar, unmittelbar proklamiert. Alles, was in der Welt geschieht, geschieht zum Zwecke des Krieges. Der Krieg ist jetzt nicht mehr ein Mittel des bürgerlichen Regimes, sondern das bürgerliche Regime ist ein Mittel des Krieges. Als Folge davon verwandelt sich der Kampf der Kommunistischen Internationale gegen den Krieg in ein System ritueller Formeln, die bei jedem Anlass automatisch wiederholt werden und sich, ihre wirksame Macht verlierend, verflüchtigen. Der stalinsche nationale Sozialismus hat die Tendenz, die Kommunistische Internationale in ein Hilfsmittel des »Druckes« auf die Bourgeoisie zu verwandeln. Eben dieser Tendenz, nicht aber dem Marxismus, hilft Radek mit seiner oberflächlichen, schlampigen und gedankenlosen Kritik. Er hat den Kompass verloren und ist in einen fremden Strom geraten, der ihn zu ganz anderen Ufern bringen kann.

Alma-Ata, Oktober 1928.

Epilog

Die Prophezeiung oder die Befürchtung, die in den Schlussteilen des vorigen Kapitels ausgesprochen ist, hat sich bekanntlich nach wenigen Monaten bestätigt. Die Kritik der permanenten Revolution diente Radek nur als Sprungbrett, um sich von der Opposition abzustoßen. Unsere ganze Broschüre beweist, wie wir hoffen, dass der Übergang Radeks in das Lager von Stalin uns nicht unerwartet gekommen ist. Aber auch das Renegatentum hat seine Gradationen, seine Stufen der Erniedrigung. In seiner Buße tuenden Erklärung rehabilitiert Radek restlos die Politik Stalins in China. Das heißt auf den Grund des Verrates hinabsinken. Es bleibt mir nur übrig, aus meiner Antwort auf die Buße tuende Erklärung Radeks, Preobraschenskis und Smilgas, welche ein Freibrief für jeden politischen Zynismus ist, hier einen Auszug anzuführen:

> Wie es sich für alle, die etwas auf sich halten, geziemt, hat das Trio es nicht unterlassen können, sich mit der permanenten Revolution zu decken. Die tragischste Erfahrung aus der ganzen neueren Geschichte der Niederlagen des Opportunismus – die chinesische Revolution – versucht das Kapitulanten-Trio mit dem billigen Schwur abzutun, es hätte mit der Theorie der permanenten Revolution nichts gemein.
>
> Radek und Smilga haben die Unterwerfung der chinesischen Kommunistischen Partei unter die bürgerliche Guomindang hartnäckig vertreten, und zwar nicht nur bis zum Staatsstreich Chiang Kai-sheks, sondern auch danach. Preobraschenski murmelte, wie stets in Fragen der Politik, etwas Unverständliches. Eine bemerkenswerte Tatsache: Alle jene aus den Reihen der Opposition, die die Unterwerfung der Kommunistischen Partei unter die Guomindang verteidigten, erwiesen sich als Kapitulanten. Auf keinem einzigen Oppositionellen, der seinem Banner treu geblieben ist, lastet dieser offenbare Schandfleck. Fünfundsiebzig Jahre nach dem Erscheinen des Kommunistischen Manifestes, ein Vierteljahrhundert nach der Gründung der Partei der Bolschewiki, haben diese unglückseligen »Marxisten« es für möglich gehalten, das Verbleiben der Kommunisten im Käfig der Guomindang zu verteidigen! In seiner Antwort auf meine Anklagen hat Radek schon damals, ganz wie in dem heutigen Bußbrief, mit der »Isolierung« des Proleta-

riats von der Bauernschaft geschreckt, falls die Kommunistische Partei aus der bürgerlichen Guomindang austreten würde. Kurz vorher nannte Radek die Kantoner Regierung eine Bauern- und Arbeiterregierung, und half damit Stalin, die Unterwerfung des Proletariats unter die Bourgeoisie zu verschleiern. Womit diese schändlichen Taten, die Folgen dieser Blindheit, dieses Stumpfsinns, dieses Verrats am Marxismus verhüllen? Womit? Mit der permanenten Revolution?

Schon im Februar 1928 schloss sich Radek, der bereits einen Anlass für seine Kapitulation suchte, unverzüglich der Resolution des Februarplenums des EKKI von 1928 über die chinesische Frage an. Diese Resolution stempelt die Trotzkisten zu Liquidatoren, weil sie Niederlagen als Niederlagen bezeichneten und nicht gewillt waren, die siegreiche chinesische Konterrevolution als das höchste Stadium der chinesischen Revolution zu betrachten. In dieser Februarresolution wurde der Kurs auf den bewaffneten Aufstand und auf die Sowjets proklamiert. Für jeden Menschen, der eines politischen, durch revolutionäre Erfahrung geschärften Instinktes nicht entbehrt, bildet diese Resolution ein Muster des widerwärtigsten und verantwortungslosesten Abenteurertums. Radek schloss sich ihr an. Preobraschenski ging an die Sache nicht weniger weise als Radek heran, nur vom anderen Ende. Die chinesische Revolution sei bereits niedergeschlagen, schrieb er, und zwar für eine lange Zeit. Eine neue Revolution werde so bald nicht kommen. Verlohne es sich da, wegen China mit den Zentristen zu hadern? Über dieses Thema versandte Preobraschenski lange Episteln. Als ich sie in Alma-Ata las, empfand ich ein Gefühl der Scham. Was haben diese Menschen in der Schule von Lenin gelernt? fragte ich mich immer wieder. Die Voraussetzungen Preobraschenskis waren den Voraussetzungen Radeks inhaltlich diametral entgegengesetzt, doch die Schlussfolgerungen waren die gleichen: Beide hatten sie den größten Wunsch, Jaroslawski möge sie durch die Vermittlung von Menschinski brüderlich umarmen. Oh, selbstverständlich zum Nutzen der Revolution. Das sind beileibe keine Karrieristen – bewahre, das sind einfach hilflose, geistig verwüstete Menschen. Der abenteuerlichen Resolution des Februarplenums des EKKI (1928) habe ich damals schon den Kurs auf die Mobilisierung der chinesischen Arbeiter unter den Parolen der Demokratie, darunter auch der chinesischen Konstituierenden Versammlung, entgegengestellt. Da aber überschlug sich das unglückselige Trio nach ultralinks: Das war billig und verpflichtete zu nichts. Parolen der Demokratie? Niemals. »Das ist ein grober Fehler von Trotzki.« Chinesische Sowjets – und keinen Prozent Rabatt! Es ist schwer, sich etwas Sinnloseres auszudenken als diese – mit Verlaub zu sagen – Position. Die Parole: »Sowjets!« in der Epoche der bürgerlichen Reaktion ist eine Kinderklapper, eine Verhöhnung der Sowjets. Aber sogar in der Epoche der Revolution, d. h. in der Epoche des direkten Aufbaues der Sowjets, haben wir die Parolen der Demokratie nicht abgesetzt. Wir haben sie so lange nicht abgesetzt, bis die realen Sowjets, die bereits die Macht erobert hatten, vor den Augen der Masse mit den realen Institutionen der Demokratie zusammenstießen. Dieses bedeutet in der Sprache Lenins (und nicht des Spießers Stalin und dessen Papageien): das demokratische Stadium in der Entwicklung des Landes nicht zu überspringen.

Außerhalb des demokratischen Programms – Konstituierende Versammlung; Achtstundentag; Konfiskation des Bodens; nationale Unabhängigkeit Chinas; Selbstbestimmungsrecht der darin wohnenden Völker –, außerhalb dieses demokratischen Programms ist die Kommunistische Partei Chinas an Händen und Füßen gebunden und gezwungen, das Feld passiv der chinesischen Sozialdemokratie zu überlassen, die mithilfe der Stalin, Radek und Kompanie imstande wäre, den Platz der Kommunistischen Partei einzunehmen.

Also: Obwohl im Schlepptau der Opposition, hat Radek doch das Wichtigste an der chinesischen Revolution verschlafen, denn er verteidigte die Unterwerfung der Kommunistischen Partei unter die bürgerliche Guomindang. Radek hat die chinesische Konterrevolution verschlafen, indem er nach dem Kantoner Abenteuer den Kurs auf den bewaffneten Aufstand unterstützte. Radek überspringt heute die Periode der Konterrevolution und den Kampf um die Demokratie, wenn er mit einer abwehrenden Handbewegung die Aufgaben der Übergangsperiode durch die abstrakte Idee der Sowjets jenseits von Zeit und Raum ersetzt. Dafür aber schwört Radek, er habe nichts gemein mit der permanenten Revolution. Das ist erfreulich. Das ist tröstlich …

… Die antimarxistische Theorie der Stalin-Radek enthält für China, Indien und alle Länder des Ostens die veränderte, aber nicht verbesserte Wiederholung des Guomindang-Experimentes.

Aufgrund der gesamten Erfahrung der russischen und der chinesischen Revolutionen, aufgrund der Lehren von Marx und Lenin, nachgeprüft im Lichte dieser Revolutionen, behauptet die Opposition:
Die neue chinesische Revolution kann das bestehende Regime stürzen und die Macht den Volksmassen übertragen ausschließlich in der Form der Diktatur des Proletariats:
Die »demokratische Diktatur des Proletariats und der Bauernschaft« im Gegensatz zu der Diktatur des Proletariats, das die Bauernschaft führt und das Programm der Demokratie verwirklicht, ist eine Fiktion, ein Selbstbetrug, oder was noch schlimmer ist – eine Kerenskiade oder ein Guomindang-Abenteuer.
Zwischen dem Regime Kerenski und Chiang Kai-shek einerseits und der Diktatur des Proletariats andererseits gibt es kein revolutionäres Übergangsregime und kann es ein solches nicht geben; wer etwas anderes behauptet, der betrügt die Arbeiter des Ostens schändlich und bereitet neue Katastrophen vor.
Die Opposition sagt den Arbeitern des Ostens: Durch innerparteiliche Machinationen helfen verwüstete Kapitulanten Stalin, den Samen des Zentrismus zu säen, eure Augen zu blenden, eure Ohren zu verstopfen, eure Köpfe zu benebeln. Einerseits schwächt man euch angesichts der nackten bürgerlichen Diktatur, indem man euch verbietet, den Kampf um Demokratie zu entfalten; andererseits malt man euch Perspektiven irgendeiner rettenden, unproletarischen Diktatur vor, und unterstützt damit weitere Verwandlungen der Guomindang, d. h. weitere Niederschlagungen der Arbeiter- und Bauernrevolution.
Solche Prediger sind Verräter. Lernt, ihnen zu misstrauen, Arbeiter des Ostens, lernt, sie zu verachten, lernt, sie aus euren Reihen zu jagen! ...

Was ist nun die permanente Revolution? Grundsätze

Ich hoffe, der Leser wird nichts dagegen haben, wenn ich als Abschluss dieses Buches, ohne Scheu vor Wiederholungen, versuche, die hauptsächlichsten Schlussfolgerungen kurz zu formulieren.

1. Die Theorie der permanenten Revolution erfordert jetzt von jedem Marxisten die größte Aufmerksamkeit, denn der Verlauf des geistigen Kampfes, wie des Klassenkampfes, hat die Frage vollständig und restlos aus dem Bereich der Erinnerungen an alte Meinungsverschiedenheiten innerhalb der russischen Marxisten herausgehoben und in eine Frage nach Charakter, inneren Zusammenhängen und Methoden der internationalen Revolution überhaupt umgewandelt.
2. In Bezug auf die Länder mit einer verspäteten bürgerlichen Entwicklung, insbesondere auf die kolonialen und halbkolonialen Länder, bedeutet die Theorie der permanenten Revolution, dass die volle und wirkliche Lösung ihrer *demokratischen Aufgabe und des Problems ihrer nationalen Befreiung* nur denkbar ist mittels der Diktatur des Proletariats als des Führers der unterdrückten Nation und vor allem ihrer Bauernmassen.
3. Nicht nur die Agrarfrage, sondern auch die nationale Frage weist der Bauernschaft, die in den zurückgebliebenen Ländern die überwiegende Mehrheit der Bevölkerung bildet, einen außerordentlichen Platz in der demokratischen Revolution an. Ohne ein Bündnis des Proletariats mit der Bauernschaft können die Aufgaben der demokratischen Revolution nicht nur nicht gelöst, sondern auch nicht ernstlich gestellt werden. Das Bündnis dieser zwei Klassen ist aber nicht anders zu verwirklichen als im unversöhnlichen Kampf gegen den Einfluss der national-liberalen Bourgeoisie.
4. Wie verschieden die ersten episodenhaften Etappen der Revolution in den einzelnen Ländern auch sein mögen, die Verwirklichung des revolutionären Bündnisses zwischen Proletariat und Bauernschaft ist nur denkbar unter der politischen Führung der proletarischen Avantgarde, die in der Kommunistischen Partei organisiert ist. Dies wiederum bedeutet, dass der Sieg der demokratischen Revolution nur durch die Diktatur des Proletariats denkbar ist, das sich auf das Bündnis mit der

Bauernschaft stützt und in erster Linie die Aufgaben der demokratischen Revolution löst.

5. Historisch betrachtet, ist die alte Parole des Bolschewismus »demokratische Diktatur des Proletariats und der Bauernschaft« ein Ausdruck des oben charakterisierten Verhältnisses zwischen Proletariat, Bauernschaft und liberaler Bourgeoisie. Das hat die Erfahrung des Oktober bestätigt. Doch hat die alte Formel Lenins nicht im Voraus bestimmen wollen, wie sich die gegenseitigen politischen Beziehungen zwischen Proletariat und Bauernschaft innerhalb des revolutionären Blocks gestalten werden. Mit anderen Worten: Die Formel hat bewusst eine gewisse algebraische Veränderbarkeit zugelassen, die im Prozess der historischen Erfahrung einer präziseren arithmetischen Größe den Platz räumen müsste. Nun hat die Erfahrung gezeigt, und zwar unter Bedingungen, die jede falsche Deutung ausschließen, dass die Rolle der Bauernschaft, so groß sie auch sein mag, weder selbstständig noch führend sein kann. Der Bauer geht entweder mit dem Arbeiter oder mit dem Bourgeois. Das bedeutet, dass die »demokratische Diktatur des Proletariats und der Bauernschaft« nur als *Diktatur des Proletariats, das die Bauernmassen führt*, denkbar ist.
6. Eine demokratische Diktatur des Proletariats und der Bauernschaft als Regime, das sich nach seinem Klasseninhalt von der Diktatur des Proletariats unterscheidet, könnte nur in dem Falle verwirklicht werden, wenn die Verwirklichung einer *selbstständigen* revolutionären Partei als Ausdruck der Interessen der Bauernschaft und der kleinbürgerlichen Demokratie überhaupt denkbar wäre, d. h. einer Partei, die mit Unterstützung des Proletariats fähig wäre, die Macht zu erobern und ihr revolutionäres Programm zu bestimmen. Wie die gesamte Erfahrung der neueren Geschichte, besonders die Erfahrung des letzten Vierteljahrhunderts in Russland, beweist, bildet ein unüberwindliches Hindernis für die Schaffung einer Bauernpartei die ökonomische und politische Unselbstständigkeit der Kleinbourgeoisie und ihre tiefgehende innere Differenzierung, kraft derer die oberen Schichten der Kleinbourgeoisie (der Bauernschaft) in allen entscheidenden Fällen, besonders bei Krieg und Revolution, mit der Großbourgeoisie, während die unteren Schichten der Kleinbourgeoisie mit dem Proletariat gehen und damit die Zwischenschicht zwingen, zwischen den zwei

äußersten Polen eine Wahl zu treffen. Zwischen der Kerenskiade und der bolschewistischen Macht, zwischen der Guomindang und der Diktatur des Proletariats gibt es keine Zwischenstufe und kann es keine geben, d.h. es gibt keine demokratische Diktatur der Arbeiter und Bauern.

7. Das Bestreben der Komintern, den Ländern des Ostens heute die von der Geschichte längst und endgültig überholte Losung der demokratischen Diktatur des Proletariats und der Bauernschaft aufzuzwingen, kann nur eine reaktionäre Wirkung haben. Insofern diese Losung der Losung der Diktatur des Proletariats entgegengestellt wird, trägt sie politisch zur Auflösung des Proletariats in den kleinbürgerlichen Massen bei und schafft dadurch die günstigsten Bedingungen für die Hegemonie der nationalen Bourgeoisie, folglich auch für das Fiasko der demokratischen Revolution. Die Aufnahme dieser Losung in das Programm der Komintern ist ein direkter Verrat am Marxismus und an den Oktobertraditionen des Bolschewismus.
8. Die Diktatur des Proletariats, das als Führer der demokratischen Revolution zur Herrschaft gelangt ist, wird unvermeidlich und in kürzester Frist vor Aufgaben gestellt sein, die mit weitgehenden Eingriffen in die bürgerlichen Eigentumsrechte verbunden sind. Die demokratische Revolution wächst unmittelbar in die sozialistische hinein und wird dadurch allein schon zur *permanenten Revolution*.
9. Die Machteroberung durch das Proletariat schließt die Revolution nicht ab, sondern eröffnet sie nur. Der sozialistische Aufbau ist nur auf der Basis des Klassenkampfes im nationalen und internationalen Maßstabe denkbar. Unter den Bedingungen des entscheidenden Übergewichts kapitalistischer Beziehungen in der Weltarena wird dieser Kampf unvermeidlich zu Explosionen führen, d.h. im Inneren zum Bürgerkrieg und außerhalb der nationalen Grenzen zum revolutionären Krieg. Darin besteht der permanente Charakter der sozialistischen Revolution, ganz unabhängig davon, ob es sich um ein zurückgebliebenes Land handelt, das erst gestern seine demokratische Umwälzung vollzogen hat, oder um ein altes kapitalistisches Land, das eine lange Epoche der Demokratie und des Parlamentarismus durchgemacht hat.
10. Der Abschluss einer sozialistischen Revolution ist im nationalen Rahmen undenkbar. Eine grundlegende Ursache für die Krisis der bür-

gerlichen Gesellschaft besteht darin, dass die von dieser Gesellschaft geschaffenen Produktivkräfte sich mit dem Rahmen des nationalen Staates nicht vertragen. Daraus ergeben sich einerseits die imperialistischen Kriege, andererseits die Utopie der bürgerlichen Vereinigten Staaten von Europa. Die sozialistische Revolution beginnt auf nationalem Boden, entwickelt sich international und wird vollendet in der Weltarena. Folglich wird die sozialistische Revolution in einem neuen, breiteren Sinne des Wortes zu einer permanenten Revolution: Sie findet ihren Abschluss nicht vor dem endgültigen Siege der neuen Gesellschaft auf unserem ganzen Planeten.

11. Das angeführte Schema der Entwicklung der Weltrevolution beseitigt die Frage nach den Ländern, die für den Sozialismus »reif« oder »nicht reif« sind, im Geiste jener pedantisch leblosen Klassifizierung, wie sie das heutige Programm der Komintern gibt. Insofern der Kapitalismus einen Weltmarkt geschaffen hat, eine weltumfassende Arbeitsteilung und weltumfassende Produktivkräfte, hat er zugleich die Weltwirtschaft in ihrer Gesamtheit für die sozialistische Umgestaltung vorbereitet.
    Verschiedene Länder werden diesen Prozess in verschiedenem Tempo vollziehen. Unter gewissen Bedingungen können zurückgebliebene Länder früher als die fortgeschrittenen zur Diktatur des Proletariats kommen, aber später zum Sozialismus.
    Ein zurückgebliebenes koloniales Land, dessen Proletariat nicht genügend darauf vorbereitet ist, die Bauernschaft um sich zu sammeln und die Macht zu ergreifen, wird schon dadurch allein außerstande sein, seine demokratische Umwälzung zu Ende zu führen. In einem Lande dagegen, wo das Proletariat als Endergebnis einer demokratischen Revolution zur Macht gekommen ist, hängt das weitere Schicksal der Diktatur und des Sozialismus letzten Endes nicht nur und nicht so sehr von den nationalen Produktivkräften ab, wie von der Entwicklung der internationalen sozialistischen Revolution.
12. Die Theorie des Sozialismus in einem Lande, die auf der Hefe der Reaktion gegen den Oktober hochgegangen ist, ist die einzige Theorie, die folgerichtig und restlos im Gegensatz steht zu der Theorie der permanenten Revolution. Der Versuch der Epigonen, unter den Schlägen der Kritik die Anwendbarkeit der Theorie des Sozialismus in einem

Land ausschließlich auf Russland zu beschränken, infolge seiner besonderen Eigenschaften (Ausdehnung, natürliche Reichtümer usw.), macht die Sache nicht besser, sondern schlechter. Der Bruch mit der internationalen Position führt stets und unvermeidlich zum nationalen *Messianismus*, d.h. dazu, dem eigenen Lande besondere Vorzüge und Eigenschaften zuzusprechen, die es ihm erlauben, eine Mission zu erfüllen, die den andern Ländern versagt ist.

Die weltumfassende Arbeitsteilung, die Abhängigkeit der Sowjetindustrie von der ausländischen Technik, die Abhängigkeit der Produktivkräfte der fortgeschrittenen Länder Europas von den asiatischen Rohstoffen usw. usw. machen in keinem Lande der Welt den Aufbau einer selbstständigen nationalen sozialistischen Gesellschaft möglich.

13. Die Theorie von Stalin und Bucharin bringt nicht nur der ganzen Erfahrung der russischen Revolution zuwider die demokratische Revolution mechanisch in Gegensatz zu der sozialistischen Revolution, sondern sie trennt auch die nationale Revolution von der internationalen. Diese Theorie stellt den Revolutionen in den zurückgebliebenen Ländern die Aufgabe, ein nicht zu verwirklichendes Regime einer demokratischen Diktatur zu errichten, das sie zu der Diktatur des Proletariats in Gegensatz bringt: Damit trägt sie Illusionen und Fiktionen in die Politik hinein, lähmt den Kampf des Proletariats des Ostens um die Macht und hält den Sieg der kolonialen Revolutionen auf.

Die bereits eroberte proletarische Macht bedeutet vom Standpunkt der Theorie der Epigonen schon die Vollendung der Revolution (»zu neun Zehnteln« nach der Formel Stalins) und den Beginn der Epoche nationaler Reformen. Die Theorie vom Hineinwachsen des Kulaken in den Sozialismus und die Theorie von der »Neutralisierung« der Weltbourgeoisie ist deshalb von der Theorie des Sozialismus in einem Lande nicht zu trennen. Sie stehen und fallen zusammen.

Durch die Theorie des National-Sozialismus wird die Kommunistische Internationale zu einem Werkzeug degradiert, das nur für den Kampf gegen die militärische Intervention von Nutzen ist. Die heutige Politik der Komintern, ihr Regime und die Auswahl ihres führenden Personals entspricht völlig dieser Degradierung der Kommunistischen Internationale zur Rolle eines Hilfskorps, das nicht ausersehen ist, große, selbstständige Aufgaben zu lösen.

14. Das von Bucharin geschaffene Programm der Kommunistischen Internationale ist durch und durch eklektisch. Es macht den hoffnungslosen Versuch, die Theorie des Sozialismus in einem Lande mit dem marxistischen Internationalismus, der von dem permanenten Charakter der Weltrevolution untrennbar ist, zu versöhnen. Der Kampf der linken kommunistischen Opposition um eine richtige Politik und ein gesundes Regime in der Kommunistischen Internationale ist nicht zu trennen von dem Kampfe um ein marxistisches Programm. Die Frage des Programms wiederum ist nicht zu trennen von der Frage der zwei einander ausschließenden Theorien: der permanenten Revolution und des Sozialismus in einem Lande. Das Problem der permanenten Revolution ist längst hinausgewachsen über die von der Geschichte restlos erschöpften episodischen Meinungsverschiedenheiten zwischen Lenin und Trotzki. Der Kampf geht um die grundlegenden Gedanken von Marx und Lenin auf der einen Seite und der Eklektik der Zentristen auf der anderen Seite.

Namensregister

Die Namen von Lenin, Trotzki und Stalin sind nicht angeführt.

Leo Trotzki

Die Dritte Internationale nach Lenin

Trotzkis Kritik am Programmentwurf, den Bucharin und Stalin dem Sechsten Kongress der Kommunistischen Internationale vorgelegt hatten, liefert den Schlüssel zum Verständnis des Aufstiegs und Niedergangs der Dritten Internationale.

Trotzki schrieb die Kritik im Sommer 1928 im zentralasiatischen Alma-Ata, wohin ihn Stalin nach seinem Ausschluss aus der Kommunistischen Partei hatte verbannen lassen.

Die Kritik ist ein Versuch, den verheerenden Kurs, den die Kommunistische Internationale unter dem Einfluss Stalins eingeschlagen hatte, zu korrigieren. Sie untersucht sorgfältig die Niederlagen, welche die internationale Arbeiterklasse aufgrund schwerwiegender Fehler der Kominternführung hatte hinnehmen müssen, und zieht die Lehren daraus. Im Mittelpunkt steht die Kritik an der Theorie vom »Sozialismus in einem Land«, die von Stalin zum ersten Mal 1924, wenige Monate nach Lenins Tod, verkündet worden war und die vom Sechsten Kongress offiziell ins Programm der Kommunistischen Internationale aufgenommen werden sollte.

334 Seiten
ISBN 978-3-88634-057-6

David North

Die Russische Revolution und das unvollendete Zwanzigste Jahrhundert

483 Seiten
ISBN 978-3-88634-132-0

Die Schlachten des 20. Jahrhunderts auf den Gebieten der Politik, Wirtschaft, Philosophie und Kunst sind nicht entschieden. Hundert Jahre nach dem Ersten Weltkrieg und der Russischen Revolution bedrohen Wirtschaftskrisen, soziale Ungleichheit, Krieg und Diktatur wieder die Menschheit. Im Gegensatz zum Postmodernismus, der die Geschichtsschreibung als rein subjektives »Narrativ« auffasst, betont David North, dass die gründliche materialistische Kenntnis der Geschichte eine Voraussetzung für das Überleben der Menschheit bildet. In 15 brillanten, polemischen Essays geht er auf die wichtigsten politischen und theoretischen Kontroversen des vergangenen Jahrhunderts ein.